Chinese History for Teenagers
少年中国史

文明冲突下的文化偏安
宋

佟洵　赵云田·主编

北京理工大学出版社
BEIJING INSTITUTE OF TECHNOLOGY PRESS

版权专有　侵权必究

图书在版编目（CIP）数据

文明冲突下的文化偏安：宋 / 佟洵，赵云田主编. —北京：北京理工大学出版社，2020.6　（2021.2重印）
ISBN 978-7-5682-8302-1

Ⅰ. ①文… Ⅱ. ①佟… ②赵… Ⅲ. ①中国历史–宋代–少年读物 Ⅳ. ①K244.09

中国版本图书馆 CIP 数据核字（2020）第 049894 号

文明冲突下的文化偏安
宋

出版发行 /	北京理工大学出版社有限责任公司
社　　址 /	北京市海淀区中关村南大街5号
邮　　编 /	100081
电　　话 /	（010）68914775（总编室）
	（010）82562903（教材售后服务热线）
	（010）68948351（其他图书服务热线）
网　　址 /	http://www.bitpress.com.cn
经　　销 /	全国各地新华书店
印　　刷 /	河北盛世彩捷印刷有限公司
开　　本 /	710 毫米 × 1000 毫米　1/16
印　　张 /	14
字　　数 /	236 千字
版　　次 /	2020 年 6 月第 1 版　2021 年 2 月第 6 次印刷
定　　价 /	34.00 元
责任编辑 /	顾学云
文案编辑 /	朱　喜
责任校对 /	周瑞红
责任印制 /	边心超

图书出现印装质量问题，请拨打售后服务热线，本社负责调换

前言

中国社会科学院研究员　戴仁

　　宋分为北宋和南宋两个时期。北宋时期，北方有辽和西夏政权；南宋时期，北方有西夏、金和元政权。北宋和南宋因情况不同，又各自分为不同的几个阶段。

　　960年，后周大将赵匡胤在陈桥发动兵变，建立宋朝，定都汴梁，后改称东京（今河南开封），史称北宋。北宋的历史可分为三个阶段。第一阶段，从960年至997年，包括宋太祖赵匡胤在位的16年，宋太宗赵光义在位的21年。在这一阶段，961年，赵匡胤"杯酒释兵权"，解除大将兵权，皇权得到了巩固。963年至975年，北宋先后灭掉荆南、南唐等割据势力，统一了南方；979年，又消灭了北汉，统一了中原。970年，火药正式用于武器制造。两次收复燕云十六州的行动遭到失败。自唐末以来重武轻文的政策得到改变，973年，科举殿试成为制度。

　　第二阶段，从998年至1085年，包括宋真宗赵恒在位的25年，宋仁宗赵祯在位的40年，宋英宗赵曙在位的4年，宋神宗赵顼在位的18年。在这一阶段，既有政治危机加深，改革进入高潮，也有经济获得发展，还有和辽、西夏的战争，军事上接连失利。宋真宗时，奉行黄老政治，无所作为。1004年，辽南下攻宋，双方订立了"澶渊之盟"。宋仁宗时，北宋和西夏之间爆发了多年的战争，宋军屡战屡败。1043至1044年，范仲淹、富弼等人主持推行"庆历新政"，时仅一年而失败。封孔子之后为"衍圣公"。任用大将狄青，先后弭平南蛮侬智高的叛乱以及西夏的进攻。宋英宗时，继续任用前朝能臣。宋神宗时，在1069年至1076年间，推行了王安石变法，最后也以失败告终。这一阶段，农业、印刷业、造纸业、丝织业、制瓷业、采矿业、建筑业以及科学技术上均有重大发展。

　　第三阶段，从1086年至1127年，包括宋哲宗赵煦在位的15年，宋徽宗赵佶在位的25年，宋钦宗赵桓在位的2年，北宋走向衰亡。1119年，宋江起事，

1120年，方腊起事。1127年，金兵攻破开封，宋徽宗、宋钦宗被掳，北宋灭亡。北宋总计九帝，历时167年。

北宋灭亡后，宋徽宗第九子康王赵构在应天府南京（今商丘）继承皇位，1138年定都临安(今杭州)，史称南宋。南宋历史可分成两个阶段。第一阶段，从1127年至1224年，包括宋高宗赵构在位的36年，宋孝宗赵昚在位的27年，宋光宗赵惇在位的5年，宋宁宗赵扩在位的30年。1130年，韩世忠与金兵大战于黄天荡，金兵被逐出江南。1141年，宋金缔结"绍兴和议"，1164年，又缔结了"隆兴和议"，南宋统治得以稳定，与北方的金长期分立，偏安一隅。宋孝宗在位期间，平反岳飞冤案，起用主战派人士，锐意收复中原。在内政上，积极整顿吏治，裁汰冗官，惩治贪污，加强集权，重视农业生产。结果，百姓富裕，五谷丰登，社会太平安乐。

第二阶段，从1224年至1279年，包括宋理宗赵昀在位的40年，宋度宗赵禥在位的10年，宋恭帝赵显在位的2年，宋端宗赵昰在位的3年，宋卫王赵昺在位的2年。这一阶段，南宋虽偏安于淮水以南，但它是中国历史上经济最发达、古代科技发展、对外贸易、对外开放程度较高的一个王朝，航海业、造船业成绩突出，海外贸易发达，和南太平洋、中东、非洲、欧洲等地区50多个国家通商。有许多大城市，如临安、建康、镇江、平江、泉州、广州、江陵、潭州、成都等，都日益繁盛。其中临安既是全国的政治中心，也是最大的商业城市。南宋末年，临安已发展成为120多万人的大都市，城内买卖兴隆，极其繁华。但是，南宋军事实力软弱，政治上也较为无能，朝中奸相频出，秦桧、韩侂胄、史弥远、贾似道相继掌权，致使朝政糜烂不堪。而这时候，蒙古高原的蒙古人开始崛起。蒙古人在灭掉金国之后，开始大举入侵南宋，虽然南宋军民拼死抵抗，仍然无济于事。1276年，南宋都城临安被攻占，宋室南迁。1279年，崖山（今广东新会）海战爆发，宋卫王赵昺被大臣陆秀夫背着跳海而死，南宋覆亡。南宋总计九帝，历时152年。

目录

少年中国史

北宋

陈桥兵变 / 10

杯酒释兵权 / 14

统一国境 / 16

泉漳纳土，吴越归地 / 24

亲征北汉 / 26

● 义社十兄弟 / 30

太宗受挫高梁河 / 32

半部《论语》治天下 / 34

岐沟关惨败 / 38

千古传奇杨家将 / 40

澶渊之盟 / 44

"天书"闹剧 / 48

宽厚雅量真君子 / 52

庆历新政 / 56

先天下之忧而忧 / 60

清官"阎罗包老" / 68

狄青雨夜夺昆仑 / 72

欧阳修与古文运动 / 76

王安石变法 / 84

文人画派兴起 / 88

一门三杰 / 92

元祐更化 / 96

沈括归隐著《梦溪笔谈》/ 100

绍圣绍述 / 104

开封"六贼" / 108

宋江、方腊起义 / 118

靖康之耻 / 120

群星荟萃的北宋文坛 / 124

● 盛世珍品《清明上河图》/ 128

南宋

建炎南渡 / 132

黄天荡之战 / 134

秦桧拜相 / 138

撼山易，撼岳家军难 / 140

抗金名臣李纲 / 144

千古奇冤"莫须有" / 150

● 中兴四将 / 154

绍兴和议 / 156

悍皇后与疯皇帝 / 160

朱熹讲学 / 164

物是人非事事休 / 168

鹅湖之会 / 172

庆元党禁 / 176

草率的北伐 / 180

马革裹尸当自誓 / 184

亘古男儿一放翁 / 188

权臣史弥远专政 / 192

"蟋蟀宰相"误国 / 196

苦守襄樊 / 200

厓山之战 / 204

留取丹心照汗青 / 208

● 空灵雅秀的南宋绘画 / 212

指南针和火药的应用 / 216

灿烂辉煌的宋瓷 / 218

繁荣的两宋经济 / 220

● 中外大事年表对比 / 222

北宋

960年—1127年

黄袍加身陈桥驿，赵宋开国
纳土归地征北汉，终结纷乱
杯酒释兵权，偃武以倡文
文人治国，经济繁荣，文化昌盛，群星闪耀
科技发展，贸易频繁，五大名窑，瓷业辉煌

960年

……诸校露刃列于庭,曰:"诸军无主,愿策太尉为天子。"未及对,有以黄衣加太祖身,众皆罗拜,呼万岁,即扶太祖乘马。

——《宋史·太祖本纪》

陈桥兵变

唐朝灭亡后,各路政权割地为王。纷乱的时局下,英豪辈出。其中,后周大将赵匡胤精准地把握时机,巧妙地借力打力,终于登上权力的巅峰,开创了昌明盛世,成为宋朝的开国皇帝。

时间
960年

背景
周世宗病逝,7岁幼子登基,主少国疑,兵权在握的赵匡胤及其手下将领们蠢蠢欲动

地点
陈桥(今河南封丘东南陈桥镇)

结果
赵匡胤及其亲信得益,建立宋朝

历史典故
黄袍加身

投效郭威,屡立战功

赵匡胤(927年—976年),字元朗,出身于官宦世家,他的曾祖父、祖父都曾身居要职。到了赵匡胤的父亲赵弘殷这一代,唐朝灭亡,历史的步伐迈入大分裂的五代十国时期,中原大地烽烟四起。

起先,赵弘殷效命于后唐,骁勇善战,颇得后唐庄宗李存勖的喜爱。后来,他又分别效命于后汉、后周,均深受重用。后唐天成二年(927年),赵弘殷次子赵匡胤出生在洛阳夹马营,21岁时赵匡胤离开家四处漫游,开始了独立的军旅生涯。

后汉枢密使郭威(即后周太祖)征讨李守真

宋太祖像

宋太祖赵匡胤(927年—976年),字元朗,大宋开国皇帝。生于洛阳夹马营(今河南洛阳瀍河回族区东关),祖籍涿郡(今河北保定清苑县),父亲赵弘殷,母亲杜氏。赵匡胤于后汉隐帝时投奔郭威,其后郭威废汉建周,得任东西班行首,始入宦途。959年,后周世宗柴荣于北征回京后不久驾崩,逝世前任命赵匡胤为殿前都点检,执掌殿前司诸军。

时，赵匡胤投入郭威帐下，跟着他四处征战，深得郭威赏识。郭威病逝后，立妻侄柴荣为帝，即周世宗。此时，赵匡胤已历任禁军东西班行首、滑州副指挥、开封府马直军使等官职，周世宗即位后，赵匡胤开始执掌禁军，兵权在握。

北汉进犯后周时，周世宗御驾亲征，与北汉军队对战于高平。可是，尚未开战，后周指挥樊爱能等将领却率先出逃。北汉军队乘机发动攻击，一时间，后周军队军心涣散，节节败退。紧急时刻，赵匡胤率领亲信，一马当先冲向敌军，杀退北汉军队先锋后，又乘胜追击，直追到河东城（今山西运城）下，不顾左臂箭伤，焚烧城门。赵匡胤力挽狂澜的英勇表现深得周世宗信任，班师回朝后，周世宗任命赵匡胤为殿前都虞候，同时领受严州刺史的官衔。

此后，赵匡胤不断晋升，成为周世宗的心腹将领之一。在进攻南唐的数次战役中，赵匡胤展现出过人的军事才华。他曾单骑冲入敌阵取敌将首级，也曾严守军令，深夜拒自己的亲生父亲于城门之外，可谓战功赫赫，声名彪炳。征战南唐回朝后，赵匡胤被提升为殿前都指挥史，领匡国军节度使。次年，赵匡胤再次跟随周世宗征讨南唐，所向披靡，被任命为义成军节度使。淮南战役结束后，赵匡胤又因战功被封为忠武军节度使，同时依然担任殿前都指挥史的要职，官职仅次于殿前都点检、副都点检。

淮南战役期间，南唐试图施行离间计，诬陷赵匡胤通敌行贿，但周世宗丝毫不为所动，对赵匡胤的信任与日俱增。

后周恭帝顺陵
后周恭帝顺陵，为后周世宗柴荣的第四子后周恭帝柴宗训的陵墓，位于河南省新郑市郭店镇，冢高约4米，周长约40米。陵墓除封土外，无其他地面建筑。

木牌忽现,升任"点检"

殿前司是后周机要部门,最高长官即殿前都点检,手握禁军大权,可谓一人之下万人之上,地位极其重要。这一职位始终由后周太祖郭威的女婿即驸马张永德担任。按常理说,张永德与妻兄周世宗互为援引,君臣一心,牢牢掌握军政大权,对后周江山的稳固安定应当颇有助益。可惜的是,张永德却因为一个木牌,失去了周世宗的欢心。

后周显德六年(959年)四月,周世宗御驾亲征,领军北伐辽,赵匡胤担任水路都部署。北伐战争很顺利,继瓦桥关守将姚内斌投降后,后周军队又平定了关南。行军途中,周世宗不辍政务,各地官员均派遣使者将文书送达御前。有一天,忽然从土地中掘出一块木牌,大约有二三尺长(约合半米到一米之间)。木牌上写着"点检做天子"几个字,围观的将领士兵都不知道这是什么东西。很快,木牌事件传遍朝野及军中,舆论的矛头直指当时的殿前都点检张永德。

北伐途中,周世宗身染疾病。回到京城后,他将妹夫张永德外调他职,任命赵匡胤为检校太傅、殿前都点检。六月,周世宗驾崩,年仅39岁。他7岁的儿子柴宗训即位,史称后周恭帝。恭帝即位后,赵匡胤改任归德军节度使、检校太尉。

此时的后周,张永德失势,周世

陈桥驿

陈桥驿是宋太祖赵匡胤"陈桥兵变,黄袍加身"之处,与开封隔黄河相望。显烈殿上的匾额,是宋徽宗御笔书写的。大殿的左侧,有棵古槐,传说是赵匡胤当年拴马的地方。此树树围有5.4米,虽然主干已经枯死,但旁边却又发出新芽。此地自古以来也吸引了无数文人学士前来寻踪探访,填词立碑,在此留下了许多碑刻。

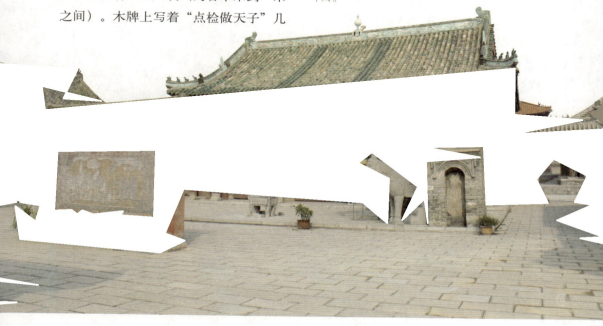

宗早逝，加上恭帝年幼登基，朝中人心浮动。赵匡胤军权在握，他早年从军时的"义社兄弟"也都身居军政要职，一时间，赵匡胤风头大盛，隐然有成为后周朝中第一人的趋势。

谎报军情，黄袍加身

显德七年（960年）正月初一，北汉联合辽国入侵后周的紧急军情传遍朝野，恭帝当即派赵匡胤出兵抵挡。

赵匡胤率领大军来到陈桥驿（今河南封丘南），让大军在此扎营休息。到达陈桥驿不久，擅长天文学的苗训就指出天有异象，太阳下又出现一个太阳，黑光来回晃动。苗训让楚昭辅一起观看天象，很快，出现两个太阳的现象在军中传得沸沸扬扬。入夜后，五鼓时分（即凌晨四点左右），军中将士齐齐聚集在驿门前，宣称要顺应天象及木牌预言，立点检赵匡胤为帝。劝阻的人根本拦不住情绪高涨的将士们。

天快亮的时候，将士们来到赵匡胤寝室门外，手拿兵器站在庭院当中。赵匡胤起身后，将士们大声宣称要拥立他当皇帝。赵匡胤还没来得及答话，军士们就已经把准备好的黄袍披在他的身上，拜倒高呼"万岁"。赵匡胤顺势上马，严令军队不得烧杀抢掠，带领军队返回后周都城开封。

到达开封已是正月初四早晨，大臣们还在上早朝，闻听赵匡胤拥军自立的消息，各自反应不一。赵匡胤部下将

宋太祖黄袍加身处碑

碑高1.7米，宽0.57米。哈佛大学东亚所研究员黄仁宇评价："陈桥兵变基本上是一次和平兵变：没有喋血宫门，伏尸遍野，更没有烽烟四起，兵连祸结，几乎是'兵不血刃，市不易肆'，就取得了改朝换代的成功，创造了不流血而建立一个大王朝的奇迹。"

一众大臣押解至殿前司公署，赵匡胤当众痛哭流涕，陈述自己身不由己。首相范质当众质问，被赵匡胤部下罗彦环拔剑威胁，表示必须拥立赵匡胤为天子。范质等人见大势已去，无奈之下承认了这一事实。在赵匡胤属下的安排下，后周恭帝出具了退位制书，表示皇位是自己禅让于赵匡胤。

正月初五，赵匡胤改国号为宋，改年号为建隆元年，标志着宋朝正式建立。

961年

……明日，皆称疾请罢。帝从之，赏赉甚厚。

——《续资治通鉴·宋纪二》

杯酒释兵权

北宋立国后，为杜绝"黄袍加身"重演，赵匡胤召集将领们把酒谈心，用相对温和的手段解除了开国元勋们的兵权，顺利实现了军、政大权一把抓，消除了自唐朝以来藩镇独大的治国隐患。

时间
961年

原因
一为加强中央集权，将兵权收归中央；
二为息天下之兵，建国家长计久安的局面

性质
一次成功的安内方略，确立了文人治军的军事制度

弊端
为两宋军事屡败于游牧民族，终致灭亡埋下了伏线

后世典故
杯酒释兵权

宋太祖解裘赐将
出自16世纪《帝鉴图说》。《宋史》上记：王全斌伐蜀时，汴京大雪，宋太祖设毡帷于讲武殿，衣紫貂裘帽处理政事。突然跟左右说："我都穿成这样还觉着寒冷。那些征西的将士，顶风冒雪，该怎么办？"立即解开裘帽，派人送给王全斌。还跟诸将说不能遍及也。王全斌拜赐感泣，故所向有功。

建隆元年（960年）四月，封地位于宋朝北边疆域的李筠起兵谋反。同年九月，淮南节度使李重进在扬州（今江苏扬州）发动兵变。为平定叛党，赵匡胤先后两次御驾亲征，先大败李筠于泽州（今山西晋城），又于十一月上旬攻陷扬州。兵败后的李筠和李重进均选择自焚而死。镇压李筠及李重进的举动消弭了宋朝最大的两处内患，也使一些后周旧臣打消了叛念。

内忧瓦解，外患仍在。赵匡胤对外患环伺的局面忧心忡忡。一天，赵匡胤找来赵普，问他"自唐

季以来数十年，帝王凡易八姓，战斗不息，生民涂地，其故何也"，又向他请教该如何平息天下割据纷乱的兵祸。赵普给出的答案十分简单：削弱藩镇兵权，改变君弱臣强的局面，将钱粮、兵权、精兵都收归帝王之手。

当时，石守信、慕容延钊、王审琦等重臣都与赵匡胤交情匪浅，赵匡胤登基后，他们更是位高权重，掌握着禁军的兵权。赵普多次劝赵匡胤让他们担任别的职务，赵匡胤都未听从。可赵普的一句"万一军伍作孽，彼亦不得自由耳"正好说中赵匡胤的心病。赵匡胤恍然大悟，若他们的手下贪图荣华富贵，再来一出"陈桥兵变，黄袍加身"的戏码，自己的皇位必然岌岌可危。

961年，赵匡胤请石守信、王审琦等心腹将领喝酒。喝得尽兴，赵匡胤屏退左右，向他们说出一番心里话："我若不是有你们的助力，不能得到今天的地位。不过当天子是一件十分艰难的事，还不如当节度使安乐呢，我从早到晚都睡不安稳啊。"石守信等人急忙恭问缘由。赵匡胤答道："天子这个位置谁不想做呢！"

听闻此话，石守信等人急忙惶恐叩头，表示天下已定，没有谁再敢有篡位的异心。赵匡胤继续说："我当然相信你们，但是假如你们的手下贪图荣华富贵，一旦用黄袍披在你们身上，你们就算不想当皇帝，也不得不当了。"石守信等人都哭拜着表白忠心，求赵匡胤能给他们指明一条生路。赵匡胤这才说

宋太祖受言书屏

出自16世纪《帝鉴图说》。《宋史》纪，太祖征处士王昭素为国子博士。召见便殿，年七十余矣。令讲《乾卦》，至"九五飞龙在天"，昭素援引证据，因示讽谏微旨。太祖大悦。问治世养身之术。对曰："治世莫若爱民；养身莫若寡欲。"太祖爱其言，书于屏几。

出真实想法："人生短暂，你们还是卸下兵权，多置产业，享享清福吧。"石守信等人都明白了，要想颐养天年，只有交出兵权一途。

第二天，石守信等人都识趣地称病请辞，赵匡胤准奏后，均赐予他们丰厚的赏赐。此后，赵匡胤罢免石守信、高怀德、王审琦、张令铎的军职，保留了石守信"侍卫都指挥使"的头衔却收去兵权。同时，赵匡胤还去除殿前都点检、殿前副都点检的职位，永不再设，将兵权收归己手。

▶962年—975年

······全斌取利州。乙酉，蜀主孟昶降。得州四十五、县一百九十八、户五十三万四千三十有九。

——《宋史·太祖本纪》

▎统一国境

赵匡胤收兵权后，开始了统一国境的大业。他在朝堂运筹帷幄，派遣心腹大将远征荆、湘、后蜀、南汉、南唐，打出了一场场经典战役，结束了除北汉、泉、漳和吴越外的多个割据政权，为经济、政治的安定繁荣创造了条件。

时间
962年—975年

主要指挥官
赵匡胤、赵光义、曹彬

收服政权
荆南高继冲，湖南周保权，后蜀孟昶，南汉刘鋹，南唐李煜

结果
南方大多割据政权消亡，大部分土地人口归北宋所有

历史典故
卧榻之侧，岂容他人鼾睡

一石二鸟，并吞荆、湘

建隆三年（962年）九月，以湖南为主要领地的武平节度使兼中书令周行逢病逝，让其年仅十一岁的儿子周保权继任。同年，以湖北为主要领地的荆南节度使高保勖病逝，让自己的侄子高继冲继任。

周行逢去世后不久，手下大将张文表出兵谋反，周保权向宋太祖赵匡胤求救。赵匡胤与群臣商议后决定发兵，借剿灭张文表之名，将周保权所辖领地收归宋朝。同时，鉴于荆南之地与湖南临近，赵匡胤决定顺道把荆南一并收归囊中。当然，出师不能无名，宋军非常友好地告诉高继冲：我们前去讨伐张文表，大

宋太祖蹴鞠图
清黄慎绘。《蹴鞠图》描绘的是宋太祖赵匡胤与其弟宋太宗以及大臣赵普、楚昭辅、党进、石守信蹴鞠的故事。此图说明了蹴鞠是宋代初年军中之乐，是宋朝开国皇帝和贵族都喜爱的活动，因此，开启了中国古代足球发展的第二个高潮时期。

军需要在贵地借道。

乾德元年（963年）正月，以慕容延钊、李处耘为首的宋军向荆南进发了。大军临近江陵（今湖北荆州市），高继冲和手下幕僚齐齐慌了神，他们以"民庶恐惧"为借口，要求宋军在百里之外接受犒军物资。他们认为，宋军正在施行假途灭虢之计，灭掉湖南后就会回头对付荆南。可高继冲和幕僚们谁都没有想到，宋军连"假途"都是一个幌子。

慕容延钊率领大军驻营荆门，隆重接待荆南使者梁延嗣等人。梁延嗣被宋军表面和平迷惑，派人飞驰报高继冲没有军情。当天晚上，慕容延钊设宴款待梁延嗣等人，李处耘却秘密派遣轻骑赶赴江陵。正期盼梁延嗣等人早日回还的高继冲得到宋军突至的消息，急忙出迎，在江陵城北15里的地方遇到李处耘。李处耘大方地向高继冲行礼，让他等待一下慕容延钊，自己率军大摇大摆地进驻江陵城。等到高继冲和慕容延钊一起回返时，江陵城的大街小巷及冲要之地已遍布宋军。见大势已去，高继冲只好率领荆南所辖的3州、17县、14.23万户归降宋朝。

此时，湖南战局呈现反转之势：张文表被高超聚众斩于朗州（今湖南常德鼎城区）市。周保权遣使告诉赵匡胤，张文表已诛，我们不借兵了。赵匡胤恼了，堂堂王师，岂能召之即来挥之即去？"大军既拯尔难，何为反拒王师，自取涂炭！"周保权无言以对，只

后蜀赵廷隐墓石刻武士

赵廷隐是后蜀开国功臣，被封为宋王。赵廷隐墓地位于成都龙泉驿区。墓地结构特殊，是研究五代时期该区域建筑技术及对外文化交流的珍贵材料。墓葬出土器物器型丰富、特征明显，可作为判断五代时期墓葬的重要参考；出土的文吏俑、武士俑高大精美，对于研究五代时官服、甲胄制度意义重大。

能眼睁睁看着宋军向湖南推进。

战还是和，周保权手下的大臣们意见不一。李观象力主归降，认为荆南已归宋，唇亡齿寒，再抵抗无异于螳臂当车；张崇富等人主战。963年三月，张崇富领兵与宋军遭逢澧州（今湖南澧县）。尚未对战，湖南军队已"望风先溃"。宋军大将李处耘似乎还嫌湖南军队受到的惊吓不够，竟然在刚剿灭的贼寨中选出几十个膘肥体壮的山贼，当场烹熟了，让宋军士兵吃掉。然后，李处耘又在年轻力壮的山贼脸上刺上黑色印

记，放他们奔逃武陵（今湖南常德武陵区）。武陵人听闻宋军吃俘虏，惊慌失措，焚城后逃亡山谷，这座素有"荆楚唇齿"的军事要塞轻易落入宋军手中。

不久，慕容延钊攻下朗州，擒杀张崇富，又派手下将领田守奇俘虏了逃跑的周保权。自此，周保权辖下的湖南领地尽入宋朝版图。

蜀道上的军事奇迹

荆南、湖南被宋军拿下的消息震惊了偏安一隅的后蜀皇帝孟昶，他颇有危机感地意识到，后蜀土地已直接与宋朝领土接壤。放眼中国，尚存的政权中，南汉政权距离太远，南唐政权胆子太小，能放手与宋朝一搏的唯有与辽国相邻的北汉了。于是，他听从王昭远的建议，派遣孙遇、赵彦韬、杨蠲等人带着"蜡丸帛书"出使北汉。帛书中，孟昶约北汉夹击宋朝。孟昶没有想到，赵彦韬居然直接把帛书献给了赵匡胤。

史书记载，赵匡胤得到帛书后笑说"吾西讨有名矣"。蜀地自古富庶，赵匡胤早已有伐蜀之心，"帝素谋伐

宋太祖碎七宝器
出自16世纪《帝鉴图说》。讲述宋太祖赵匡胤见到后蜀主孟昶用宝石装饰的小便器，命人将它打碎，并说："小便器都用宝石装饰，真不知该用什么样的东西来容纳食物！如此作为，不亡国才怪。"

孟蜀宫伎图
明唐寅绘。《孟蜀宫伎图》取材于五代后蜀孟昶的宫廷生活。画中四个盛装的宫伎，头戴金银荆钗、鲜花冠子，身穿华丽的长褂、修裙。厚厚的脂粉，使她们雪白的脸上，更增添了几分颜色。她们正在忙碌着：一个在照镜子，查看自己的打扮是否合适；一个手里托着脂粉盘，由另一个替她检点、修整；还有一个则在作指导似的比画着。

蜀"，孟昶通北汉的帛书正好给了他出兵的理由。乾德二年（964年）十一月初二，赵匡胤任命忠武军节度使王全斌担任西川行营前军兵马都部署，以武信军节度使崔彦进为副手，兵发凤州道（在今陕西凤县凤州镇，自古为入蜀要冲之道）；任命江宁军节度使刘光义担任西川行营前军兵马副都部署，以枢密承旨曹彬为副手，兵发归州道（今湖北

曹彬像

曹彬（931年—999年），字国华，北宋初名将，真定灵寿（今河北省石家庄市灵寿县）人，在北宋灭亡南唐的战争中担任主要将领。

秭归，临近长江）。

见宋军声势浩大地向蜀地杀来，孟昶急忙命令王昭远、赵崇韬、韩保正等人率兵抵挡。临行前，孟昶对王昭远说："伐蜀的宋军都是因为你提出的建议召来的，你一定要挡住他们，'勉为朕立功'。"王昭远一向自比诸葛亮，对送行的丞相李昊夸口："此行何止克敌……取中原如反掌耳。"

剑门关

剑门关是位于中国四川省广元市剑阁县的一座古代关隘。与雁门关、函谷关、仙霞关并称中国四大古关口。

王全斌带领的这一路宋军势如破竹，很快攻下兴州（今陕西略阳）。蜀将韩保正听说兴州破了，不敢抵挡退居保西县。宋军又至，韩保正仍然不敢应战，居然派数万兵士在城前劳作，挖起了防御工事。宋军轻易攻破蜀军儿戏般的临时工事，拿下嘉州。

蜀军慌了，急忙烧毁栈道，退守葭萌（今四川广元西南）。蜀道的险峻自古闻名，在蜀军看来，毁去栈道是万无一失之举。他们没有想到，宋军居然如此彪悍，一边重修栈道，一边沿罗川险路迂回渡江。宋军猛攻之下，蜀军大败亏输，自诩诸葛亮的王昭远未及抵挡，就和蜀军残兵一起退入剑门关。退入剑门关之前，王昭远一把火烧了浮桥。

天险剑门关是蜀地咽喉，向有"一夫当关，万夫莫开"的威名。王全斌和部下商议后，决定分出小股军队，从来苏小径迂回抵达位于剑门关南20里处的清强店；主力军队由王全斌亲自率领，正面攻打剑门关。在宋军两路军队合力围歼下，剑门关失守，王昭远被俘。

在王全斌军队步步进逼的同时，另一路刘光义带领的宋军也是捷报频传。刘光义率军由峡路攻破夔州（今四川奉节），直达白帝城，后蜀多处州郡纷纷投降。965年正月十三日，宋军攻入成都，后蜀国君孟昶投降。

宋军从发兵到收服后蜀，仅用了66天。蜀地天险重重，纵观历史，所有与其相关的战役中，宋军伐蜀之战时间短、伤亡少、效率高，堪称蜀道上的军事奇迹。

吊民伐罪征南汉

开宝三年（970年）九月初一，宋太祖任命潭州（今湖南长沙）防御使潘美为贺州岛兵马行营都部署，领军讨伐南汉。

此时的南方，仅余南唐、南汉、吴越以及漳、泉两州没有归服宋朝，但赵匡胤并未选择版图较小的吴越和漳、泉，也未选择大且富饶的南唐，而是挥师直指距离宋朝最遥远的南汉（今湖南部分地区、广东、广西）。这一次出师，赵匡胤用了一个十分堂皇的理由：吊民伐罪。

从南汉开国君主刘陟起，南汉臣民就陷入水深火热之中。到了刘铩继位，他的手段比其祖父"真蛟蜃"刘陟、父亲"生地狱"刘晟更加荒诞残酷。他认为，大臣们都各有家室，会顾及妻儿子孙，不能全心全力为朝廷尽忠。因此，刘铩极力宠信宦官，后来甚至发展到"群臣有欲用者，皆阉然后用"。他将政事交予女巫，残杀

宋·执剑武士石刻
武士身穿铠甲，着战袍。肩披披膊，宽袖至肘部缩成结上飘。右手紧握剑柄，左手提握随风摆动的腰带，颇具大义凛然之势。

股肱之臣，导致军政废弛，朝野上下怨声载道。

潘美带领的宋军一路长驱直入。先从冯乘（今湖南江华西南）占领白霞（今广西钟山西），又用佯退设伏之计击败南汉将领伍彦柔，贺州（今广西贺县东南，与湖南、广东搭界）守军不战而降。宋军到处，多处州郡不战而降。同年十二月，宋军已抵达韶州附近。南汉将领李承渥以大象为先锋向宋军进攻。宋军万箭齐发，大象吃痛回奔，南汉军队溃不成军，宋军乘势占领韶州。

开宝四年（971年）正月，宋军接连攻克雄州、英州，潘美拒绝刘鋹的求和，带领军队越过泷头险山恶水，在马迳（今广州北马鞍山）烧毁招讨使郭崇岳设置的防护栅栏，于二十三日攻克广州，俘虏刘鋹。期间，刘鋹准备了一艘大船，准备带着大量珠宝和宫女逃往海外却被手下官兵偷偷驶走。无奈之下，他只好困守广州成为亡国君。

潘美像
潘美（925年—991年），北宋初年名将，字仲询。大名（今属河北）人。在北宋灭南汉的战争中担任主要统帅。官至客省使。

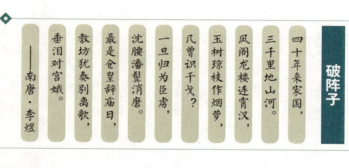

破阵子

四十年来家国，
三千里地山河。
凤阁龙楼连霄汉，
玉树琼枝作烟萝。
几曾识干戈？

一旦归为臣虏，
沈腰潘鬓消磨。
最是仓皇辞庙日，
教坊犹奏别离歌，
垂泪对宫娥。

——南唐·李煜

软硬兼施平南唐

971年，宋朝讨伐南汉战役正进行得如火如荼时，南唐将军林仁肇秘密告诉国君李煜："宋朝放在淮南各州的兵力不过上千人，他们刚灭了后蜀，又千里远征南汉，兵力疲惫。如果让我领兵数万，从寿春（今安徽寿春）北渡，联合思旧的人民收复失地不成问题。就算宋军派来援军，我以淮河为屏障抵御，他们打不过我们。"为防万一，这位忠心耿耿的将军还提出，在他起兵之日，请李煜对外宣称他已经叛变了，一旦事情失败，受累的也只是他一家，牵涉不到南唐。可李煜安逸太久了，又对宋朝畏如猛虎，没有采纳林仁肇的建议。

林仁肇之后，南唐枢密院承旨兼沿江巡检卢绛提议攻打吴越，理由是一旦宋朝来攻，吴越铁定会变成帮凶。结果可想而知，李煜仍然不同意。

平定南汉后，赵匡胤命令宋朝大军驻

扎在长江上游汉阳地段，时不时隔江练兵，声势浩大。南唐朝野震动。李煜连忙派自己的弟弟李从善带着大批贡品觐见赵匡胤，并写信给赵匡胤"乞去国号呼名"。赵匡胤应允了李煜的请求，撤回汉阳重兵，留下他的弟弟李从善常住开封，赐予他泰宁节度使的官衔。

不过，李从善留在开封并不仅仅是人质，他还成为宋朝实施反间计的一枚重要棋子。一天，赵匡胤约李从善闲聊，指着偏殿里林仁肇的画像，告诉李从善林仁肇马上就要归降宋朝，已经为他准备好了府邸。李从善连忙把这一重大消息报知李煜，李煜"鸩杀仁肇"。

起先，赵匡胤数次去信，表示非常想念李煜，想让他来开封一聚。李煜称病不去，最后还在宋朝使者面前上演了一出自杀未遂的戏码。没办法，赵匡胤只好给李煜扣上一顶"倔强不朝"的帽子，又让吴越王钱俶助宋伐南唐。

开宝七年（974年）九月，赵匡胤派曹彬领军，潘美和曹翰分别担任都监、先锋都指挥使，带着十万宋军主力讨伐江南。临行前，赵匡胤赐曹彬尚方宝剑，特许他"副将而下，不用命者斩之"。此外，赵匡胤命令开封水军经大运河取道扬州进入长江，封吴越王钱俶为升州东南面行营招抚制置使，带领吴越军队从杭州北上攻击南唐常州，进而与开封水军会合，一同攻打润州（今江苏镇江），配合主力军队攻打金陵。

十月，曹彬率领的宋军主力接连攻下峡口寨（今安徽贵池西）、池州

李后主像
李煜（937年—978年），或称李后主，为南唐的末代君主，祖籍徐州。李煜原名从嘉，字重光。他继位时宋已代周，南唐大势已去。后李煜降宋，被鸩杀。政治上毫无建树的李煜却成为了中国历史上首屈一指的词人，被誉为词圣，作品千古流传。

（今安徽贵池）、铜陵、芜湖、当涂、采石矶，俘虏南唐士兵几万人，缴获战舰200余艘。接下来，宋军采用江南人樊若水的方法，在江防重地采石矶搭建起浮桥，为后续军队及军需补给打开了通路，打破了李煜欲凭借长江天险"坚壁以老宋师"的幻想。十一月，黄州刺史、池州至岳州江路巡检战棹都部署王明率领的宋军攻下鄂州（今湖北武昌），钱俶的吴越军队攻下利城寨（今江苏江阴）。

开宝八年（975年）正月，各路宋军全面发动攻势，进逼江宁城。同年十一月，江宁城破，李煜出降。开宝九年（976年）正月，赵匡胤封李煜为右千牛卫将军、违命侯。

▶ 978年

……平海节度使陈洪进用幕僚南安刘昌言之计,上表献所管漳、泉二州,得县十四,户十五万一千九百七十八,兵一万八千七百二十七。

——《续资治通鉴·宋纪九》

■ 泉漳纳土,吴越归地

宋太宗赵光义在吴越王钱俶例行朝拜时,没有像太祖赵匡胤那样放其归国,而是直接将钱俶软禁在开封。天朝威压下,泉漳领主陈洪进主动纳土,钱俶无奈之下也献出了吴越之地,宋朝兵不血刃收复了泉、漳及吴越。

时间
978年

背景
宋朝国势日盛,泉、漳领主及吴越国王意识到,与其夹缝中生存,随时担心被剿灭,不如主动归降以换平安

纳土称臣者
吴越国王钱俶
泉、漳领主陈洪进

结果
宋朝兵不血刃吞并了江南最后两个割据政权

后世启示
攻城为下,攻心为上

开宝九年、太平兴国元年(976年)八月,赵匡胤派将领党进、潘美、杨光义等率军进攻北汉。十月,宋军攻至北汉都城太原城北边。也是在十月,一件震惊朝野的大事发生了:二十日深夜,宋太祖赵匡胤暴毙于万岁殿。

关于赵匡胤死因,历来说法不一。有"烛影斧声"之说,即赵匡胤与弟弟赵光义饮宴时被赵光义持太祖惯用的玉斧害死;有太祖中毒而死之说,而下毒人正是皇位的直接受益者赵光义……真相如何已不可考,而历史的车轮仍在滚滚前行——赵匡胤之弟赵光义灵前即位,是为宋太宗。

宋太宗在《即位赦天下制》中宣称:"……凡开物务,尽付规绳,予小子俶绍丕基,恭禀遗训。"

吴越国金书铁券

铁券,民间俗称"免死牌",是历史上封建帝王颁赐给臣子的一种带有奖赏和盟约性质的信物和凭证,其上信词用金填写,故称"金书铁券"。因钱镠平定叛乱有功,唐昭宗于乾宁四年(897年)赐金书铁券以示嘉奖。钱镠即后来吴越国的开国君王。铁券上嵌楷书金字333个,券文明言:"卿恕九死,子孙三死,或犯常刑,有司不得加责。"

仰承法度，不敢逾违，更赖将相公卿，左右前后，恭遵前旨，同守成规，庶俾冲人，不坠宏业"。《即位赦天下制》中，时年38岁的赵光义自比冲人、小子（即小孩子），表示自己年幼识浅，要"尽付规绳、恭遵前旨"，一切遵循赵匡胤的成规，还要倚仗"将相公卿，左右前后"，做到"不坠宏业"。紧接着，他把哥哥赵匡胤、弟弟赵廷美和自己的儿子女儿们并称为皇子皇女，显示三兄弟一体同心。赵光义的皇位来历是否光彩姑且不论，他登基后的所作所为，和太祖赵匡胤的思路如出一辙：消灭割据政权，统一天下。

赵匡胤在位时，吴越国主钱俶主动提出三年一朝。太平兴国三年（978年），钱俶带儿子钱惟濬及几位大臣赶赴开封觐见赵光义。吴越人来到开封后，赵光义盛情款待，歌舞宴饮不断，就是不提让他们回国。钱俶上表30余次请辞，赵光义都不答应。

太平兴国三年四月，割据漳、泉二州的平海节度使陈洪进来到开封觐见。陈洪进此来还带了一份大礼，他听从手下刘昌言的建议，带着全体家眷和漳、泉2州14县的土地、人口名册归降宋朝，史称"泉漳纳土"。赵光义大悦，给予陈洪进丰厚的赏赐，让他在开封养老。

听闻陈洪进的举动，钱俶不淡定了，他提出"籍其国甲兵献之"，又上表请求解除吴越国封号，也不当天下兵马大元帅了，只求让他回家。可宋朝皇

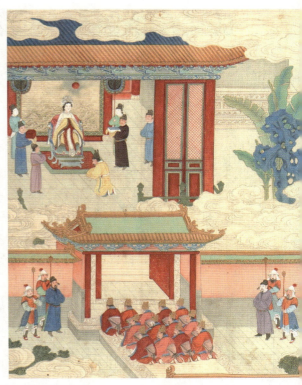

宋太祖敬受母教
出自16世纪《帝鉴图说》。宋太祖尊母南郡夫人杜氏为皇太后。太祖拜殿上，群臣称贺。后愀然不乐。左右进曰："臣闻母以子贵，今子为天子，胡为不乐？"后曰："吾闻'为君难'。天子置身兆庶之上，若治得其道，则此位可尊。苟或失驭，求为匹夫不可得，是吾所以忧也。"太祖再拜，曰："谨受教。"

帝还是不让他走，钱俶不甘心就此归降，召集所带臣子商议，臣子们众说纷纭，大都不同意归降。只有崔仁翼力主"纳土"，他告诫钱俶，再不纳土就要大祸临头，"祸且至"。臣子们都表示反对，崔仁翼厉声呵斥："今在人掌握中，去国千里，唯有羽翼乃能飞去耳。"有翅膀吗？当然没有，于是集体默然。认清形势的钱俶上表进献所管辖的13州1军86县，史称"吴越归地"。

979年

……癸未，进攻将士尽奋，若将屠之。是夜，继元遣使纳款。甲申，继元降，北汉平，凡得州十、县四十、户三万五千二百二十。

——《宋史·太宗本纪》

亲征北汉

一统南方国土后的北宋，与北汉展开最后一次交锋并取得胜利。宋太宗赵光义御驾亲征，完成了周世宗柴荣、宋太祖赵匡胤未竟的北伐大业，同时打退辽国援军。经此一役，北宋王朝一统中原，结束了长达70余年的割据局面。

时间
979年

参战双方
北宋；北汉、辽国

北宋军事方针
围城打援，先退辽军，后取太原

结果
北宋灭北汉，辽军一战而溃，退走幽州；
北宋一统中原，宋辽和约破裂

宋太宗像
宋太宗赵炅（939年—997年），北宋第二位皇帝，在位21年，享年58岁。赵弘殷第三子，是北宋开国君主宋太祖赵匡胤的胞弟。本名赵匡义，字廷宜，其兄长赵匡胤登基后避讳，改名赵光义，即位时又改名赵炅。在位期间，灭北汉，基本完成全国统一；加强中央集权，并改变唐末以来重武轻文的陋习。

事同势异，决意北伐

南方平定后，放眼中原，五代十国时期尚存的政权唯有北汉，以骁勇多智闻名的周世宗柴荣和宋太祖赵匡胤，都曾在北汉这块硬骨头上栽过跟头。

太平兴国四年（979年）正月，宋太宗召来枢密使曹彬，问他："周世宗和我朝太祖，都曾亲自征讨太原（北汉国都，今山西太原）却都未能攻克，是不是太原城的城墙格外坚固完备，不能够靠近呢？"曹彬为他剖析道："周世宗伐北汉时，史彦超在石岭关（今山西太原阳曲县大盂镇上原村北）吃了败仗，人心震惊恐慌，只能退兵。太祖驻兵在甘草地中，士兵大都患上了腹疾，因此中止讨伐太原，'非城垒不可近也'。"宋太宗又问曹彬："我现在举兵伐北汉，你认为怎么样呢？"曹彬对答称："国家兵甲精锐，人心欣戴，若行吊伐，如摧枯拉朽耳。"宋太宗因此下了北伐的决心，"帝意遂决"。

辽国国主听闻宋朝要伐北汉，特意派遣使者来问宋太宗："以什么名义讨伐北汉呢？"宋太宗的回答很强势："向违逆天朝的叛臣兴师问罪是理所当然的。如果你们不去援助他们，那么我们的和平条约依然有效，'不然，唯有战耳'。"

御驾亲征，士气如虹

宋太宗决定御驾亲征。他钦点的北伐军队阵容超级豪华：任命名将潘美为北路都招讨制置使，将领崔彦进、李汉琼、曹翰、刘遇各负责攻打太原城的一面。

攻城的主力部队之外，宋太宗让郭进担任太原石岭关都部署一职，率先领兵出征，任务就是把增援北汉的辽国军队拒在关外，为主力部队无后患攻城创造有利条件。

二月十五日，宋太宗从京城领军出发，三月初一，宋太宗驻扎镇州（治所在真定，即今河北正定）。北伐战役进行得很顺利，捷报频频传来：三月初八，赶赴石岭关的郭进轻易攻破北汉西龙门寨；三月二十一日，左飞龙使史业大败北汉鹰扬军；四月初一，岚州行营与北汉军队交战得胜；四月初二，盂县（今山西盂县）主动归降；四月十四日，宋太宗从镇州出发直逼太原……宋朝大军所向披靡，所过州县或攻克或归降，等到宋太宗及宋军主力二十三日到达太原城时，整个北汉除了汾州（今山西隰州）外，只剩下太原都城。

辽国来援，铩羽而归

郭进率军抵达石岭关，与曾以3000兵马打退辽国6万大军的田钦祚商议军情，一致认为对待辽国人不能被动等待，

晋祠宋代铁人

铁人造型雄健英武，铠甲鲜明，胸腹膝腿等处铸有清晰的文字，全身不见铸造披缝，估计是用传统失蜡法铸造。铁人露天放置，经历了近900年的风霜雨雪，仍晶莹明亮。祠内尚有同时代的铸铁狮兽多尊，也未生锈，可见当时冶铸技术已具有很高水平。

晋祠圣母殿
圣母殿始建于北宋天圣年间，是现在晋祠内最古老的建筑。圣母殿高19米，重檐歇山顶，面阔七间，进深六间，黄绿琉璃瓦剪边，雕花脊兽，四周围廊，殿前廊柱上木雕盘龙八条。殿的内部采用减柱法，扩大了空间，是中国规模较大的一座宋代建筑。

要主动出击。于是，田钦祚驻守石岭关，郭进领军向东北方向奔赴与辽国交界处的白马山（今山西盂县白马山）。

果然，在郭进赶到白马山时，辽国援助北汉的大军已"间道进至白马山"。从援军阵容上，可看出辽国皇帝对宋太宗北伐的重视：南院宰相耶律沙任主帅，冀王耶律敌烈任监军。同时，辽主还派南院大王耶律斜轸领兵接应耶律沙所率部队，委派大将军韩讬、大同节度使耶律善补领兵作为后备力量。

白马山地势冲要，山旁有涧水，山上有白马关，是兵家必争的战略要地。隔着一条涧水，郭进军队与耶律沙军队遭逢了。宋军向来不擅长野战，监军耶律敌烈认为机不可失，他不顾主帅耶律沙的反对，坚持渡涧进击，并与儿子耶律蛙哥亲自充当先锋。时值三月，白马山气候酷寒，涧水冰冷。正在渡涧的辽国骑兵万万没有想到，宋军竟然跃入涧中，与辽军奋勇厮杀。这一战，辽军大败，包括耶律敌烈父子在内的五位上将当场战死。辽军向回奔逃时，遇到耶律斜轸等人带领的军队，但败势已成，耶律斜轸只好掩护耶律沙败兵一同撤退，直退入辽国境内的幽州。

辽国援军败退，宋太宗坐镇的主力部队没有了后顾之忧，全力以赴攻打太原城。

身先士卒，攻克太原

太原城久攻不下，宋太宗并未在营帐中坐等结果，而是经常披着铠甲，顶着密集的箭矢石块，与士卒一同出现在攻城前线。将领们劝他要注意自身安全，太宗称"将士争效命于锋镝之下，朕岂忍坐观"。这句话一经传开，四路攻城大军士气大振，士兵们不畏死亡争先攀爬城墙，箭矢如骤雨般射向城头。攻城战中，李汉琼奋勇登城，箭矢射中他的头部和手指，他重伤下依然力战。太宗亲自看视他的创口并为其敷上效果好的治伤药，李汉琼感激涕零，军中士气越发旺盛。

在宋军的猛烈攻势下，几位北汉大将纷纷带兵出降。五月初五，宋军从太原城南发动总攻，将士们怒不可遏，宋太宗"恐屠其城"，命令军队稍稍后退。五月初六，北汉国主刘继元归降，北汉10州、14县及所辖士兵百姓尽属宋朝。

北宋·宋元通宝

宋朝的开国钱。铸于宋太祖建隆元年（960年），钱式沿袭"周元通宝"成规，为小平钱。钱文仿八分书，直读，属国号加宝文的国号钱。有铜、铁两种，背有星、月纹等，铁钱十当铜钱一。

义社十兄弟

宋太祖赵匡胤在郭威帐下时,结成了自己的义社兄弟组织,成为日后成就大业的核心力量。该组织共有十人,史称"义社十兄弟",又称"太祖义社兄弟"。除赵匡胤自己外,其余九人分别为:保静军节度使杨光义,天平军节度使、同平章事兼侍中石守信,昭义军节度使兼侍中李继勋,忠武军节度使、同平章事、中书令、秦王王审琦,忠远军节度使、观察留后刘庆义,左骁卫上将军刘守忠,右骁卫上将军刘廷让,彰德军节度使韩重赟,解州刺史王政忠。其中,石守信与赵匡胤的关系最为亲密。

● 石守信

石守信位列宋朝六位"翊戴功臣"之首。赵匡胤任殿前都点检时,石守信与其一同供职殿前司。陈桥兵变时,石守信留守京都,妥为接应。赵匡胤统一国境时,石守信立下重要战功。在赵匡胤有意收回兵权时,石守信率先交出兵权,"移镇郓州"。开宝五年(972年),赵匡胤将女儿延庆公主嫁给石守信之子石宝吉为妻,以示荣宠不衰。

● 王审琦

王审琦与赵匡胤相识于微时,被赵匡胤称为"布衣交"。陈桥兵变时,他与石守信留守京都接应。宋太祖收回兵权后,王审琦赴寿州(今安徽凤台)出任忠正军节度使,他"为政宽简",深得宋太祖信任。开宝三年(970年),王审琦改任忠武军节度使,但他一直留在京城没有赴任。同年,宋太祖将长女昭庆公主许配给王审琦长子。开宝七年(974年),王审琦去世,宋太祖追封他为琅邪郡郡王。

● 韩重赟

韩重赟是宋朝一员猛将。他征李筠,征淮南,在北宋统一国土战争中功不可没。交出兵权后,韩重赟

宋太祖立像

赵匡胤在位期间,致力于统一全国。依据宰相赵普的"先南后北"策略,先后灭荆南、湖南、后蜀、南汉及南唐等南方割据政权,至其胞弟宋太宗赵光义在位期间,迫使吴越、清源军纳土归降,灭北汉,方才完成一统。以赵匡胤为首的所谓"太祖义社兄弟",也称为"义社十兄弟",分别为赵匡胤、杨光义、石守信、李继勋、王审琦、刘庆义、刘守忠、刘廷让、韩重赟、王政忠。

先后担任过忠正军节度使、义成军节度使、殿前司正长官。建隆三年（962年），宋太祖委任韩重赟建都扩建皇城工程。乾德四年（966年），黄河在滑州（今河南滑县）决堤，宋太祖派韩重赟修筑河堤。

韩重赟屡次担任要职，为人所忌。乾德五年（967年），韩重赟被诬"私取亲兵为腹心"。这项罪名犯了赵匡胤大忌，他大怒之下要立斩韩重赟，被赵普拦下。经此一事，赵匡胤对韩重赟生了猜忌之心，让他赴相州（今河南安阳）任彰德军节度使。开宝七年（974年），韩重赟去世。韩重赟死后，他的儿子韩崇训、韩崇业被赵匡胤委以重任，立下战功无数。

此外，义社兄弟中的其余六人也各有功绩，其中，李继勋和刘廷让分别在对辽战争、收复蜀地战争中起到了关键作用。

宋太祖洞开重门

清陈书《历代帝王道统图》册。宋初，宰相范质等人仍循前代惯例，上朝时设有坐椅，坐着奏事。一日早朝，范质犹坐着，赵匡胤便说："我眼睛昏花，看不清楚，你把文书拿给我看。"范质于是起身持文书进呈，赵匡胤却已密嘱侍者趁此将其座撤去，待范质欲返座而座椅已撤，只得站立。自此宰相与群臣便站着上朝，成为惯例。

▶ 979年

癸未，帝督诸军及辽国大战于高梁河，败绩。

——《宋史·太宗本纪》

■ 太宗受挫高梁河

太原之战后，宋太宗惑于胜利的光环，未及封赏军士就仓促北伐辽国。在没有做好战备、将士疲乏的情况下，宋军在围攻幽州城期间遭到辽军三面夹击，兵败高梁河。此后，宋辽绵延数十年的战争正式拉开帷幕。

时间
979年

地点
高梁河（今北京西直门外）

起因
宋欲夺回燕云十六州

参战双方
宋朝、辽朝

双方参战兵力
宋：30余万
辽：20余万

意义
辽自此一直威压北宋

太平兴国四年（979年）五月，宋太宗平定北汉并将来援的辽国军队逼入幽州。随后，宋太宗想要乘胜追击，一鼓作气收复燕云十六州（今北京、河北和山西的部分地区）。"诸将皆不愿行，然无敢言者"。只有殿前都虞侯崔翰赞同宋太宗的提议，他认为"所当乘者，势也"，应借征服北汉的威势征讨辽国。宋太宗闻言大悦，当即决意北伐，命令枢密使曹彬调集各地屯兵。

六月，宋太宗车驾到达镇州（今河北石家庄及井陉县、行唐县一带）。随驾的扈从六军有些人没能及时赶到，宋太宗大怒，"欲置于法"，被马步军都军头赵延溥力陈"敌未殄灭而诛谴将士"的弊端，劝阻了宋太宗。二十日，宋太宗率军到达东易州（今河北涿州西南），从金台顿（今河北保定）进入辽国疆域。辽国易州刺史刘禹、涿州判官刘原德纷纷献城归降。宋军一路来到幽州（辽国称为南京）城南，宋太宗驻扎在宝光寺。

宋代军队里持弓弩的士兵

辽国南院大王耶律斜珍因宋军锋芒正盛,没有正面交锋,而是在德胜口(今北京昌平西北)布下埋伏,引诱宋军深入。宋太宗亲自率兵迎敌,宋军勇猛直前,"斩首千余级"。耶律斜珍见势不妙,急忙派兵袭击宋军后方,宋军这才退去。耶律斜珍在清沙河(今北京城北)北边安营,随时准备援助幽州。

不久,宋太宗发动大军攻打幽州城,派四位节度使领兵士分攻城池的四面,"命宣徽南院使潘美知幽州行府事"。当时,驻守幽州的南京权留守(辽国官名)韩德让对宋军的攻势十分恐惧,与同僚刘弘登上城墙,亲自指挥防守事宜,昼夜不休。幽州城外,宋军一边攻城,一边对城中军民展开心理攻势,进行招抚。幽州城内,一位名为李扎勒灿的都指挥使趁守军不备,悄悄出城投降。一时间,幽州城内人心惶惶。

听闻幽州被围的消息,辽国御盏郎君(辽国官名)耶律学古急急率部下驰援,从宋军包围圈外挖地道进入幽州,与韩德让一起守城。某夜,耶律学古在城头打退了宋军偷袭300余人小队。此时,辽国将领耶律沙、耶律休哥也已带兵赶往幽州解围。

耶律沙援军到后,与宋军会战高梁河(属于永定河水系,在今北京市西直门附近),耶律沙败。追击途中,宋军被耶律休哥半路截袭。耶律休哥让手下士兵每人拿着两个火把,夜色朦胧间,宋军以为辽军势众,胆怯惧战,士气大减。驻扎清沙河的耶律斜珍与耶律休哥会师一处,左右分击宋军。幽州城中的耶律学古趁机大开城门,从宋军背面发动攻击。三面受敌,宋军溃败奔逃,宋太宗乘坐驴车南行,一度与将领们失散。辽军一直追击到涿州,缴获战利品无数。

宋代武士砖雕

宋朝军队实施以募兵为主,征兵为辅的军队构成,实行自愿性的募兵制,并且将灾年招募流民、饥民当兵,作为一项传统的国策,有社会福利性质,起到稳定政权作用。北宋军队分为四种,即禁军、厢军、乡兵、藩兵,其中禁军、厢军为募兵,乡兵、藩兵为征兵。

964年—990年

……普性深沉有岸谷，虽多忌克，而能以天下事为己任。

——《宋史·赵普传》

半部《论语》治天下

赵普历经两朝，三次拜相，对天下大势分析精准，多次影响了朝局走势。其私德虽略亏但大义无损，堪称宋初宰相中的翘楚。

主角
赵普

主要成就
三任宰相，主政宋局，最终成就了三百年大宋王朝的富庶与辉煌

正面评价
刚毅果断，以天下事为重

负面评价
独断专权，排斥异己

典故
半部论语治天下

乱世智囊，深受重用

赵普（922年—992年），字则平，幽州蓟（今天津蓟州区）人。后因举家迁往常山（今河北正定一带），赵普时常自称为常山人。赵普为人"沈厚寡言"，敏锐多智。后周时，他在永兴军节度刘词帐下任从事一职，深受刘词爱重。刘词临死前，特意上表向朝廷举荐赵普。时任后周宰相的范质上奏周世宗，请求任命赵普为军事判官。当时，宣祖赵弘殷（赵匡胤、赵光义之父）在滁州（今安徽滁州）养病，赵普侍奉汤药尽心尽力。宣祖感动，以宗族情分对待赵普。其时，赵普"断事明敏，狱无冤者"，宋太祖赵匡胤闻听他的声名，与赵普谈话，觉得他识见非凡，于是

赵普像

赵普（922年—992年），字则平，生于蓟州。北宋初年宰相。后唐末年，举族迁居常山（今河北正定），后晋天福七年（942年），又迁至洛阳。显德七年（960年），与赵匡胤发动陈桥兵变，推翻后周，建立宋朝。赵普每次遇到不能解决的问题，就回家闭门读书，第二天总能想出办法来。后来人们才知道他只看《论语》，赵普对宋太宗道，臣有《论语》一册，一半可用来助太祖打天下，一半可用来助皇上治理天下。淳化三年（992年）七月十四日，赵普病卒于洛阳，年七十一。太宗闻讯，痛哭涕泣。

"深器之"。赵匡胤在任同州节度时，征召赵普为推官，成为麾下幕僚。

陈桥兵变时，宋太祖醉卧帐中，军士们在外哗然，要推举太祖为帝。赵普和太祖之弟宋太宗赵光义推门而入，告知帐外情形。由此举动，可以看出赵普是赵匡胤心腹，地位与兄弟相当。960年，赵普拥护"陈桥兵变"有功，被赵匡胤任命为右谏议大夫、枢密直学士，参掌军事大权。同年八月，赵普被委任为兵部侍郎、枢密副使。乾德二年（964年），赵普升任宰相。

宋太祖赵匡胤建国后，开始实施统一天下的宏图伟业。在消灭李筠和李重进后，他召赵普入见，询问他两个问题，一个是为什么唐朝以来天下就不稳定，"帝王凡易八姓，战斗不息，生民涂地"；另一个是想要消弭天下兵祸，让国家长治久安的方法。赵普应对说这是"君弱臣强"的缘故，提出"稍夺其权，制其钱粮，收其精兵"的建议。太祖觉得赵普说得很对，不久就借宴请将元勋们的兵权收归己手，也因此更加爱重赵普。

北宋·缠枝牡丹纹十字镜
镜平面呈十字形，桥形钮，钮外围饰以繁复的缠枝牡丹纹，牡丹纹外装饰联珠乳钉和弦纹。此镜造型独特，工艺精湛，是宋代铜镜中的精品。

盛世能臣，瑕不掩瑜

宋朝开国后，宋太祖对有兵权的勋臣尤为忌惮。曾有人弹劾殿前都指挥使韩重赟私下结交亲兵（禁卫军）为心腹，太祖听了大怒，想要斩杀韩重赟。赵普连忙劝谏说："如果韩重赟因为谗言被杀，那么就会造成'人人惧罪'的结果，还有谁敢为您统领亲兵呢？"宋太祖这才打消杀意，只是降了韩重赟的官职。韩重赟听闻是赵普救了自己，特意登门拜谢，赵普却拒而不见。

宋太祖出身行伍，不拘小节，经常微服去臣子家中议事。据宋史记载，宋太祖曾于雪夜携太宗赵光

北宋·定窑白釉提梁壶

明·刘俊·雪夜访普图

此图描写宋太祖赵匡胤雪夜访赵普的历史故事。在门庭宽敞、屋宇数重的枢密副史府内，前厅正中二人围炉而坐。上首坐的是宋太祖赵匡胤，他头扎巾帽，身穿盘领窄袖袍服，腰束锦带，身材魁伟，气度不凡，其庄严的表情，侧首聆听的姿态，恰当地表现了深夜访贤、商议国家大事的仪态和心境。身着便服的枢密副史赵普在下首侧坐，恭谦地侃侃而谈，细致地刻画出了他诚恳献策的谋臣风度。

义造访赵普府上，与赵普商议统一中原的战略，并听从赵普建议重用曹彬、潘美。由此事可见君臣相得。

赵普为相后，行事虽"刚毅果断"却独断专权，受到宋太祖猜忌，设置参知政事（相当于宰相助手）以限制赵普权力。可在赵普的压制下，参知政事形同虚设。宋太祖想起用冯瓒为宰相，赵普怕他威胁自己地位，一再陷害冯瓒，最终冯瓒被流放登州沙门岛（今山东长岛）。排除异己后，赵普行事越发嚣张，曾在视事阁坐屏后面放置"二大瓮"，将与己见不同的奏折扔入瓮内，盛满后就烧掉，大臣们怨声四起。

开宝元年（968年）冬，雷德骧在讲武殿觐见太祖，声色俱厉地弹劾赵普强行买入百姓宅第，聚敛钱财收受贿赂。太祖听闻，大怒呵斥道："鼎铛犹有耳，汝不闻赵普吾之社稷臣乎？"叱责完毕后，太祖用随身玉斧击打雷德骧面部，"击折其上腭二齿"。其实，宋太祖对赵普贪墨的事情心中有数，只因宠信赵普多有纵容。

江南国主李煜派使者李从善来宋，送银5万两给赵普，赵普报告太祖，太祖让赵普泰然受之。有一日太祖外出，突然去了赵普家中，发现吴越王钱俶馈赠的"海物十瓶"中满是瓜子金。赵普惶恐跪拜，太祖笑着说："你就收下吧，没关系的。他们认为国家大事都是由你这样的书生来决定。"

此后，宋太祖逐渐对赵普生出忌惮之心。开宝六年（973年）六月，因赵普而被罢黜的御史中丞雷德骧之子雷有邻状告政事堂官员收受贿赂，宋太祖借机严查，罢免赵普宰相职务，让其以"使相"（有职无权）身份出任河阳（今河南孟州市南）三城节度使。太平兴国元年（976年）十月，宋太宗即位。第二年三月，宋太宗召赵普入朝，升任太子少保。

太平兴国六年（981年），宋太宗恢复赵普相位，后来又封他为梁国公。太平兴国八年（983年），赵普外调任武胜军节度、检校太尉兼侍中。端拱元年（988年）二月，赵普第三次拜相，两年后因病罢相。淳化三年（992年）春，赵普辞官，宋太宗封其为魏国公，享受宰相俸禄。

综观赵普一生，虽然私德略亏，但他心怀天下，敢于直言直谏，为稳定朝局立下了无可替代的汗马功劳。

宋·佚名·番马图
番人是中国古代对周边少数民族和外国人的称呼。此图一番一马，笔法精细，刻画准确传神，现藏于美国波士顿美术馆。

半部《论语》，处事如流

963年，宋太祖改年号为乾德。等到平定川蜀后，太祖宠幸蜀地女子，竟然在她的妆奁中发现一面背后刻有"乾德四年铸"字样的镜子。宋太祖将这面镜子给宰相赵普看，赵普等重臣面面相觑，"皆不能答"。后来学士窦仪说这是蜀王孟衍用过的年号。宋太祖叹息"宰相须用读书人"。太祖时常劝赵普多读书，赵普"遂手不释卷"。

赵普每天下朝回家，就关上门开启箱子取出书来研读，到了第二日上朝则对政事"处决如流"。等到赵普去世时，他的家人打开箱子，发现箱内除《论语》二十篇外别无他书。由此，赵普又得到"半部论语治天下"的美名。

986年

……五月，庚午，至岐沟关，辽兵追及之，南师大败。

——《续资治通鉴·宋纪十三》

岐沟关惨败

宋太宗二次伐辽声势浩大，却因曹彬不听军令导致了岐沟关大败，进而使宋军元气大伤，西路军也不得不打乱原进攻计划撤退，间接导致了之后的陈家谷之败。

时间
986年

地点
岐沟关（今河北涿州松林店镇岐沟村）

参战双方
宋朝、辽朝

结果
宋军大败，畏辽之心日重

意义
此役后，辽朝掌握了宋辽战争的主动权

雍熙三年（986年）正月，因辽国"主年幼，国事决于其母，韩德让宠幸用事"，宋太宗再次御驾亲征北伐辽国。比起太平兴国四年（979年）伐辽战争的仓促，此次北伐，宋太宗做了充分准备。他任命曹彬为主将，崔彦为副手，带领宋军主力东路军直取幽州；任命米信为主将，杜彦圭为副手，带兵进军雄州（今河北保定雄县）；任命田重进为主将，带兵进军飞狐（今河北涞源）；任命潘美为主将，杨业为副手，率领西路军出雁门（今山西代县）。

宋初名将简介

姓名	简介
慕容延钊	开州刺史慕容章之子，善于攻伐，战功显赫
崔彦进	后周世宗旧部，有胆略，善骑射，屡立战功，但喜欢敛财
潘美	后周世宗旧从，性格平易近人，攻灭南汉，从征北汉，北上征辽，配享太庙
田重进	宋太祖旧部，忠勇有谋，平灭北汉，雍熙北伐时连败辽军
崔翰	宋太祖旧部，勇猛有谋，轻财好施，功勋卓著
曹彬	后周太祖郭威妃子张氏的外甥，为人仁敬和厚，严于治军，灭后蜀、平南唐，配享太庙
李继隆	开国名将李处耘之子，善骑射，晓音律，多智谋，军功显赫，配享太庙

同年三月，曹彬胜辽军于固安（今河北廊坊固安）南。田重进胜辽军于飞狐北。潘美一路大胜，撵辽军至寰州（今山西朔州东），曹彬又胜辽军于涿州东。辽军举国严阵以待。辽主与太后亲征，驻军驼罗口（今北京南口），命令幽州留守耶律休哥抵挡曹彬所率部队。起初，宋太宗叮嘱曹彬，让其率领10万大军做出攻取幽州的态势，但要"持重缓行，毋贪小利以要敌"，以吸引敌军在幽州陈列重兵，继而无暇顾及潘美军队。

战争开始后，宋太宗接到曹彬接连攻城掠地的捷报，不以为喜反以为忧，担心辽军会阻断曹彬东路军粮道。果如宋太宗所虑，耶律休哥在幽州城闭门不出，夜晚派小股骑兵袭击宋军，白天用精锐部队虚张声势，以吸引曹彬的注意力。趁曹彬全力防御之际，耶律休哥在林间设伏，断绝了曹彬军的粮道。

曹彬苦守10多天，粮草殆尽，只好退兵到雄州等待救援。宋太宗闻讯大为惊骇，认为曹彬"失策之甚"，急忙派使者命令曹彬不要再进军，想办法和米信所率军队会合，按兵不动彰显西路军声势，等潘美占领山后之地并与田重进会师东下后，再一起进攻幽州。

可曹彬部下诸位将领对潘美和田重进的屡战屡胜十分眼热，对按兵不动的做法非常不解，怨言重重。曹彬无法平息将领们的矛盾，只好带着为数不多的粮草进攻涿州。辽主命令耶律休哥等人派轻兵骚扰宋军，不求决战，只求拖延宋军行程。在辽军的游击战术下，曹彬军队走了4天才到达涿州。其时正当盛夏，曹彬军人困马乏，粮草不继，只好放弃攻城打算。

耶律休哥所率辽军在岐沟关（今河北涿州西南）追上宋军。一场恶战后，宋军大败退走。曹彬收拢残兵，夜渡拒马河（今河北境内）。渡河时，宋军人畜互相践踏，加上辽军的追杀，死者不计其数。幸存宋军奔往高阳（今河北保定高阳），被辽军趁机杀死了数万人，留下的尸体"沙河为之不流"，丢弃的兵器盔甲堆积如山。

北宋·木雕力士像

> **986年**
>
> 马重伤不能进,遂为契丹所擒……业因太息曰:"上遇我厚,期讨贼捍边以报,而反为奸臣所迫,致王师败绩,何面目求活耶!"乃不食,三日死。
>
> ——《宋史·杨业传》

千古传奇杨家将

作为中国通俗小说史上"三大家将小说"之一的杨家将传奇故事,通过演义、话本、戏剧等形式在民间广为流传。但《宋史》对杨家将着墨不多,除了杨业、杨延昭、杨文广等确有其人,穆桂英、杨排风等人物其实都是后人杜撰出来的。

主要人物
第一代:杨业
第二代:杨延昭
第三代:杨文广

主要功绩
抵抗辽兵、守卫边境

精神名片
精忠报国

后世传说
七郎八虎
杨门女将
穆桂英挂帅
十二寡妇征西

绝食而非撞碑

太平兴国四年(979年),宋太宗亲征十国中的最后一个割据政权北汉,将对方都城晋阳(今山西太原南)重重包围。他对敌军负责守卫城池东南的将领印象格外深刻——不计其数的宋军纷纷倒在了他所指挥的军队的反击之下。

此人名叫刘继业(?—986年),原名杨重贵,从成年起就追随北汉政权,以骁勇善战而远近闻名。由于屡立战功,皇帝赐他姓刘,改名继业。

在北汉皇帝刘继元投降之后,刘

河南开封杨将军雕塑

杨继业与其子杨延昭、孙杨文广三代为将,颇负盛名。北宋著名文学家欧阳修,称赞杨业、杨延昭"父子皆名将,其智勇号称无敌,至今天下之士至于里儿野竖,皆能道之"。宋元的民间艺人把杨家将的故事编成戏曲,搬上舞台。到了明代,民间又把他们的故事编成《杨家将演义》《杨家将传》,用小说、评书的形式在社会民间广泛传播。

年画《佘太君点兵》

折氏，尊称为折太君，一说因折、佘于北京话中音近，小说、戏曲中误作佘太君，但在宋元时期就有杨家将故事的话本，非使用北京话，此说不见正确；二说折姓在宋朝因避祸改佘姓；三说是为了子孙不再夭折，祈愿福禄有余而改成佘（古有余写佘），至今佘赛花墓所在地山西保德县折窝村和陕西白鹿县佘家坡头村的佘姓后裔对此说法都津津乐道。

继业依然坚持苦战。直到刘继元派亲信前去命令投降，他才停止抵抗。宋太宗命他恢复杨姓，改名单字"业"。鉴于其熟悉边防军务，杨业长期驻扎在代州（今山西代县）抵御北方的辽兵。

雍熙三年（986年），杨业担任北宋西路军总指挥潘美的副将，王侁、刘文裕为监军，从雁门出击辽国。当曹彬所率的主力在歧沟关战败，10余万辽军以优势兵力与西路军展开正面决战。

面对强敌，杨业主张避敌锋芒，在石碣谷设伏，伺机歼敌。监军王侁却别有意味地反对说："您一向被称颂为'杨无敌'，连辽军中都流传着您的威名，怎么现在遇到敌人却只想着回避后退，不敢交战呢？莫非您还有什么不为人知的意图？"

监军，在军中的地位非同小可，他代表皇帝对在外征战的将帅进行监督和牵制，甚至有权处死图谋不轨的武将。因此，杨业处于若不出战便有通敌嫌疑的境地。

杨业虽然明知出击意味着必败，但刚强的性格还是无法心平气和地接受这种猜疑和激将："我并非贪生怕死之辈，只是眼下的时机对我方不利，白白牺牲将士却不能立功。但既然你们拿不愿牺牲来质疑我，我就义不容辞披挂上阵吧。"

临走前，杨业两眼含泪地恳请潘美在代州西北的陈家谷口（今山西宁武）左右两边埋伏弓箭手，准备支援自己。结果，当他一路苦战到达约定地点时,却没有看到救兵的身影,无法摆脱辽军尾随的杨业只能接着率领部下浴血奋战,部下全部战死,自己受伤达几十处。由于战马在重伤之下已经无法前进,杨业在亲手斩杀百十来个敌人后还是被俘。

杨业仰天长叹:"皇帝待我恩重如山,本来我还指望可以通过杀敌建功、保卫边疆来报答皇恩,谁知却遭到如此惨败,还有什么脸面活下来呢!"于是,绝食三天而死。

小说《杨家将演义》特意将他兵败被俘、绝食而死的结局改为面临绝境时看到战场附近李陵碑,不愿像李陵一样变节投降,最终选择撞碑自杀以保全名声。这样的艺术化处理,通过与历史上李陵的遭遇相类比,更能凸显杨业死时的悲壮和冤屈。不过并不符合事实。

陈家谷之战是"雍熙北伐"的最后一战,宋、辽两军死伤加起来不过3000人。然而,一代名将杨业的死使这场无关战争大局的小型战斗载入史册。

长子杨六郎

随父出征的杨延玉也在陈家谷战死。《宋史》中记载杨业的七个儿子分别是:杨延朗、杨延浦、杨延训、杨延环、杨延贵、杨延彬、

杨延玉。其中除了杨延玉，其余六人都曾在朝廷供职而且得以善终，并没有马革裹尸、出家、流落他国或者死于奸臣陷害之类的说法。

有一次，一位将门之后奉命向宋真宗禀报边防事务，讲得井井有条，皇帝高兴地指着他对在场的所有人说："这个小伙子很有他父亲杨业的遗风，值得嘉奖啊。"在所有儿子中，杨延朗是最接近父亲名将风范的一个。

相传，河北省沧州市南皮县凤翔乡万牛张村是当年杨延朗用牦牛阵大破辽军的战场。为了巧妙消灭来犯之敌，他秘密派人收购一万余头高大威猛的牦牛，每天开展特殊的训练：将稻草人的肚子里填满饲料，然后穿戴辽军的服装，引诱牦牛用牛角上捆绑着的刀刃挑开稻草人的腹部寻找食物。持续训练了100多天之后，牦牛已经养成了习惯，只要见到身穿契丹军装的人，就立即条件反射一般地冲上去找饲料。

见时机成熟，杨延朗下令在开战前将牦牛大军饿上三天三夜。然后以少量军队吸引辽兵追击，立即将饥肠辘辘的牦牛放出，它们冲入敌阵，见人就挑，辽兵死伤无数，宋军大获全胜。从此，这个地方就得名"牦牛阵"。

开封天波府

天波杨府是依据《宋东京考》《如梦录》《祥符县志》等记载，建于开封市城内西北隅，是一座大型仿宋建筑群，建筑规格按当时正一品武官级别修成，与杨业受封太尉和大同节度使的官职相一致，东靠六朝皇宫遗址龙亭景区，西临清明上河园，是一座典型的仿宋式古典园林建筑，由杨家府衙、杨家花园、演兵场三部分组成。

1004年

急书一夕凡五至,准不发,饮笑自如。明日,同列以闻,帝大骇,以问准。准曰:"陛下欲了此,不过五日尔。"因请帝幸澶州。

——《宋书·寇准传》

澶渊之盟

走到半路,开封传来负责留守的雍王赵元份暴病身亡的消息,真宗命原本随行的王旦赶回去接替。临走前,王旦小心翼翼地问:"如果过了10天都没有收到前线传来的捷报,该如何处理?"真宗面色凝重,沉默了很大一会儿,才缓缓地吐出三个字:"立太子。"

时间
1004年

地点
澶州(今河南濮阳)

双方代表
宋:真宗赵恒、名相寇准、议和使臣曹利用
辽:萧太后、圣宗耶律隆绪、先锋大将萧挞凛

主要内容
双方约定为兄弟之国;
宋每年赏赐给辽国大量财物

主要影响
维持近100年相对和平的局面;
促进两国之间的经济文化交流

边关急报吓坏皇帝

宋朝自建立以来,面对契丹并不处于劣势,反而先于太平兴国四年至雍熙三年(979年—986年)间三次主动北上进攻,每次都是先胜后败。在高梁河大战中,宋军几乎全军覆没,太宗赵光义腿上也中了两箭,在慌乱中乘驴车逃走,从此箭伤每年复发,直到至道三年(997年)因箭伤再次复发而不治身亡。太子赵恒即位,成为北宋的第三位皇帝——真宗。

原本一直处于防御态势下的契丹经过杰出政治家萧太后的苦心经营,不仅内政稳定,经济也有了很大的发展,终于决定发动了辽国历史上唯一一次

宋真宗坐像
宋真宗赵恒(968年—1022年),原名赵德昌,宋朝的第三位皇帝。他是宋太宗的第三个儿子,登基前曾被封为韩王、襄王和寿王,曾任开封府尹。在位期间,任用贤相,北宋进入经济繁荣期,史称"咸平之治"。

对宋朝的大规模入侵。萧太后和辽圣宗耶律隆绪亲自率领20万大军南下，没想到并没有取得摧枯拉朽的预期效果，进展很不顺利。辽军接连进攻数座池城，都未能得手，绕道攻打瀛州（今河北河间），太后亲自擂起战鼓鼓舞士气，但还是被顽强抵抗的宋军用巨大的石木击退，阵亡人数超过3万，伤员更多。

在遭到一系列挫折后，萧太后认识到辽军并不擅长攻坚，于是改变战略，采取迂回穿插的战略，大军直趋开封，以换取最大的利益。大名府等宋军设置的边防重镇都被抛在身后，辽军兵临黄河边上的澶州（今河南濮阳）北城之下，打了宋军一个措手不及。

宋真宗此前完全没有收到任何辽军入侵的消息，不收则已，一收惊人，前线急报忽然一股脑儿地涌到自己跟前，顿时慌了手脚：形势怎么一下子就变得这么严重了？

料敌塔

料敌塔位于河北省定州市城内。这里是历史上宋、辽交界的军事重镇，宋利用此塔瞭望敌情，故又称料敌塔。北宋真宗于咸平四年（1001年）下诏建塔，至和二年（1055年）始成。八角十一层，高84米，是中国现存最高的砖塔。塔身内外两重，两重之间有游廊，有砖阶直达顶层。

想请亲征不容易

原来，这是宰相寇准的一个计谋。辽人南下的消息传到京城，真宗急忙召见群臣商量对策。参知政事王钦若是江南人，建议皇帝逃往金陵（今江苏南京）；陈尧叟是四川人，主张前往成都避难。真宗征询寇准的意见，寇准斩钉截铁地回答："这是谁出的逃跑的馊主意？不管陛下去他们所说的任何一个地方避难，一定导致人心惶惶，局势必然不可收拾！一旦敌方的铁骑深入过境，无论逃到哪里都是无济于事的。"

无可奈何的真宗很不情愿地同意御驾亲征，但迟迟不肯出发。为了催促皇帝早日启程，寇准费了一番心思：他把一封一封发到朝廷的急报暂时扣留下来，不让真宗知道，等积累多了一并呈上，使真宗认识到问题的严峻。

这一招果然有效。真宗赶紧问该怎么办。寇准不紧不慢地说："陛下是想尽快解决呢，还是打算慢慢来？"宋真宗不假思索地脱口而出："当然是想尽快啊！"寇准趁势说道："只要陛下御驾亲征，此事五日内就能解决！"真宗只得同意立即出征。

澶州地跨黄河南北，因此分南、北两城，南城比北城安全，但宋军主力都在北城布防。看到黄河对岸辽军声势浩大、烟尘滚滚，真宗就想留在南城。寇准力主前往北城，鼓舞前线士气。他说："宋军主力都在北城，陛下如果不去那里，亲征就没有意义了。再说各路大军已经陆续到达澶州，不会有什么危险的。"

真宗这才登上北城城楼，召见各军将领表示慰问。广大宋军将士看到迎风招展的龙旗和帝王专属的仪仗，得知君王亲临前线，立即高呼"万岁"，欢声雷动，士气大振。

辽宋议和

宋、辽双方在澶州对峙了10十余日，形势对宋军越来越有利：坚守河北几座要塞的宋军已经展开反攻，威胁辽军后方，并逐渐对其形成合围之势。

恰在此时，辽军先锋大将萧挞凛在开战前观察地形时被宋军的床子弩射中头部，不治身亡，辽军的士气更是一落千丈。

鉴于形势不利，萧太后秘密派遣使者求和。本来就缺乏必胜信念的宋真宗欣然同意，下令曹利用立即赴辽军大营进行和谈。

曹利用请示宋方能够接受的条件，真宗告诉他："可以沿用汉代赏赐匈奴单于玉帛财物的惯例。对方索取钱财还可以商量，但若是要求土地，那就与他们决战到底。万不得已，100万财物也是可以接受的。"

等在外面的寇准却警告曹利用："要是超过30万，回来我要砍掉你的脑袋！"

经过多次讨价还价，双方终于达成和议条款。曹利用赶回澶州禀报，真宗正在吃饭，不能立即接见，于是让宦官去问结果如何，曹利用回答："此事属于高度机密，应该面奏圣上。"

真宗仍不甘心，再次派人询问，曹利用不敢明说，只好伸出三根手指放在脸前。真宗得知，失声叫道："太多啦！"随即顿了顿，又说：

寇准像

寇准（961年—1023年），字平仲，汉族，华州下邽（今陕西渭南）人。北宋政治家、诗人。太平兴国五年（980年）进士，授大理评事、知归州巴东县，改大名府成安县。累迁殿中丞、通判郓州。召试学士院，授右正言、直史馆，为三司度支推官、转盐铁判官。历同知枢密院事、参知政事。后两度入相，一任枢密使，出为使相。乾兴元年（1022年）数被贬谪，终雷州司户参军。天圣元年（1023年），病逝于雷州。

济南刘家功夫针铺广告青铜版

中国目前最早的商标广告实物，以青铜为模板印刷广告。宋时城市人口众多，大都市人口在百万左右，中等城市人口在十万以上，具有较强的消费能力，空前活跃的商品经济使得各类店铺和作坊遍布，同行间的竞争日益激烈，不少店铺为了推销自己的产品，招牌和广告意识深厚。

"要是能了结此事，也还可以。"

一吃完饭，真宗急忙召见曹利用。曹利用一进门便再三磕头谢罪："臣许诺给契丹的财物数目过多了，罪过罪过！"

得知是30万，皇帝大喜过望，简直不敢相信自己的耳朵。几天后，宋辽两国正式签约，史称"澶渊之盟"。和约规定，宋辽为兄弟之国；双方以白沟河为界，保证互不侵犯；宋朝每年向辽国提供"军旅费资助"10万两银、20万匹绢。

澶渊之盟实现了辽宋两国边境近百年的和平，这个局面大体维持到宋徽宗后期建立联金灭辽的海上之盟。

澶渊之盟场景复原图

在谈判中，宋廷方面由曹利用与萧太后谈判，协定宋每年输辽岁币银10万两、绢20万匹，即"岁币"，辽圣宗称宋真宗为兄，宋真宗称辽圣宗为弟，称萧太后为叔母，互约为兄弟之国，"所有两朝城池，并可依旧守存，淘濠完葺，一切如常，即不得创筑城隍开拔河道"。

1008年—1029年

……有司详定仪注，请于泰山上置圜坛，径五丈，高九尺。圜坛东南置燎坛，高一丈二尺，方一丈。

——《续资治通鉴·宋纪二十七》

"天书"闹剧

宋真宗没有继承父亲宋太宗、伯父宋太祖的胆魄，面对辽军怯弱害怕，虽胜尤败。他一味沉迷于宗教，用虚妄的天意蒙骗自己，多次制造天书并去泰山封禅麻痹百官及百姓。其后，他大肆兴建玉清昭应宫，导致国库虚空，怨声四起，北宋国力日益衰败。

时间

1008年—1029年

背景

澶渊之盟后，民多怨言

策划者

宋真宗、王钦若

计划

先造"天书"降世，后去泰山封禅

传世笑话

为取得支持，宋真宗以一坛珍珠行贿宰相王旦

天书降临

澶州之战后，寇准声威大盛，遭到王钦若等权臣的忌惮。他们在真宗面前进言，弹劾寇准澶州之战时只顾个人声名不顾真宗安危。久而久之，真宗听信谗言，贬谪寇准。其后，真宗大力推崇道教，"大建宫观"，因赶工期，"工徒至有死者"。加上蝗灾连年，严重到"蝗势连云障日"，民心不安，多有怨言。为巩固统治，宋真宗在王钦若的建议下，准备效仿河图洛书，自造"天瑞"。真宗以一壶珍珠贿赂宰相王旦，让其赞同了天书提议。

大中祥符元年（1008年）正月，宋真宗称一个月前，自己就寝时，看到"星冠绛袍"的神人告知"当降《大中祥符》三篇"

宋真宗封禅玉册

所谓"封禅"，"封"就是登上泰山祭天；而"禅"则是在泰山旁的小丘祭地，向天地宣告人间太平。玉册，又称玉策、玉牒，是用玉制成的简册，上面刻写天子向上天祷告的文书。宋真宗玉册有16简，共227字，金线串连。

的天机。正赶上皇城司前来奏报,说在左承天门屋的南角,"有黄帛曳于鸱吻之上"(鸱吻,古代建筑殿脊两端的吞脊兽,取其辟火之意)。以王旦为首的朝臣当即祝贺真宗,称天书降临是"彰上穹佑德之应",并进言启封天书时应该屏退闲杂人等。宋真宗不许,让百官和自己一同去承天门拜领天书。

焚香拜祭后,宋真宗将天书放置在自己的舆驾上,和百官步行至道场,让枢密院陈尧叟启封天书并诵读。天书共有"黄字三幅",上面写着宋真宗能够以孝道兴天下,最终可以"世祚延永"等歌功颂德的吉祥话。就此事件,朝野上下大肆庆贺,改左承天门为左承天祥符门,作出颂文、诗歌无数。

此后终宋真宗一朝,各类"天书"不断降临。为提高天书可信度,王旦等人甚至逼迫寇准进献天书。王旦提出,寇准是最不相信天书的人,让寇准进献天书方能服众,"须令准上之"。寇准从命,于天禧三年(1019年)进献天书,被拜为中书侍郎兼礼部尚书、同平章事、景灵宫使。不过,寇准此举遭到门生故吏的诟病,"中外皆以为非"。

封禅大典

同年三月,以兖州(今山东济宁兖州)百姓吕良为首的1287人请旨封禅。宋真宗命令引进使曹利用告知他们,称封禅这种大事历朝历代都很稀

宋真宗驻跸亭
真宗大中祥符元年(1008年)十一月,真宗赵恒封禅泰山,返京过阙里,谒孔子庙,拜其墓。此亭为纪念赵恒拜孔子墓而建。

少,不能听从他们的请愿。吕良等人坚称上天降下天书祥瑞,应该去泰山告慰天地。吕良等再三请愿,宋真宗只是不许。几日后,兖州及周边城市以进士孔谓为首的840人再次请旨封禅。又过几日,以宰相王旦为首的文武百官、僧道等24370人又一次请旨封禅。宋真宗仍未准奏。

同年四月,天书又一次降临在宫中的功德阁。前后两次祥瑞降临,宋真宗终于顺势而为,在征询丁谓、知晓国库充裕后(其实当时已国库空虚),定于十月去泰山封禅,封王钦若、赵安仁为封禅经度制置使。此后,宋真宗开始准备封禅事宜,禁止在泰山砍伐树木猎取野兽,派专使修葺沿途路、桥。五月,王钦若说泰山下出现满是美酒的泉水,锡山(今江苏境内)上出现苍龙。种种祥瑞之兆,为宋真宗封禅之举做了充足的铺垫。

十月，宋真宗率领百官，一行人浩浩荡荡向泰山进发，严令沿途不得扰民，特许乡野有才之人可以不经科举而觐见皇帝。到了泰山脚下，王钦若等人进献紫芝草3.8万多株。大臣们奏报有五色祥云在泰岳顶端出现，宋真宗与几位重臣登上后亭观看，将亭子命名为"瑞云亭"。负责封禅礼仪的官员先一日登临泰山。宋真宗清晨时分即开始登山，开始时乘坐步辇，跟随登山的官员说有黄色祥云覆盖在步辇上。到盘道时，山道险峻，宋真宗开始步行登山。随从都疲惫委顿，但真宗却"辞气益壮"。据史书记载，宋真宗登山的前一日还有大风，到了真宗登山的时候，已经"天气温和"。

经过祭拜"昊天上帝"、"奠献天书"、将天书封进"金玉匮"等步骤，封禅礼以真宗"还御幄"结束。王旦等重臣率领百官恭贺封禅成功，呼拜"万岁"的声音响彻山谷。整个封禅过程中，各地进献的祥瑞禽兽、珍异药材不计其数。封禅结束后，宋真宗结束斋戒启程返京，语慰百官斋戒辛苦了，百官谢恩不言，唯独马知节说了实话："只吃青菜的只有陛下自己，我们做臣子的，在路上都私下吃肉了。"真宗惊问王旦此言是否属实，王旦只好承认"诚如知节言"。

综观自天书降临到封禅结束，种种人造祥瑞，虚言如沸，马知节直言破虚，让读史之人笑叹之余亦感喟。

泰山摩崖刻石
位于中国山东省泰安市，是泰山上石刻的总称，主要分布在泰山南麓，经历朝历代留下印迹，其中最重要的是经石峪摩崖刻经和唐摩崖刻石，2001年被列为第五批全国重点文物保护单位。

火烧玉清昭应宫

封禅后,"群臣献贺功德,举国若狂"。在祥瑞频频、颂歌满耳的气氛中,宋真宗似乎忘记了"天书"是自己伪造的,决定修建一座宫殿专门存放天书,让丁谓进行预算。丁谓规划的宫殿规模宏大,如建成必消耗举国财力。这一提议立即遭到满朝文武的强烈反对,大臣们认为建造宫殿劳民伤财,不是顺应天意的做法。但丁谓却进言"陛下富有天下,建一宫崇奉上帝,何所不可",还说建宫殿可以为皇嗣祈福,还告诉宋真宗,如果大臣们有阻止的,您就拿这些话告诉他们。宋真宗以丁谓之意驳回宰相王旦的谏言,至此群臣再无异议。于是,大中祥符二年(1009年),宋真宗任命丁谓为特建使,负责建立昭应宫。

为迎合上意,丁谓"役遍天下",让工人们昼夜施工,寒暑不歇。为夯实地基,挪移土方数百立方米,各地从山中采伐良木运往京城,每日施工者上万人,天下百姓均为之所苦。在宋真宗一再催促下,计划15年完工的宫殿仅用了7年便交付使用,占地30余万平方米,"总二千六百一十

王旦

王旦(957年—1017年),字子明。先天相貌较丑,脸、鼻稍偏,喉部突起,有异人相。大名府莘县人。王旦气度雍容,才识过人,胸藏锦绣而锋芒不露,得到朝野上下一致好评。宋初名臣钱若水称王旦为"栋梁之才"。太宗时,王旦掌管选授天下官吏的考课院,太宗多次嘉奖他"识大体"。

区",规模堪比秦时阿房宫。宋真宗将昭应宫命名为玉清昭应宫。夏竦在《奉和御制玉清昭应宫天书阁告成》诗中咏叹昭应宫:"上俸帝阙规模丽,远掩迎年宪度明。将闷玉文藏绿蕴,载崇金阁对丹城。高升彩制修梁直,永据柔灵宝势贞。飞陛绿云弥岌页,重栾倚汉益峥嵘。"可见宫殿的奢华精致。

宋仁宗天圣七年(1029年),玉清昭应宫因雷击引发火灾,一夜之间,整座宫殿尽数焚毁,"唯一二小殿存尔"。章献太后(真宗皇后刘娥)因宫殿焚毁哭泣,感慨宋真宗建立宫殿的不易。范雍直言不讳说:"不如一把火都烧了吧。先朝竭尽天下之力才建成这座宫殿,如果重新修葺会极度劳民,它被雷火焚毁是上天的告诫。"诸位大臣纷纷表示赞同范雍的话,无奈之下,章献太后只好让宋仁宗下诏不复修葺。这座耗尽天下人力、物力、财力的宫殿仅存世十余年便化为灰烬,蔓延数十年的天书闹剧宣告终结。

少年中国史

▶ 944年—1011年

……蒙正质厚宽简,有重望,以正道自持。遇事敢言,每论时政,有未允者,必固称不可,上嘉其无隐。

——《宋史·吕蒙正传》

宽厚雅量真君子

吕蒙正历经两朝,三度拜相。他少时际遇坎坷,为官后三起三落,但他始终保持宽厚中正的心态,不计人过,不论人非,对上敢直言,对下有雅量,为时人及后世所称道。

主角
吕蒙正

职位
宰相、太子太师

性格
宽厚正直、知人善用;对上遇礼敢言,对下宽容有雅度

传世著作
《破窑赋》《命运赋》等

少时坎坷,奋发图强

吕蒙正(944年—1011年),生于洛阳。原本出身于官宦世家,其父吕龟图官居起居郎。因吕龟图纳入家中的女子很多,与吕蒙正生母刘氏不睦,将母子俩一同赶出家门。刘氏"誓不复嫁",带着吕蒙正一起寄居在洛阳南面龙门山的寺庙里。寺庙方丈对吕蒙正母子很是照顾,帮助他们在禅院附近的山上凿出石洞,让母子俩居住。母子俩相依为命,生活极其困苦。吕蒙正却从未因"沦踬窘乏"而自怨自艾,他自幼刻苦攻读,熟读经书。

太平兴国二年(977年),吕蒙正参加选拔进士的科举考试。他因写下"不能为天子谋事者不奇,奇者乃为能天下人谋事者,天子如不能谋则需能谋者而助天子也"的言论,受到主考官赏识,得中进士第一名。进士及第后,吕蒙正被授予将作

北宋·定窑白釉孩儿枕
枕作孩儿伏卧于榻上状,以孩儿背作枕面。孩儿两臂环抱垫起头部,右手持一绣球,两足交叉上跷,身穿长衣坎肩,长衣下部印团花纹。榻边模印花纹,四面开光,其中一面凸起螭龙,相对的一面光素,其余两面凸起如意头纹。枕身釉作牙黄色。底素胎,有两孔。

吕蒙正接彩球图

现代画家于水绘。宋朝富户之女刘月娥彩楼招亲,书生吕蒙正被彩球抛中。刘父因吕蒙正贫寒,逼女另选,月娥不允,父女决裂。二人被逐出府,蒙正与月娥甘居破窑,不屈于财势。后吕蒙正中取状元,刘父前来谢罪,父女和好如初。

监(负责管理宫室)丞的官职,同时通判升州。至此,吕蒙正因才德兼具一路升迁,宋太宗征讨太原时,提升吕蒙正为著作郎。太平兴国五年(980年),吕蒙正被委以左补阙(负责讽谏等事务)、知制诰(负责起草诏令)的重任。

吕蒙正对父亲吕龟图于幼时抛弃自己的事情没有丝毫怨怼,入仕后,他恪尽孝道,将父亲吕龟图和母亲刘氏接至官邸奉养。因父母不睦,他让双亲"同堂异室",照顾得十分周到。

质厚宽简,三度拜相

端拱元年(988年),宋太宗拜吕蒙正为宰相。淳化二年(991年),吕蒙正被谏官宋沆牵累,贬为吏部尚书。淳化四年(993年),又官复原职,再度拜相。两年后,宋太宗再度贬谪吕蒙正,让他以右仆射的职位出判河南府。吕蒙正任职河南府期间,只起总裁定夺作用,放权于属下幕僚管理府中事务。宋真宗即位后,立刻任命吕蒙正为左仆射。因为宋真宗当太子时,曾得到吕蒙正的教诲指导,对吕蒙正一直感念在心。咸平四年(1001年),宋真宗拜吕蒙正为宰相,吕蒙正第三次登上相位。

吕蒙正初登朝堂时,曾有官员指着他公然讽刺:"这种小儿也能参知政事吗?"吕蒙正假装听不见,从官员身旁泰然经过。与吕蒙正交好的官员非常气愤,想要打听那位官员的姓名,吕蒙

北宋·汝窑青釉水仙盆

汝窑青瓷无纹水仙盆是椭圆形盆,侈口、深壁,平底凸出窄边棱,四云头形足;周壁胎薄,底足略厚。通体满布天青釉,极匀润;底边釉积处略含淡碧色;口缘与棱角釉薄处呈浅粉色。汝窑为北宋徽宗朝的官窑,以天青釉色著称于世。裹足支烧,底部有六个细支钉痕,略见米黄胎色。全器釉面纯洁无纹片,此种传世稀少,温润素雅的色泽,正是宋人所欲追求如雨过天晴的宁静开朗的美感,据考证为传世仅存的一件。

正连忙制止同僚,说:"如果我知道他的名字,就会心生忌恨,终身不能忘却。还不如不知道为好。"吕蒙正的话一经传开,与闻的官员都叹服他的度量。

行书吕蒙正《破窑赋》
现代温得之书。《破窑赋》是北宋大臣吕蒙正的作品。相传此赋是作者为了劝诫太子而创作的。作者以自己从贫苦到富贵的经历,并列举了历史上诸多名人的起伏命运,来说明一种自然循环的人生思想。

吕蒙正渊博多才,见识高于时人,宋太宗时常召他议事。一次,宋太宗和吕蒙正谈到征伐之事。太宗因屡次北伐辽国未果心生忐忑,说自己发动北伐是"盖为民除暴"。吕蒙正举了隋唐时期穷兵黩武的反面例子,劝告太宗治国要旨不在武力压服,而在"内修政事",这样才能"远人来归,自治安静"。太宗深以为然。

度量大见识广之外,吕蒙正敢于直言的胆色也颇具盛名。有一次,太宗于正月十五灯节宴请群臣。酒到酣处,太宗在城头观望城下,只见城中张灯结彩,游人如织,一派繁盛景象。太宗十分欣喜,对吕蒙正谈起五代的离乱,说自己登基后事必躬亲才迎来如今的太平盛世。吕蒙正没有附和太宗的话,指出太宗所见的繁盛景象是因"乘舆所在,士庶走集",才导致"繁盛如此",告诉太宗就在都城外几里远的地方,因饥饿寒冷死去的百姓不计其数,希望太宗"视近以及远",才是天下万民的幸运。兴致勃勃的宋太宗被吕蒙正一席话说得哑然无语,怫然变色,在场官员均战栗不敢言。吕蒙正却"侃然复位",

大臣们都佩服他直言的勇气。

吕蒙正任宰相期间，对自己认可的事情十分坚持。曾经，他向宋太宗推举一位官员出使辽国，宋太宗不许，吕蒙正却再三推荐，坚称这位官员最为适合，当庭与宋太宗争执，"同列悚息不敢动"，最后宋太宗依从吕蒙正所荐。后来，太宗私下对内侍们感慨"蒙正气量，我不如"。

吕蒙正位高权重，很多人想要通过他求取官职。一次，一位求官者自称得到宝镜，可以远照方圆200里的景物。吕蒙正笑称自己的脸不过盘子大小，用不上这么大的镜子。

处事公允，不谋私利

之前卢多逊为宰相时，他的儿子卢雍入仕就被授以水部员外郎的官职。之后，宰相之子直接任高位的惯例就延续下来。到了吕蒙正为相时，太宗

吕蒙正

吕蒙正（944年—1011年），字圣功，洛阳人，宋太宗、真宗时期曾三居相位，封许国公，卒后谥文穆。为人宽厚有雅量，遇事敢言，素有众望。后辈多有名人，如侄子吕夷简，侄孙吕公著，官至宰相，八世孙吕祖谦、吕祖俭都是南宋著名大儒。

想要擢升其子，吕蒙正极力奏请，指出"天下才能，老于岩穴，不沾寸禄者多矣"，称授予其子九品京官即可。太宗准许了他的奏议，从吕蒙正以后，宰相之子只能授予九品京官官职这一做法成为定制。

吕蒙正"质厚宽简"，宽以待人，被言官弹劾时从不辩解，也从不怀恨，对背后非议他的温仲舒不存嫌隙，遇到合适的机会时，还向朝廷极力保荐他。景德二年（1005年），吕蒙正因病辞官。宋真宗感念吕蒙正对朝廷的贡献，想要提拔他的儿子，吕蒙正却告知宋真宗"诸子皆不可用"，推举了侄子吕夷简。消息传出，世人对吕蒙正公正无私，荐侄不荐子的行为大加赞扬。大中祥符四年（1011年），吕蒙正病逝。

1043年—1045年

……帝再赐手诏，又为之开天章阁，召二府条对，仲淹皇恐，退而上十事。

——《宋史·范仲淹传》

庆历新政

宋仁宗时期，北宋中央集权造成的"三冗"问题日益严重。为清除沉疴，强国富民，宋仁宗委任范仲淹等人实行"庆历新政"，大刀阔斧地进行了一系列改革。

时间
1043年—1045年

背景
"二积三冗"现象严重，人民生活困苦

发起人
宋仁宗

措施
澄清吏治：严明官吏升降、限制官僚滥进、严密科举取士、慎选地方长官、调配公田；
富国强兵：重农桑、减徭役、治军备；
厉行法治：严肃对待和慎重发布朝廷号令、落实朝廷的惠政和信义

宋仁宗坐像
宋仁宗赵祯（1010年—1063年），北宋第四代皇帝。初名受益，宋真宗的第六子，生母李宸妃。善书法，尤擅飞白书。13岁即位，在位42年，为宋朝在位时间最长的皇帝。在位期间，宋朝经济繁荣，科学技术和文化也得到了很大的发展。

二积三冗，内忧外患

北宋建立后，为加强中央集权，限制地方势力，采取了一系列加强集权措施。这些措施在当时对维护中央集权巩固皇室地位取得了一定成效，官员势力得到有效削弱。但随着恩荫制、养兵之策、贵金买安宁、统治者修建寺院、大兴土木等问题的叠加，使得朝廷部门越设越多，官员越来越多，经费越来越少，形成北宋二积（积贫、积弱）的局面，三冗（冗员、冗兵、冗费）问题也日益严重。

其时，辽国悍然提出割地赔款及让宋朝远嫁公主的要求，老将王德用和使臣富弼费劲心力与之周旋。西夏李元昊自立为王，在给宋朝的国书上公然自称"吾祖"，朝中大哗。外患未除，宋朝境内又有饥民揭竿而起。王伦（《水浒传》中白衣秀士王伦的原型）在沂州

（今山东临沂）聚集数十人起兵造反，屡屡攻城掠地。陕西南部暴发以张海、郭邈山为首的农民、土匪起义。似乎雪上加霜一般，一场大规模的旱灾又悄然降临至宋朝境内。

天灾兵患，导致宋朝国内民心惶惶，生存艰难。在这样的背景下，宋仁宗意识到，要想治理二积三冗的沉疴，缓解民不聊生的局面，改革势在必行。

君臣同心，实施变革

宋仁宗"锐意太平"，数次召集范仲淹商议当前急需处理的大事。范仲淹有感于皇帝对自己的倚重，对别人说："事有轻重缓急，长期安定局面带来的弊端，不是一朝一夕就能改变的。"宋仁宗又赐给范仲淹亲笔诏书。同时，为表示改革的诚意和决心，宋仁宗郑重开启天章阁（皇家阁楼），召集范仲淹、富弼等重臣来到天章阁，"给笔札使疏于前"，要求他们按条陈述"当世急务"。范仲淹对仁宗开天章阁议事之举惶恐不安，退朝后，他根据国家现状整理出《十事疏》上奏仁宗。

《十事疏》的一至四条，就冗官现象提出了相应对策。第一条"明黜陟"，规定二府（掌管军事的枢密院和负责政务的中书门下）官员没有突出的功劳和品德不能升迁，内外官员需在职满3年后，京官需在职满5年后，才能进行考核升迁。第二条"抑侥幸"，取消乾元节给少卿、监以上官员任子的恩

宋仁宗改容听讲

出自16世纪《帝鉴图说》。仁宗初年，宰相王曾认为帝初即位，宜近师儒，就请仁宗到崇政殿西阁，听名侍讲学士孙奭、直学士冯元讲《论语》。一开始是隔日听读，后来改为日日听读，一旦仁宗左顾右盼或坐姿不正，孙奭就会停止讲解，仁宗便竦然改听。

泽；正郎以下如监司、边远地区的官员，必须任职满二年，才可以享受恩荫任子；大臣不得荐举自己的子弟担任馆阁职务，严格了荫子制度。第三条"精贡举"，废除糊名法（在试卷上遮掩名字），通过考查考生操守，将合格考生的姓名上报朝廷。每一科录取的考生以"兼通经义者"为先。赐第以上的人才和优等人才按才能任用后，再次一等的人才不授官职，仅发给凭证等待启用（相当于如今的"储备干部"制度）。第四条是"择长官"，严格官吏升迁程

序，实行由上到下举荐选拔，并限制举荐人数。如果一名人才被多名举荐者推荐，就交由中书省挑选授予官职。这四条规定严格了官员的入仕、升迁途径，提高了官员质量。

《十事疏》中第五条"均公田"，规定按照外官的职务等级划分职田，解决外官"廪给不均"的问题，让其在可以"自养"的条件下做到廉洁奉公。第六条"厚农桑"和第八条"减徭役"，提出"定劝课之法兴农利、减漕运"和"不应受役者悉归之农"的建议，着力解决"积贫"问题。第七条"修武备"提出"府兵法"，即招募强壮的百姓为辅助正规士兵的兵士，这类辅助兵士农时务农，闲时参与练兵，可以减少国库兵饷支出。第九条"推恩信"和第十条"重命令"，分别是针对朝廷恩泽有效实施和精简法度解决"朝令夕改"问题而设，严格实施这两条规

宋仁宗后苑观麦
出自16世纪《帝鉴图说》。仁宗留意农事，宫中后苑里有空地，都使人种麦，又于其地建一小殿，名叫宝岐殿，麦一茎双穗谓之岐，此丰年之祥，最宜宝重，故以为殿名。每年麦熟时，仁宗亲自临幸后苑，坐宝岐殿看人割麦，谕随驾的辅臣说道："官殿前似当栽植花卉，以供赏玩，今朕造此殿，独不种花卉，但年年种麦，此是何故？盖以我深居九重，无由知稼穑之艰难，所以种麦于此，要看他耕种耘锄，庶几农家之苦，时时在吾目中也。"

定，可以提高朝廷公信力和法律的约束力。

宋仁宗对范仲淹十分信任，悉数采纳了他的意见。《十事疏》里有适合立法的，都颁布诏书正式推行，史称"庆历新政"。唯有府兵法被大臣们非议纷纷，最后未能推行。范仲淹参考古代"三公六卿"制度，向仁宗提出现有的官员体制僵化，只知机械地施行条例，不能担负"论道之任"和"佐王之职"。他建议效法前代，设立辅助大臣监督朝廷各项事务，最后由皇帝裁决。

范仲淹的这一提议一旦实施，会极大地削弱官员们手中权力，因此，范仲淹此举遭到满朝文武的强烈反对。反对声浪稍滞，宋仁宗让参知政事贾昌朝兼管农田，范仲淹兼管刑法，可是，由于大臣们的极力阻挠，贾昌朝和范仲淹的职权有名无实，最后不了了之。

新政失败，得失参半

无可否认，"庆历新政"的实施是封建官僚的自我革新之举，但同时，它也革去了很多官僚们的既得利益。新政参考唐制，抹去达官显贵获得世袭爵位和封户的特权。薪水与考核挂钩，对官员们的薪俸多有影响。严格荫子制度，严重触犯了高官团体的既得利益。减少科举考试的名额，意味着收紧为官渠道，触犯了绝大多数读书人的利益。

自改革实施以来，推进如逆水行舟，困难重重。士大夫阶层、读书人纷

宋仁宗夜止烧羊
出自16世纪《帝鉴图说》。仁宗一日对近臣说："朕昨夜因睡不着，腹中觉饥，想烧些羊肉吃。"近臣因问说："何不令人取进？"仁宗说："恐膳房因此遂为定例，夜夜要办下烧羊，以备取用，则伤害物命必多。岂可恣口腹之欲，不忍一夕之饥，而忍于戕害无穷之生命乎！因此遂止。"

纷反对，给范仲淹等人冠以"朋党"的称号，称他们危及皇帝权威。最终，宋仁宗为保全皇室及士大夫阶级利益，罢黜了范仲淹等人，此次改革以失败告终。

改革虽然以失败告终，但厚农桑、减徭役等措施却为宋朝廷增加了财税来源。庆历新政实施期间官员百姓的反应及失败教训，也为之后的王安石变法提供了有效的参照。

989年—1052年

……自古一代帝王之兴，必有一代名世之臣。宋有仲淹诸贤，无愧乎此。

——《宋史·范仲淹传》

先天下之忧而忧

范仲淹从政近40年，多次因刚正直言遭到贬谪，先后任多地地方官员。他文武兼备，节操高洁，将个人得失置之度外，时刻以兴天下为己任。为地方官则政清人和，百姓交口称赞。为将则号令明白，爱惜士卒。他戍边多年，屯田练军，抚羌保土，为边疆和平立下汗马功劳。

主角
范仲淹

特长
文武兼备、智谋过人

主要政绩
庆历新政、戍边御敌、执教兴学

经典名句
先天下之忧而忧，后天下之乐而乐

轶事典故
断齑画粥

出身名门，家贫志远

范仲淹出身名门，祖上可追溯到唐朝宰相范履冰。范仲淹两岁丧父，随母亲改嫁至一户朱姓人家，跟随养父姓朱。长大后，范仲淹知晓自己的家世十分伤感，流泪拜别母亲独自前往应天府（今河南商丘）求学。范仲淹读书极其刻苦，忍人所不能忍却从不叫苦，冬季困乏时用冷水浇脸，以稀粥充饥刻苦攻读。功夫不负苦心人，范仲淹以"朱说"之名高中进士，被授予广德军司理参军的职务。

入仕后，范仲淹将母亲接到家中奉养。调任亳州（今属安徽）集庆军节度推官后，范仲淹向朝廷奏报身世原委，复本姓

范仲淹像
范仲淹（989年—1052年），字希文，谥文正。好弹琴，尤其《履霜》一曲，人称范履霜。北宋政治家、文学家、军事家、教育家。政绩卓著，文学成就突出。他倡导的"先天下之忧而忧，后天下之乐而乐"思想和仁人志士节操，对后世影响深远。

"范",改名为仲淹。此后,范仲淹屡次升迁,先后担任泰州西溪盐税、大理寺丞、楚州(今江苏淮安)粮科院等要职。后因母亲去世,范仲淹丁忧离职。

晏殊听闻范仲淹才名,将其请至府学任职。期间,范仲淹针对官员体制中"冗员"和"在其位不谋其政"的弊端,向朝廷上书陈述现状及解决办法,洋洋洒洒万余字,却未被采用。丁忧期满后,在晏殊的举荐下,范仲淹被授以秘阁校理的职务。

范仲淹"内刚外和,性至孝",因母亲在世时家境贫困,他显达后依然勤俭传家,妻子和儿子的衣服、饮食仅够御寒充饥。除非家中来客,饭桌上才有荤菜。他的几个儿子出门时,甚至要轮换着穿一件像样的衣服。但是,范仲淹对族人和学子极为慷慨。他用自己的俸禄在乡族中设置义庄义学以助贫恤孤,对游学之士善加供养,很多士大夫都出自范仲淹门下。范仲淹通晓《六经》,尤擅长《易》学,时常为人答疑解惑而不知疲倦。每当他讨论天下大事时,总是激动万分奋不顾身。当时士大夫矫正世风崇尚气节的风气,即"自仲淹倡

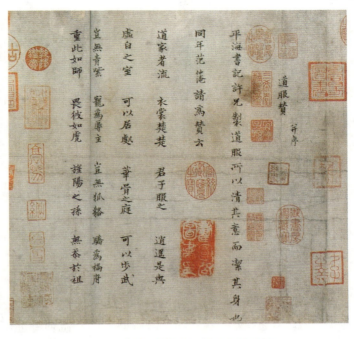

北宋·范仲淹·楷书《道服赞》
此帖是范仲淹为同年友人"平海书记许兄"所制道服撰写的一篇赞文,称友人制道服乃"清其意而洁其身"之举。宋代文人士大夫喜与道士交往,"道家者流,衣裳楚楚。君子服之,逍遥是与"。穿着道服,遂成一时风气。此卷行笔清劲瘦硬,结字方正端谨,风骨峭拔,颇具王羲之《乐毅论》遗意。时人称此帖"文醇笔劲,既美且箴"。据考证此帖作于宋仁宗皇祐四年(1052年)以前。

之"。范仲淹名满天下,即便是"里巷之人",都能说出他的名字。

不畏权贵,胸怀天下

范仲淹生活的时代,正值北宋由盛而衰的转折期。范仲淹生性耿直,深知百姓疾苦。他为官后,对朝中贪腐成风的习气深恶痛绝,常常上书直谏,言辞犀利。范仲淹言谈行事都以天下事为

北宋·范仲淹·边事帖

信中"知府刑部"是富严,他曾任刑部郎中,此时正在苏州知府任上。范仲淹本苏州人,因此对富严给予自己家乡亲人的关照深表谢忱。而范仲淹这时则远离故乡,以陕西招讨使的身份,率部戍边,抗击西夏。故信中说:"此间边事,夙夜劳苦。"此帖书法瘦硬方正,清劲中有法度。人常将此书风喻其人品,称"公书庄严清澈,信如其品"。

先,即使得罪权贵之人也在所不惧。

宋仁宗天圣七年(1029年),章献太后刘娥准备在冬至这一天接受皇帝和朝臣们的拜寿。其时仁宗年幼,太后把持朝政,满朝文武没有一人持异议,唯独范仲淹敢触逆鳞,上奏折指出:"顾与百官同列,南面而朝之,不可为后世法。"同时,范仲淹还直接向太后上疏,请求太后还政于仁宗。朝廷没有给范仲淹任何答复,不久,将他贬为河中府(今山西永济蒲州)通判,后来又调任为陈州(今河南淮阳)通判。

范仲淹赴任期间,见朝廷因修建太一宫和洪福院大兴土木,又直言评论此举有违天和,应该"罢修寺观,减常岁市木之数,以蠲除积负"。同时,他提出恩宠之臣由朝廷直接降敕授官,"非太平之政"。与之前上疏一事相同,范仲淹的建议依旧未能被朝廷采纳。不过,范仲淹的敢于直言,切中时弊,在尚未亲政的仁宗眼里留下了极好的印象,"仁宗以为忠"。

明道二年(1033年),章献太后薨逝,宋仁宗正式执政。仁宗将范仲淹召回朝廷,委任他为右司谏。仁宗亲政后,一些对太后所作所为不满但又不敢言说的官员纷纷上表,揭露太后的不是之处。此时,因太后贬官不得重用的范仲淹不但没有心怀芥蒂,落井下石,反而从客观角度肯定了章献太后教养辅助仁宗的功劳,劝谏仁宗"宜掩其小故,以全后德"。

同年，宋朝境内虫灾、旱灾严重。范仲淹请求朝廷派遣官员赈灾未果后，直接问仁宗："宫中的人半天不吃饭，会怎样？"宋仁宗听后心生恻然，派范仲淹去江淮地区赈灾。范仲淹每到一处，都会开仓放粮以解百姓燃眉之急。其后，范仲淹在禁止百姓多搞祭祀活动的同时，奏请朝廷免除庐州（今安徽合肥）、舒州（今安徽安庆）上供的折役茶（用以抵扣徭役的贡茶）以及江东的丁口盐钱。回朝后，范仲淹向仁宗提出革除社会弊端的方法，不巧的是，恰逢郭皇后被废，宋仁宗忙于家事无暇他顾，范仲淹的谏议又一次被搁置。由于范仲淹率领谏官们力阻仁宗废后，被仁宗打发至睦州（今杭州淳安）出任知州。一年后，范仲淹又调任苏州担任知州。

范仲淹就任苏州知州期间，苏州发生水灾，百姓有田不能耕，受灾严重。范仲淹带领民众疏通现有河渠，修成五条引太湖水入海的渠道。不久，宋仁宗召范仲淹回京城，升任尚书礼部员外郎，随后又升为吏部员外郎。

当时的朝廷由宰相吕夷简独揽大权，很多门生故吏受到提拔。范仲淹绘出一副《百官图》交给宋仁宗，指明官吏升迁应循序而行，不应私相授予，尤其不该赋予宰相过大的权力，"不宜全委之宰相"。因为此事，吕夷简在心中暗暗嫉恨范仲淹。在群臣讨论定都汴京还是洛阳时，吕夷简称范仲淹"有事必居洛阳"的建议是"迂阔之论"。范仲淹又写了四论呈交仁宗，以汉成帝相信张禹导致王莽篡国祸事的例子，暗示吕夷

> **渔家傲·秋思**
>
> 塞下秋来风景异，
> 衡阳雁去无留意。
> 四面边声连角起，
> 千嶂里，
> 长烟落日孤城闭。
>
> 浊酒一杯家万里，
> 燕然未勒归无计。
> 羌管悠悠霜满地，
> 人不寐，
> 将军白发征夫泪。
>
> ——北宋·范仲淹

范仲淹雕像

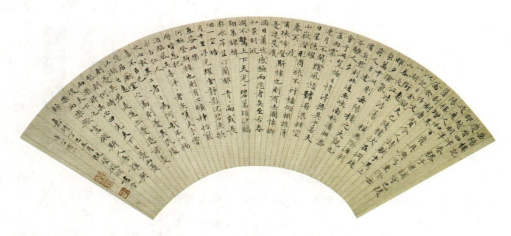

楷书《岳阳楼记》扇面

明文徵明书。《岳阳楼记》是北宋文学家范仲淹应好友巴陵郡太守滕子京之请，于北宋庆历六年（1046年）九月十五日为重修岳阳楼写的。其中的诗句"先天下之忧而忧，后天下之乐而乐"、"不以物喜，不以己悲"是较为出名和引用较多的句子。文章通过对洞庭湖的侧面描写为衬托岳阳楼。滕子京是被诬陷擅自动用官钱而被贬的，范仲淹正是借作记之机，含蓄规劝他要"不以物喜，不以己悲"，试图以自己"先天下之忧而忧，后天下之乐而乐"的济世情怀和乐观精神感染老友。

简堪比张禹，有可能"坏陛下家法"。吕夷简大怒，称范仲淹结党营私。仁宗最忌讳权臣结党，将范仲淹贬为饶州（今江西鄱阳）知州。

对于范仲淹被贬一事，朝中分为两派。一派支持吕夷简，奏请仁宗勒令范仲淹写出朋党姓名。另一派为范仲淹打抱不平，认为范仲淹因一言得罪宰相而贬官太过荒唐。秘书丞余靖求仁宗追回贬令，太子中允尹洙上书请求和范仲淹一同贬谪，馆阁校勘欧阳修责备谏官攀附宰相未为范仲淹说情，士大夫们连续不断地为范仲淹辩白……范仲淹的好人缘更坐实了宋仁宗对他"互结朋党"的猜测，仁宗将余靖、尹洙和欧阳修一同贬谪，下诏警告大臣们不许结党。挑起这次争端的宰相吕夷简也未能置身事外，范仲淹被贬次年，宋仁宗罢免了吕夷简的宰相职务。后来，宋仁宗同时起用范仲淹和吕夷简，他担心范仲淹对吕夷简抱有旧怨，特意劝慰范仲淹，范仲淹回答："臣乡论盖国家事，于夷简无憾也。"

范仲淹敢于直诉权贵之非，哪怕尊贵如太后、皇帝，位高如宰相也不能幸免。从他的谏言中可以看出，他对所弹劾的权贵们均不怀私怨，而是从伦常事理角度就事论事，所提谏议无不切合国家长治久安之计，从未为自己谋过私利。欧阳修评价范仲淹"以天下为己任"，就连政敌王安石也推崇范仲淹为"一世之师"。

文韬武略，功绩斐然

宋仁宗宝元元年（1038年），西夏李元昊自立为帝，自称国号为"大夏"。次年，延州之战爆发，西夏军一路攻城掠地，宋军节节败退，延州周围大多要塞失守。国难当头，范仲淹自请前往延州。仁宗升其为户部郎中，兼任延州知州。之前，宋朝规定将领出战的顺序按照官阶排列，官阶低者先行出战，高者居后。范仲淹对此规定表示强烈反对，认为这是"取败之道"。他检阅军队，将1.8万人分为六部，每3000人由一位将领统领，不论官阶只论敌军多寡，六部轮流出战。

因要塞多沦陷或废弃，范仲淹听从种世衡的建议，修筑清涧城作为新的要塞。他练兵的同时大力安民，帮助边塞百姓兴修农田水利，开放边境贸易。因边区居民从远路缴纳赋税辛苦，范仲淹上奏朝廷，请求建鄜城为军事基地，让附近的民众就近缴纳税租。每年的春、夏两季，范仲淹调集军队就地取得给养，仅此一项，就可省下十分之三买粮食的开支，其他开支节省的费用也不是小数。宋仁宗下诏，将范仲淹所经营的这支部队命名为康定军。

宋仁宗想要命令驻扎陕西的各路军队讨伐西夏，范仲淹极力阻止，建议"以恩信招来之"。还提出如果施恩招安不成，再夺取绥州（今陕西绥德）、宥州（今内蒙古境内）等险要之地，屯

岳阳楼

岳阳楼为三层、四柱、飞檐、盔顶、纯木结构。楼中四根楠木金柱直贯楼顶，周围绕以廊、枋、椽、檩互相榫合，结为整体。作为三大名楼中唯一保持原貌的古建筑，其独特的盔顶结构，体现出古代劳动人民的聪明智慧。北宋范仲淹脍炙人口的《岳阳楼记》更使岳阳楼著称于世。

兵营田准备打长久战。宋仁宗同意了范仲淹的建议。范仲淹加固边塞堡寨的城防，建城屯田，使流亡在外的羌族和汉族百姓逐渐回归，边境日益繁荣。

李元昊谋反时，羌族人曾当过西夏军入侵宋境的向导。针对羌人反复无常的行为，范仲淹不计旧过，时常借朝廷名义犒劳他们，与他们的首领订立战时条约，勇敢保卫寨子的羌人予以重奖，西夏军入侵时不奋勇抵抗或投敌的人重罚。羌族各部接受了和约，"自是始为汉用矣"。羌人爱戴范仲淹，称其为"龙图老子"。

宋仁宗庆历二年（1042年），定川（今宁夏固原附近）之战爆发，葛怀敏所率宋军惨败于西夏，举国震动，百姓人心惶惶，"民多窜山谷间"。范仲淹亲自率领6000军队，从邠州（今陕西彬县）、泾州（今在甘肃境内）出发援助定川。范仲淹所率军队未到，西夏军已撤出边塞。宋仁宗闻讯大喜，升任范仲淹为枢密直学士、右谏议大夫，范仲淹认为这次出征未能建功，辞谢封赏，宋仁宗不许。

范仲淹戍边数年，军令严明，爱护兵士，对羌族人"推心接之不疑"，深具威望。西夏军慑于范仲淹威势，不敢再犯边境，最终向宋朝求和。谏官欧阳修推举范仲淹有宰相之才，仁宗任命

北宋·范仲淹·远行帖
释文："仲淹再拜，运使学士四兄两次捧教，不早修答，幸仍故也。吴亲郎中经过有失款待，乞多谢。吾兄远行，瞻恋增极，万万善爱，以慰贫交。苏酝五瓶，道中下药，金山盐豉五器，别无好物，希不责不宣。仲淹再拜。景山学士四哥。座前。八月五日。"书法转折遒劲，清瘦之中流转圆润，法度严谨，古意盎然。

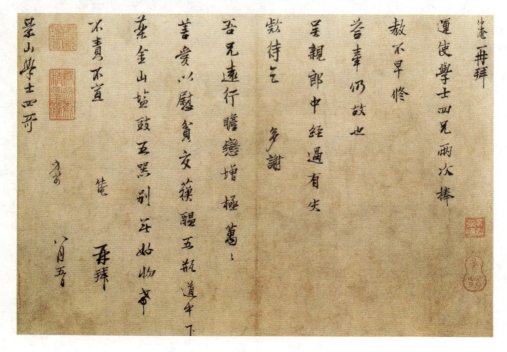

范仲淹为参知政事，范仲淹"固辞不拜"，自请与韩琦出守边塞。

庆历新政失败后，范仲淹疾病缠身，逐渐远离朝堂。1052年，范仲淹在青州至颍州赴任途中，因病逝世，终年64岁。宋仁宗闻讯，"嗟悼久之"，赐谥号"文正"，亲笔题写其墓碑即"褒贤之碑"。羌人得知范仲淹死讯后，数百首领前来祭拜，在灵前号啕大哭如同对待自己的父亲。

范仲淹不求富贵，不求功名，不计得失，不惧劳苦，事事以国为先，以民为先，以文臣之身戍边保土，以臣子之责敢于直言，推行变法不遗余力，变法失败也处之泰然。综观范仲淹一生，正如他《岳阳楼记》中所述："居庙堂之高则忧其民，处江湖之远则忧其君"，"先天下之忧而忧，后天下之乐而乐"。

苏州木渎天平山

天平山位于苏州木渎西北面，因山势高峻，有一代名人范仲淹的高祖葬在山的东麓，又名范坟山。北宋皇朝曾将天平山赐给范仲淹，也称"赐山"。怪石、清泉、红枫为天平三绝。山上奇石纵横错落，皆危耸向上，似古代大臣朝见皇上时手捧的朝笏，故称此景观为"万笏朝天"。

999年—1062年

拯立朝刚毅，贵戚宦官为之敛手，闻者皆惮之。人以包拯笑比黄河清，童稚妇女，亦知其名，呼曰"包待制"。京师为之语曰："关节不到，有阎罗包老。"

——《宋史·包拯传》

清官"阎罗包老"

他曾立下家训："后代子孙倘若当官，贪赃枉法之人不得落叶归根，死后也不得葬入家族墓地。假若不听从我立下的这条规矩，就不再是我的子孙。"一生主要担任监察职务，因此对贪腐深恶痛绝；然而百姓却对他不避权贵、秉公执法的一面更加印象深刻。

主角
包拯

性格
廉洁公正、立朝刚毅；
为民请命、铁面无私；
英明决断、不附权贵

名言
廉者，民之表也；
贪者，民之贼也

被人尊称
包公、包青天

传世作品
《包孝肃公奏议》

包拯像
包拯（999年—1062年），字希仁，谥号"孝肃"，庐州合肥（今安徽合肥肥东）人，北宋人，官至枢密副使、朝散大夫、给事中、上轻车都尉，封东海郡开国侯、食邑1800户、食实封400户，赐紫色金鱼袋。赠礼部尚书、谥号"孝肃"。包拯以清廉公正闻名于世，被后世称誉为"包青天"，将他奉为神明崇拜。

明如青天

包拯（999年—1062年）出生于庐州合肥的一个官宦家庭，是楚国忠臣申包胥的第三十五代孙。28岁考中进士，按照宋朝的制度，已经可以当官了，但他信守古人"父母在，不远游"的孝道教诲，直到36岁父母亡故之后才正式出任天长县（今安徽天长）知县。上任伊始，他就受理了职业生涯的第一桩诉讼。

当地西村一个名叫刘全的农民一大清早就来到牛圈，正要牵牛下地干活，结果惊讶地发现，家里的大黄牛满口鲜血，舌头不知被谁给割掉了。他心疼得大哭了一场，急忙赶到县衙门外请求破案。

包公看了状子，心想，这很可能是刘全的仇人干的。可割牛舌肯定是在黑夜，现场没有留下线索，也找不到人证，如何才能追查到作案人呢？

稍作思索，他告诉刘全："不管怎样，这头牛看来是活不长了，你干脆把牛宰了，把肉卖掉好歹赚一笔收入，我再资助你一些银钱，这样你就又可以买一头牛了。"刘全满心感激地回家去了。

等他一走，包拯当即发出一张禁止宰杀耕牛的布告：为了确保全县春耕工作的顺利进行，广大村民务必保养好耕牛，严禁私自宰杀。如果牛生病了，必须请兽医诊治；无药可救的也要先向县衙报告，经过查验之后方可宰杀。凡是擅自杀牛的，一律严惩不贷。举报杀牛者赏钱300贯。

第二天，刘全的邻居李安就前来举报说，刘全擅自宰杀耕牛。

包拯当即呵斥道："你为什么要悄悄割掉刘全家耕牛的舌头？！"

李安吃了一惊，但立即矢口否认。

包拯又说："西村村民一定都知道，刘全宰杀的是一头已经残废的耕牛，而你自称刘全邻居，明知事情原委却还要来告他，这不是存心诬陷吗？我发出布告就是要引作案者出来。昨天刘全也曾告诉我，你和他有一些过节，几天前还拌了嘴，看来你

合肥包公祠
位于合肥市环城南路东段的一个土墩上，是包河公园的主体古建筑群。明弘治元年（1488年），庐州知府宋鉴在此修建包公书院，故名为包公祠。祠为白墙青瓦构筑的封闭式三合院组成。主建筑是包公亭堂，端坐包拯高大塑像，壁嵌黑石包公刻像，威严不阿，表现了"铁面无私"的黑脸包公的凛然正气。亭堂西面配以曲榭长廊；东面有一六角龙井亭耸立，内有古井，号"廉泉"。1981年公布为省级文物保护单位。

就是那个偷割牛舌的人！"

经过详细审问，李安只得如实供认自己偷偷报复又来诬告领赏的罪状。

嘉祐元年（1056年）十二月，包拯因执法如山、刚正不阿而被任命暂时代理开封府尹，第二年正式出任北宋都城开封的知府。这是一个极重要的职务，一般都是由亲王、重臣兼任，而且

开封包公祠
位于河南省开封市包公湖西畔,此图为东配殿,还原为包公审案时的摆设,最为引人注目的是那三口威风凛凛的铜铡刀,显示了包公除暴安良的雄威。

差事难当,一是皇权可以随便干预,二是皇亲国戚大多聚集在这里,仗势欺人的现象屡屡发生,地方官不偏袒恐怕职位不保。在北宋存在的前后100多年间,出任开封知府的竟有180多人,平均每位知府的任期不到1年。

包拯到任后,立即着手改革诉讼制度。当时平民的状子不能直接递到官署,必须通过门牌司才能提起诉讼,因此时常被小吏讹诈勒索。他下令裁撤门牌司,把官署的大门随时向百姓敞开,使告状的人随时能够来到跟前喊冤叫屈、陈述是非,下级部门和官员不敢欺瞒;在办案时秉公执法、铁面无私,毫不畏惧得罪权贵。京城里的人纷纷传说:"连暗中行贿都打不通关系的人,这世上只有阎罗王和包老头。"皇亲国戚的举止因此大为收敛,很多人一提他的名字都忌惮三分。开封百姓开玩笑说:"想博包大人一笑,比想办法让早已浑浊的黄河水重新变清一样难!"

以弹劾为己任

在后世流传的有关包公的演义、戏剧中,题材几乎都是与他屡断奇案、沉冤昭雪有关,然而史书对包拯断案事迹的记载并不多,他的政绩也并非在断案之上。在后人看来,包拯似乎是从开封府名扬天下的,事实则是他只在这个职位上待了不到两年。既没有张龙、赵虎、王朝、马汉,也没有公孙策、御猫展昭,更没有狗头铡、虎头铡、龙头铡,至于那些杀负心驸马陈世美、砍国舅脑袋、铡侄子包勉、打皇后銮驾等出神入化的情节都是杜撰出来的。

在正史中,在监察岗位上的刚正不阿才是包拯最光辉的一面。

张尧佐是宋仁宗宠爱的妃子张美人的伯父,包拯认为他一年之内晋升4次、官运亨通完全是凭借张美人的关系,因此极力反对。不料张尧佐的职位不降反升,仁宗执意要把他提拔为"宣徽使"。包拯在朝堂上和皇帝当面理论,激动时拉住仁宗的衣袖滔滔不绝,唾沫星子溅了皇帝一脸。仁宗既尴尬又窝火,回到后宫冲着张美人发了一通脾气:"你只管给你伯父要宣徽使、宣徽使!难道你不知道包拯在当御史吗?"张尧佐感觉到自己触了众怒,最后主动辞去了一些兼任的职务。

嘉祐七年(1062年)农历五月二十四日,包拯病殁于开封。宋仁宗加封包公为东海郡开国侯,赠官礼部尚书,谥孝肃。后宋欧阳修认为包拯"少有孝行,闻于乡里;晚有直节,著在朝廷"。

欧阳修曾说,包拯以纯朴平实、刚直不阿、疾恶如仇而闻名,尽管他不苟言笑、太过较真,平时人缘不好,连许多朋友、亲戚都断绝了来往。但他却成为中国历史上无人企及的崇高与正义的化身,是黎民百姓呼唤清官与盼望治世的精神寄托,被奉为文曲星下凡的青天。

包公墓
位于合肥市内包河南畔林区,主墓呈覆斗形,墓室内安放有包拯墓志铭和2.4米长的金丝楠木棺,棺内安放包拯遗骨。

1053年

……青执白旗麾骑兵，纵左右翼，出贼不意，大败之，追奔五十里，斩首数千级。

——《宋史·狄青传》

狄青雨夜夺昆仑

从布衣到大将，从大将到宰相，北宋名将狄青的一生充满传奇色彩。他骁勇善战，精通兵法，多次力挽狂澜扭转战局。昆仑关一战，狄青故布疑阵麻痹敌军，奇兵攻关取得全胜，堪称冷兵器战例中的典范。

时间
1053年

背景
侬智高反叛，攻陷邕州，又攻破了沿江的九个州，包围广州城，岭外一带骚动不安

地点
昆仑关（广西南宁市宾阳县与南宁市昆仑镇交界处）

计策
惑敌，偷袭

结果
平定侬智高之乱，巩固了南部边疆

出身微寒，屡立战功

狄青，字汉臣，自幼尚武，擅长骑射。他在京城拱圣营（即禁军）当兵士时，因触犯军法被判死刑。河南府（今洛阳）范雍爱惜狄青才能，将其救下。虽免于死罪，但已受黥刑（面上刺字涂墨）。

宋仁宗宝元年间，西夏李元昊屡屡扰边，宋仁宗下诏派选卫士至边疆参军。狄青被任命为三班差使、殿侍兼延州指使。因宋军屡败，士兵们面对西夏军时气衰胆怯。狄青对敌时"被发、带铜面具"，总是身先士卒。主将一马当先做先锋，狄青麾下士兵士气如虹，几乎每战必胜。4年间，狄青率兵攻陷了金

狄青像
狄青（1008年—1057年），字汉臣。北宋河东路汾州西河（即今山西汾阳）人。唐朝宰相狄仁杰之后。父狄普，母侯氏。于民间有着武曲星下凡之说，与文曲星共同辅佐宋仁宗治国治民，但因长得脸白清秀，难以服众，因此做了一个凶恶的鬼脸壳戴在脸上，增添几番煞气，骁勇善战立下不少战功，是为宋朝的一个传奇。

狄青招亲图

现代画家于水绘。此图描绘了以狄青为主角的戏剧《珍珠烈火旗》场景。宋时大将狄青奉旨征伐印唐、上乘,索取珍珠烈火及日月萧霜马。鄯善国双阳公主行围射猎,与迷路的狄青相遇,二人结好。印唐国来索取狄青,双阳公主假意应允,但提出须以珍珠烈火旗、日月萧霜马相交换。在双阳公主的帮助下,狄青得旗马,急于回宋,瞒过双阳公主,赶赴归途。双阳公主兼程追寻,终赶上,二人互诉苦衷,相约再见。

汤城(今陕西境内)、宥州(今蒙古境内),屠杀诸多西夏部族,俘虏西夏兵5000余人。征讨期间,狄青修筑了许多扼制敌方要害的城堡,大大增加了宋军的防御力。25场战斗中,狄青8次身中乱箭。但无论身受轻伤重伤,狄青都带伤作战不下前线,敌军震慑于狄青威仪,每每望风而逃。

尹洙非常赏识狄青才能,将他举荐给范仲淹。范仲淹见狄青后,赠《春秋左氏传》给他并以"将不知古今,匹夫勇尔"的赠言勉励他勤读将帅兵法。此后,狄青发愤读书,因武艺精强且通晓兵法闻名于世。

两广平乱,决战昆仑关

皇祐四年(1052年),广源州(今广西靖西市)依智高自称仁惠皇帝,起兵反宋,一路攻城掠地直至广州(今广东广州)。朝廷几次派兵征讨皆大败。此时,上任仅3个月的枢密副使狄青,上表请命征讨叛逆。宋仁宗准奏。

其时,依智高据守昆仑关(今广西南宁市兴宁区,昆仑镇与宾阳交界处)。昆仑关地势险峻,易守难攻,之前攻关的将领蒋偕、张忠等人都因轻忽敌军兵败身亡。叛军声威大盛。狄青尚未到时,就已命令前线各将领不要与叛军交战,等他到后统一调派。广西钤辖陈曙对狄青的命令很是不服,他贪功冒进,趁狄青尚未到达,擅自率军8000攻关,大败而归,将士四散逃遁。狄青闻

宾阳昆仑关

位于广西南宁市宾阳县与南宁市昆仑镇交界处,距南宁市50千米。相传宾阳昆仑关是汉代伏波将军马援所建,距今已有2000多年的历史。宾阳昆仑关是南宁市门户和屏障,地势险要,易守难攻,可谓"一夫当关,万夫莫开",为历代军事家所重视,是兵家必争之地。 据史记载,宾阳昆仑关曾发生过数次大规模的战斗,其中,最著名是宋狄青与侬智高之战和1939年中日昆仑关之战。关上刻有"昆仑关"三个大字,有"南方天险"之称。

讯,对将士们说:"令之不齐,兵所以败。"到达后,狄青将陈曙及战败逃跑的袁用等30人一一斩首示众,众位将领都被狄青的举动吓得双腿战栗。

处死陈曙后,狄青实施"明修栈道,暗度陈仓"的计策,表面上按兵不动,暗中从各地调拨粮草备战。皇祐五年(1053年)正月十五,狄青下令士兵舞龙欢庆,迷惑敌人。侬智高中计,认为宋军短期内不会进攻,放松了警惕。与此同时,狄青将军队分为前、中、后三军,亲自率军昼夜兼程到达昆仑关。正月十六黎明,狄青到达昆仑关下发起攻击,一举攻占了归仁铺(今广西南宁三塘)阵地。叛军毫无防备,仓促迎战。

宋军前锋孙节和叛军在山下交战,孙节战死,叛军士气大振,孙沔等将领"惧失色"。这时,狄青批发铜面,手举着白旗带领骑兵从左、右两翼包抄而来。叛军猝不及防,节节败退。狄青率军追击叛军至50里外,斩首数千,斩杀叛军地位高者57人,生擒叛军500余人。侬智高带领残军败将退入邕州(今广西南宁),为求脱身,侬智高在夜间纵火烧城,乘乱逃跑。

侬智高跑后,叛军群龙无首,开城投降。狄青严令部队不得扰民,率军驻扎邕州城,缴获金银玉帛及杂畜等战利品无数,遣散被叛军俘虏的百姓7000余人。叛军尸体中,有一人身穿金色龙袍,狄青部下都认为这就是侬智高,想报上朝廷请功,狄青却坚决不许。狄青认为,仅凭服饰就断定尸体身份的做法极其不妥,他宁可承担未找到侬智高的责任,也不能"诬朝廷以贪功也"。后经查明,侬智高兵败后经合江口(今广西钦州境内)逃往大理。两年后,大理国杀侬智高,将首级献给宋朝。

据《宋史》记载,狄青初到邕州时,邕州城内毒瘴弥漫,因喝水而死的将士越来越多。有一天,突然有一股泉水从城寨下方的地面冒出，味道甘美清冽，解决了宋军的困境。这则记载的真假已无从可考，但从中可以看出百姓对狄青的崇拜以及对其所率军队的拥护。

智勇双全，生荣死哀

狄青心思缜密，处理事情能着眼大局，谋定而后动。依智高之乱时，交趾国（今越南）称可以与宋军联合剿灭叛党。宋将余靖觉得交趾国人的话可以听信，上报朝廷获得同意后，在邕州、钦州（今广西钦州）预备了上万人的粮草等待交趾国的援军。仁宗下令赏钱3万缗（缗，串铜钱的绳子。1缗钱即1贯钱）给交趾国军队作为军费，还许诺平叛后另有厚赏。狄青听说此事，立即上表奏请禁止。他认为，交趾国李德政声言会派5万步兵、1000骑兵援助宋军这件事不可靠，向外国借兵来平定内部的叛乱，对宋朝也没有什么益处。狄青犀利地指出问题所在："蛮夷贪得忘义，因而启乱，何以御之。"于是，借兵交趾的提议作罢。等到叛军平息，朝野上下都佩服狄青"有远略"。

治平元年（1064年）二月，狄青因嘴生毒疮病死，被追赠为中书令，谥号"武襄"。宋神宗即位后，对狄青

为人及功绩极为叹服，将狄青画像放置宫中，"御制祭文"，派遣使者以中牢（猪羊二牲为祭品）的礼节祭祀狄青。

狄青庙内雕塑
位于山西省吕梁市文水县城南30千米处狄家社村中，又名狄武襄公祠，为北宋名将狄青之家祠。原由狄青次子狄谘率昆弟族人于北宋嘉祐四年（1059年）修建，大元元贞二年（1296年），狄青七世孙狄晖重修，现存建筑为清朝同治十二年（1873年）修建，1957年东西配殿不幸被拆除，仅剩正殿与山门，1994年狄家社村民集资对正殿进行了一定修葺，仍按原制立于八级台阶之上，三檩二柱，单檐硬山顶，檐前无斗拱，有插飞。廊下东西立碑石数块，其中狄晖所立《狄武襄公祠堂记》最为珍贵。

> 少年中国史

1007年—1072年

……好古嗜学，凡周、汉以降金石遗文、断编残简，一切掇拾，研稽异同，立说于左，的的可表证，谓之《集古录》。

——《宋史·欧阳修传》

欧阳修与古文运动

欧阳修从政与为人都颇具盛名。从政则刚正不阿，直谏不讳；为文则大气磅礴，言之有物。他用实际行动改变了当时浮夸繁琐的文风，引领北宋文风进入简约、蓄道方向，为北宋的诗、文革新做出了突出贡献。

主角
欧阳修

爵位
安乐郡开国公

主要成就
参与纂写《新唐书》《新五代史》；北宋古文运动的代表

代表作品
《集古录》《五代史记》《醉翁亭记》

一见倾心，致力古文

欧阳修（1007年—1072年），字永叔，号醉翁，庐陵（今江西永丰）人，母亲郑氏。四岁时丧父，母子俩投奔欧阳修的叔父欧阳晔。郑氏颇通文墨，亲自教养欧阳修读书识字。因家贫买不起毛笔，欧阳修以芦荻（一种水生植物，形似芦苇）杆当作毛笔在地上写字。欧阳修自幼聪敏过人，一本书尚未抄完就可以熟练背诵。欧阳晔曾因此劝慰嫂子不要担忧家贫子幼，声言欧阳修长大后必会光耀门楣。

唐朝时，韩愈、柳宗元倡导了古文运动，主旨

明·无款·欧阳修像
欧阳修（1007年—1072年），字永叔，号醉翁、六一居士，谥号文忠，吉州庐陵（今江西吉安）人，为北宋时期杰出的文学家、史学家、政治活动家。他历仕仁宗、英宗、神宗三朝，官至翰林学士、枢密副使、参知政事，曾积极参与范仲淹所领导的庆历新政政治改革。文学方面，欧阳修成就斐然，是唐代韩愈、柳宗元所倡导之古文运动的继承者及推动者，为古文的发展做出了巨大的贡献。

《欧阳修文集》书影

欧阳修著作等身，有《居士集》50卷，《易童子问》3卷，《外制集》3卷，《内制集》8卷，《奏议集》18卷，《四六集》7卷，《集古录跋尾》10卷。《归田录》及《六一诗话》是欧阳修晚年最后的著作，都属笔记小说，是他古文造诣登峰造极之作。《归田录》记载了许多官员的逸事传闻，《六一诗话》则以轶事及对诗歌的评论为主。

为抵制华而不实的骈文，主张文章质朴且言之有物。但到了后来，古文运动进入矫枉过正的误区。到了五代时期，文人所做文章逐渐刻意雕琢行文的措辞，追求对偶，重形式而轻内容。进入宋朝，沿袭自五代的文风愈演愈烈。苏舜元、苏舜钦、柳开等人曾试图重启古文运动，改变当时文风，可是，由于"力不足"，苏、柳等人未能如愿。

欧阳修跟随叔父生活在随州（今湖北境内）时，在别人家的废书簏中发现一本韩愈的遗稿《昌黎先生文集》。欧阳修读后，非常仰慕韩愈的文风，开始废寝忘食地寻求文章中的精义。研读后，欧阳修决心效法韩愈，"必欲并辔绝驰而追与之并"。

天圣八年（1030年），欧阳修得中甲科进士，任西京留守推官。欧阳修与尹洙、梅尧臣、苏舜钦等当世大儒志同道合，共同游历，所做文章大多效法"古文"，以"天才自然，丰约中度"闻名当世。

声名远扬，破格授官

景佑元年（1034年），欧阳修入

安徽阜阳欧阳修祠

欧阳修曾任颍州（今安徽阜阳）知府。他除在京城辅佐朝廷外，曾放逐流离，历任10余个大小州府郡县的地方官职，其中8次来到颍州并终老在这片古老的土地上，与颍州结下了不解之缘。

朝为馆阁校勘。他敢于直言，颇具忠义。范仲淹因"朋党"之罪被贬，他自请上书要求"同退"。左思谏高若讷认为范仲淹应该罢黜，欧阳修写《与高司谏书》呵斥他不知羞耻。因为此信，欧阳修由京官馆阁校勘降为夷陵（今湖北宜昌东南）县令。不过，欧阳修并未因贬官沮丧。他胸襟通达，顺逆自如，在《与焦殿丞书》里感慨再次任县令的职务，可以"周达民事，兼知宦情，未必不为益"。

欧阳修不念世人对所谓"朋党"的诋毁，做《朋党论》上呈宋仁宗，认为君子以"同道"相聚，小人以"同利"相聚，因此君子有朋而小人无朋，建议为人君者应当用"君子之真朋"，远离"小人之伪朋"。整篇文章论点明晰，论据充分，没有一句赘言，引起文人士子们关于"朋党"的讨论热潮。最后，这股风潮被宋仁宗下诏制止。等到范仲淹升任为龙图阁直学士、陕西经略安抚副使时，欧阳修又拒绝他聘任自己当书记官的提议，笑称"同其退不同其进可也"。

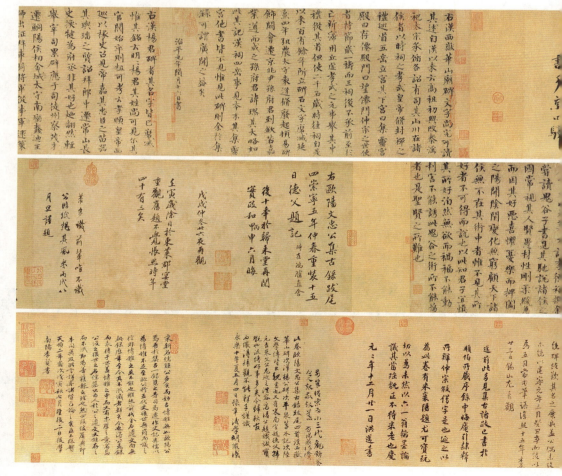

庆历三年（1043年），欧阳修在集贤校理职位上兼掌谏院。庆历新政实施后，宋仁宗广开言路，增加谏官，欧阳修最先受到推举。宋仁宗时常询问欧阳修治国理政的事情，以此来判断哪件事可以做，哪件事不能做。欧阳修的论事直言不讳，得罪了许多官员。只有宋仁宗"奖其敢言"，当面赐给他五品官的服饰，还升任他为知制诰。按照惯例，知制诰的官职必须经过考试才能任命，但仁宗因赏识欧阳修才德，将此官职破格授予他。

1044年，欧阳修奉命出使河东。他力排众议，主张派兵驻守麟州（今陕西神木）及黄河附近各堡寨，还提出河东地区减免赋税等行之有效的建议。其后，保州（今河北保定）兵变，欧阳修以龙图阁直学士、河北都转运使身份出

北宋·欧阳修·《集古录》跋卷

欧阳修为北宋文物鉴赏风气的引领者，尝利用公职之便，广泛观览公私收藏，更收集到历代金石拓片达千卷。其中可正史学缺误的作品，由欧阳修亲题跋尾，也为作序，序文则请蔡襄书写，后集跋为《集古录》十卷。此作中四跋可能即为欧阳修所留存的少数自题跋尾，而蔡襄所书的序文今已不见。

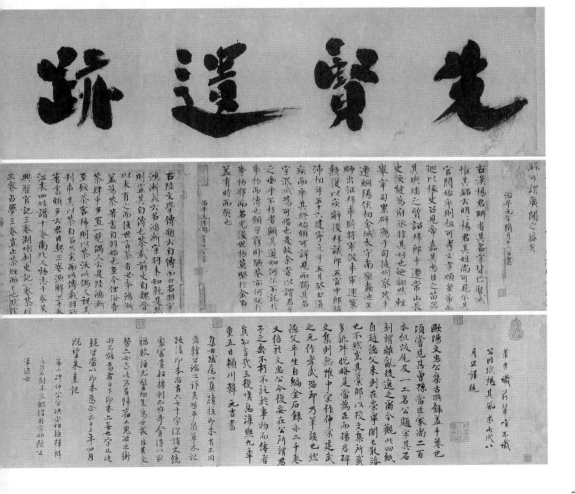

平山堂

位于扬州市西北郊蜀冈中峰大明寺内。始建于宋仁宗庆历八年(1048年),当时任扬州知府的欧阳修,极赏这里的清幽古朴,于此筑堂。坐此堂上,江南诸山,历历在目,似与堂平,平山堂因而得名。

使保州。叛乱平定后,欧阳修将私下抢掠民女的通判冯博文逮捕下狱,做出同样行径的大将李昭亮立即放回所有掠回府中的女子。兵变之初,宋军招安时许诺不杀叛军,但叛军归顺后,宋军出尔反尔杀掉他们,仅将被迫参加叛军的2000余人交给各府郡管辖。富弼准备杀掉这部分人以绝后患,欧阳修极力阻止,富弼最终打消这一想法。

庆历五年(1045年),新政失败,范仲淹、杜衍等四人被罢黜。欧阳修立即上表请求与范仲淹等人"同其退",慷慨陈词:"今此四人一旦罢去,而使群邪相贺于内,四夷相贺于外,臣为朝廷惜之。"至此,朝中奸佞小人越发痛恨欧阳修。不久,欧阳修外甥女张氏犯罪下狱,奸佞之臣趁机罗织罪状上表弹劾,导致欧阳修被贬为知制诰、滁州(今安徽滁州)知州。之后数年,欧阳修始终在外地任职,职务有升有降。至和元年(1054年),欧阳修奉诏担任流内铨一职,宋仁宗见他已满头白发,"问劳甚至",随后又让他担任翰林学士,负责修撰《唐书》。

欧阳修声名远播,他奉命出使契丹时,契丹皇帝命令四名显贵大臣主持宴会,并告诉欧阳修这不是通常所依循的礼制,是因为"卿名重"才特意破例的。

肃正考风,敢于直谏

嘉祐二年(1057年),欧阳修知贡举,做出一件震惊当世的大事。当时的学子们崇尚"太学体",追求文字险怪奇涩、立意新奇怪癖的文章。欧阳修对此深恶痛绝,凡是此类文章概不录用。放榜后,士人学子大哗。自诩多才但未被录取的学子们曾聚集在欧阳修马前嘶闹起哄,出动卫兵都难以遏制。欧阳修不为所动,依旧坚持己见。从此以后,考场的文风大有改变,天下学子的文风也有了本质变化,不重华丽改重朴实,不重浮夸改重内涵。

同年,欧阳修加龙图阁学士,知开封府,拜礼部侍郎,兼翰林侍读学

北宋·欧阳修·灼艾帖

行书。纸本,册页。纵25厘米,横18厘米,行楷书,6行69字。北京故宫博物院藏。帖中"见发言"的"发"即欧阳修长子欧阳发。所谓"灼艾",即针灸。此帖曾经项元汴、安岐、江德量鉴藏。清安岐《墨缘汇观·上编》著录。

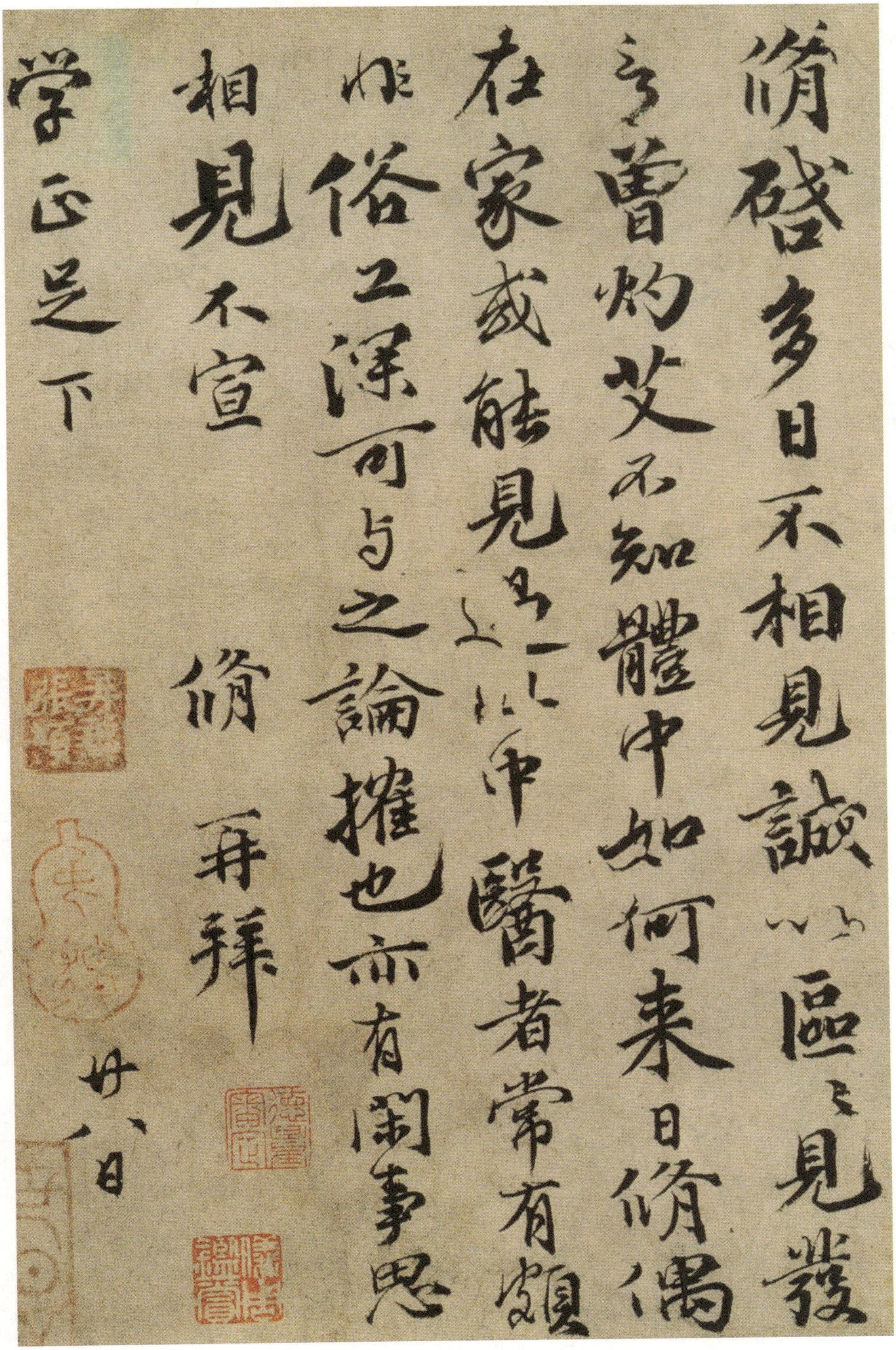
脩啓多日不相見誠以區區見發
言曾灼艾不知體中如何来日脩偶
在家或能見過此中醫者常有頗
非俗工深可與之論權也亦有闕事思
相見不宣 脩再拜
學正足下 廿八日

士。欧阳修为官时恪尽职守,"平生与人尽言无所隐",对同僚的过失也毫不避讳地说出,因此,他"怨诽益众"。宋仁宗无子嗣,河北水患时,他奏请宋仁宗早立太子。于是,嘉祐七年(1062年),宋仁宗养子赵曙被立为皇太子。次年,赵曙登基,即为宋英宗。

宋英宗即位后,想追封自己的亲生父亲濮王为皇帝,遭到太后忌惮,大臣反对。欧阳修支持英宗,与朝臣们舌战良久,最终以太后手书同意追封濮王为帝平息此事,这就是著名的"濮议"之争。此事过后,欧阳修更是树敌无数。欧阳修内弟造出"帷薄不根之谤"侮辱他,蒋之奇据此弹劾欧阳修,欧阳修上表自证清白,言辞激烈,甚至"期于以死必辨而后止"。

治平四年(1067年),即位不久的宋神宗下诏为欧阳修洗去污名。经过被诬事件,欧阳修多次上表,坚决请求致仕。熙宁四年(1071年)六月,欧阳修以观文殿学士的身份离开官场,回到颍州(今安徽阜阳)。次年八月,欧阳修病逝于颍州。

蓄道而文,超然独骛

欧阳修文章的一大特色就是"蓄道德而能文章"。在欧阳修看来,"道纯则充于中者实,中充实则发为文者辉光",即道德品质高的人就会内心充实,内心充实写文章时就会自然而然表露出才华。欧阳修所谈论的"道"与当

醉翁亭
醉翁亭位于安徽省滁州市西南琅琊山旁,始建于北宋庆历七年(1047年),由唐宋八大家之一欧阳修命名并撰《醉翁亭记》一文而闻名遐迩。脍炙人口的佳句"醉翁之意不在酒,在乎山水之间也"家喻户晓。

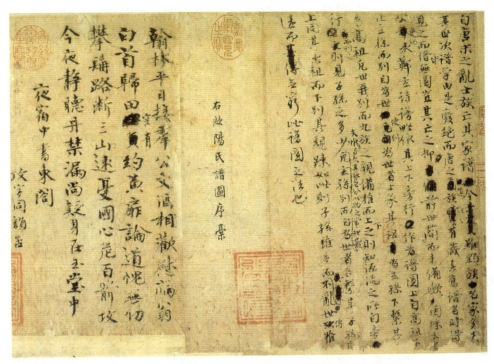

北宋·欧阳修·自书诗文卷
此卷包括《欧阳氏谱图序》和《夜宿中书东阁》七律一首。从跋文中可知前者作于至和二年（1055年），作者时年49岁，后者作于嘉祐八年（1063年），时年57岁。卷中钤有宋"中书省印"九叠朱文印记及清内府鉴藏印记多方。卷后有宋周必大，元张雨、欧阳玄，明宋濂等人题跋。

时道学家们谈论的道有所不同，他崇尚的道在于能够联系"百事""切于事实"的真实道理。有官吏来拜访欧阳修时，欧阳修和他们谈论的多是为官为政的道理，很少和他们谈论文章，他认为文章好坏只是个人修身之举，而为政好坏却关系到万民福祉。

因此，欧阳修的文章既才华横溢又自然朴实，叙事恰到好处，不冗繁也不简略。他的文字"简而明，信而通"，引用的道理或事例切合实际，阐明道理深入浅出，"超然独骛，众莫能及"，天下人一致效法他的风格。欧阳修有才却不自傲，不藏私，提携后进不遗余力。比如曾巩、王安石、苏洵、苏轼、苏辙等人，都曾默默无闻，欧阳修发现他们的才能后，广为传播他们的声名，最后这些人都闻名于世。

欧阳修推崇韩愈却不盲从，他认为，为人的气节应贯穿始终，不能因为境遇好坏而改变。他在《与尹师鲁书》中，对韩愈贬官后文章风骨不似从前大为不满，告诫朋友"勿作戚戚之文"。反观欧阳修自己，无论顺境逆境，他都坦然承受，气节风骨没有丝毫更改。贬官滁州时，他写下《醉翁亭记》，大谈山水之乐，颇有悠然自得之意而全无怨怼不平之气。

1069年—1086年

……至议变法，而在廷交执不可，安石傅经义，出己意，辩论辄数百言，众不能诎。

——《宋史·王安石传》

王安石变法

宋神宗年间，一场大规模的社会变革运动在王安石推进下兴起，变革涉及各个领域，富国强兵成效显著，却因损及官僚利益，加之执行不当导致的"民贫"，在实行15年后夭折。王安石因变法毁誉参半，最终黯然隐退。

时间
1069年—1086年

背景
财政的亏空迫使政府不断增加赋税，导致国内政局动荡；外族侵扰，边境不宁

目的
发展生产，富国强兵，挽救宋朝政治危机

措施
以"理财"、"整军"为中心，涉及政治、经济、军事、社会、文化各个方面

结果
以失败而告终，北宋进入党派之争的泥潭

宋神宗坐像
宋神宗赵顼（1048年—1085年），本名赵仲铖，宋英宗长子。在位期间，为振兴国家，力主王安石变法，使得宋王朝又重新恢复了生机与活力。

洋洋洒洒《万言书》

宋朝立国之初，宋太祖加强中央集权统治。短期内，这种统治模式消弭了"兵变"隐患，结束了唐灭亡以来的战乱，对宋朝治理国家起到了积极作用。到了宋朝中期，宋初加强中央集权措施的弊端开始显现，冗兵、冗官、冗费等现象造成官僚机构臃肿庞大，百姓苦不堪言。在朝及在野的诸多有识之士纷纷意识到，只有改革才能富国强兵。继范仲淹、欧阳修等人发起的"庆历新政"改革失败后，以王安石为首的又一批改革派悄然兴起。

王安石少时颇具才名，过目不忘，下笔成章，深受欧阳修的赏识。他由进士入仕后，为官勤谨，处事不落窠臼，每一任期政绩斐然。时

任宰相的文彦博曾向宋仁宗提议越级提拔王安石,欧阳修也曾向朝廷举荐他,都被王安石辞谢。朝廷多次下令让王安石担任馆阁(宋时掌管图书、编修史书的部门)之职,都被他推辞了。王安石辞谢美官的声名遍及朝野,许多官员士子都以能见王安石一面为荣。后来,王安石在推辞七八次后,终于却不过朝廷盛情,就任知制诰(负责起草诏令的官员)一职。

王安石"慨然有矫世变俗之志",他有感于社会弊病,向宋仁宗呈上《万言书》,极力言说变革对巩固统治、增强国力的重要性。《万言书》中,王安石提出"取天下之财以供天下之费"的新颖理论,全面而深刻地阐述时局及社会积弱、积贫的弊端,洋洋洒洒万余字,极力强调改革的必要性和迫切性。可惜的是,宋仁宗并未采纳王安石的提议。

雷霆手段施新政

熙宁元年(1068年),宋神宗即位。宋神宗为颖王时,就已久慕王安石大名。即位后,宋神宗任命王安石为江宁府(今江苏南京及其周边地带)知府,不久又召他进宫,询问治国之道。王安石告知神宗"择术为先",又在与神宗的数次奏对中多次表示,应效法尧舜简明而不繁杂的治国方法,如果擅于"识人""择人",则贤者自来,奸佞必去。

熙宁二年(1069年),宋神宗认可王安石"变风俗、立法度"的治世要旨,设立制置三司条例司,委任王安石和陈升之为主管,开始实行新法。新法触动了士大夫阶层的利益,百姓对此也多有怨言,甚至出现为逃避保甲自行断指、断腕的极端做法。以司马光为首的反对派频频弹劾王安石,但宋神宗对王安石始终信任尊敬。御史中丞吕诲指出王安石"过失十事",受到神宗的贬谪。王安石因反对声音大怒,宋神宗对其安抚有加,听从王安石"以先王之正道胜天下流俗"的谏言,继续重用王安石。

王安石实施变法的决心极为坚定,对反对新法的人施以雷霆手段,一一排挤出权力中心,哪怕是至交好友

王安石像

王安石(1021年—1086年),字介甫,号半山,汉族,临川(今江西抚州临川区)人,北宋著名思想家、政治家、文学家、改革家,"唐宋八大家"之一。历任扬州签判、鄞县知县、舒州通判等职,政绩显著。后因主持"熙宁变法"而受到反对派的排挤,郁然病逝。其诗擅长于说理与修辞,以丰神远韵的风格在北宋诗坛自成一家,世称"王荆公体"。

宋神宗轸念流民
出自16世纪《帝鉴图说》。神宗时东北大旱,下诏求直言,郑侠上《流民图》,神帝反复观图,心有所触,夕寝不能寐。翌日遂命开封体勘新法不便者,凡十有八事罢之,民间欢呼相贺。是日果大雨,远近沾洽。

也不能幸免。司马光曾与王安石交情深厚,却因在新法上意见不合而反目成仇。好友翰林学士范镇三次上书反对"青苗法",被罢免职务。文彦博、欧阳修等对王安石有举荐之恩的名士,都因反对新法被罢黜。其余因持反对意见而被贬谪的御史、谏官不计其数。

新法实施期间,宋朝多次遭遇天灾,出现彗星等被古人认为不吉的天象。反对派们借此大做文章,认为所有异象都是王安石的过失,就连两宫太后(慈圣太皇太后、宣仁太后)都向神宗哭诉"安石乱天下"。久而久之,神宗终于对王安石起了猜忌之心,熙宁七年(1074年),罢免其宰相职位。第二年神宗重新拜王安石为相,但君臣间已然生出嫌隙。两年后,王安石辞相外调。

元丰八年（1085年），宋神宗薨逝，宋哲宗即位，任用司马光为相，悉数废除王安石新法。至此，新法共实施15年。次年，王安石病逝。

新法的先进性及局限性

新法以王安石《万言书》为纲，着重于"生财""治财"。他在大多名士精简军队和官员、"罢官而止俸"的改革思路中独辟蹊径，提出以增强国家金融为重心的思想，在当时的宋朝乃至世界都是极为超前的。梁启超对王安石新法极为推崇，称"中国人知金融机关为国民经济之命脉者，自古迄今，荆公一人而已"。

新法在富国强兵方面的成效极为显著。比如，"青苗法"允许百姓在播种和庄稼未收时，可一年两次向官府借钱借物，等收成之后再行归还。"免役法"允许百姓、乡绅、官僚等缴纳钱财来免除服役。"方田均税法"按田地好坏、数量收取地税。缴纳的税款及借款大大改善了积贫局面，使宋神宗年间国库积蓄日益丰厚，可供朝廷20年之用。"裁兵法""将兵法""保马法""军器监法"等强兵之法的推行提高了军队整体素质和战斗力，改善了积弱局面。

与此同时，新法的超前性以及执行过程中的偏差，使原有社会矛盾进一步激化。"青苗法"变成农民不得不年年负担的高利贷，"实不出本，勒民出息"；"免疫法"变成百姓多缴纳的一种役税；"保甲法"出现"困民财力，夺民农时"的现象……

王安石一心求变，将旧法一概否定，废除了一些原本利国利民的制度，加上王安石为人执拗，一意孤行，造成朝野上下怨声载道，最终导致了变法失败。

北宋·王安石·行书《楞严经旨要》卷

此卷为正书中间有行书，结字修长紧聚。字势于端庄中有奇纵的变化，左俯右仰，上下揖让，横笔逸出，孤撇出挑，颇有奇逸之趣。用笔清劲，起笔轻按，导送收放，使转灵活，颇得杨凝式的笔法。全篇行次紧密，少有空白，然字行间错落参差，并不板滞，有"横雨斜风"之势，得萧散简远的意韵。

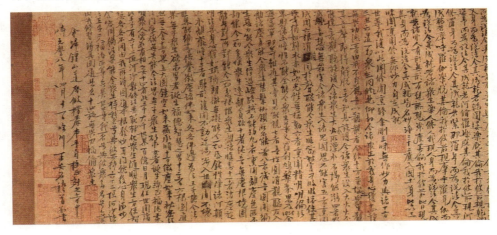

少年中国史

> **11世纪末—12世纪初**

苏轼子瞻作墨竹，从地一直起至顶。余问：何不逐节分？曰："竹生时何尝逐节生？"……子瞻作枯木，枝干虬屈无端，石皴硬。亦怪怪奇奇无端，如其胸中盘郁也。

——《画史》

文人画派兴起

梅、兰、竹、菊，在文人看来不只是自然界中的一处风景，更是高洁傲岸的象征，与君子的品格作风类似，恰恰可以类比自己的志趣与心境。劲松、枯木、奇石题材，同样被文人画家们借来抒发心中的那份孤傲或郁郁不得志的情绪，成为他们最喜爱的题材。

评判标准
画中带有文人情趣，画外流露着文人思想

基本特点
集绘画、书法、篆刻为一体，具有文学性、哲学性、抒情性

主要题材
山水石木、梅兰竹菊

代表人物
苏轼、黄庭坚、米芾、米友仁

逆写实大势而动

宋朝年间的一次科举考试中，美术科考生被要求根据"深山藏古寺"的古诗完成一幅绘画作品。

这个题目要画好还真不容易。寻常的考生会选择在山腰间或者丛林深处画座古庙，有的只画出庙宇的一角楼阁或者一段墙壁。

考官看了很多幅都不满意。就在唉声叹气地说今年创新之作太少时，一幅作品深深吸引了他，仔

北宋·赵佶·听琴图
画中主人公，居中危坐石墩上，黄冠缁服作道士打扮。他微微低着头，双手置琴上，轻轻地拨弄着琴弦。听者三人，右一人纱帽红袍，俯首侧坐，一手反支石墩，一手持扇按膝，那神气就像完全陶醉在这动人的曲调之中；左一人纱帽绿袍，拱手端坐，抬头仰望，似视非视，那状态正是被这美妙的琴声挑动神思，在那里悠悠遐想；在他旁边，站立着一个蓬头童子，双手交叉抱胸，远远地注视着主人公，正在用心细听，但心情却比较单纯。三个听众，三种不同的神态，都刻画得惟妙惟肖，栩栩如生。

细端详一番，便连连点头称赞："好、好、好，这才是第一名该有的构思巧妙呀！"

这幅画好在哪里呢？高明的作者画的是一股清泉在崇山峻岭之中飞流直下，泉边有个老态龙钟的和尚，正在将泉水一瓢瓢地舀进桶里，画面里压根没有庙。但一个和尚在这里生活，自然叫人想到附近一定有庙；如此年迈还得亲自挑水，那座庙宇应该是座破败的古庙了。这幅画把"深山藏古寺"的"藏"字非常含蓄而且高明地表现出来了，更加切合题意。

那些落选的画家并非技艺不好，只是因为构思平庸。对于目的是选拔宫廷画家的科举考试来说，角度新颖、构思精奇是十分重要的考核标准——这与高度繁荣的宋代绘画密切相关。

在宫廷中设置画工的历史可以追溯到先秦时代，但五代之前一直没有专门安置这些画家的机构。西蜀和南唐等政权开始设置宫廷画院，赵匡胤立国之初就建立起皇家翰林画院，把各地的画院名士、民间高手召集到都城汴梁，一时间人才济济，艺术水平不断提高。

宋徽宗赵佶虽然治国无能，却是一位天才艺术家，诗词歌赋、书法绘画样样精通。他于崇宁三年（1104年）设立画学，将绘画正式纳入科举考试范围，往往摘选古人诗句作为考题，选拔画工精湛、构思独特的人才。宋代多数帝王都对绘画有浓厚兴趣，重视画院建设。不过，皇家画院要求真切细致地描

北宋·文同·墨竹图

北宋画家文同的代表作，绢本水墨。画一枝低垂而又"S"形倔曲向上的墨竹。用凝重圆浑的中锋画竿，节与节虽断而意连；小枝用笔迅疾坚挺，左右顾盼；竹叶则八面出锋，挥洒自如，浓淡相间，在叶尾折转处提笔露白，以示向背之势，聚散无定，疏密有致，显示了作者深厚的功力。

绘客观事物，由于高度写实的特点，有美术家把两宋宫廷画派称为"东方写实艺术的巅峰"。

俗话说"物极必反"，满腹经纶的士大夫们在专业绘画上自忖技不如人，决定不与画家比精细，而是在抒写文人胸中特有志趣方面另辟蹊径，强调以画写"意"，这种风格就与专为皇家服务的宫廷画派截然不同了。

以形写意

这一回，大文学家苏轼当了领袖人物，比较全面地阐明了文人画的理

论,对这一画派的形成起到了决定性作用。他说:"观赏士大夫的画作,就像看马侧重于看它的雄骏气势一样,关键要品味其中的意境和情绪。如果像寻常画工一样只看外在形象的逼真与否,只怕看不了多久就会觉得索然无味了吧。"他希望将文人画家与职业画家区别开来,倡导诗情画意的风格。

苏轼还亲自开展文人画的实践,他的《枯木怪石图》即是抒发胸臆的代表作。

这幅画是元丰七年(1084年)苏轼在朋友家做客,趁着酒兴创作的,题材是他惯用的枯木、丛竹、怪石。在简洁明了的画面上,一个看似圆润却不失棱角的怪石盘踞在左下角,后面冒出几枝竹叶,似乎增添了一点顽强不屈的生命力。

而右边紧贴着怪石的是一株树梢扭曲盘结的枯木,没有一片叶子,显得苍劲无比。向右倾斜弯曲而上的枝丫有种极力伸展、不惜向画外延伸的气势,传达出一种"言尽而意不止"的境界。其中的寓意,结合苏轼一生屡遭贬谪的命运,既可以感受到一种对不得志的郁郁不平,也能看到一种傲立于天地之间的坦荡与不屈。

宋代四大书法家之一、苏轼的好友米芾曾评价说:"苏轼画的枯木,枝干无端地虬屈,巨石令人费解地又丑又怪,恰如作者胸中盘根错节存在的那些抑郁一样。"

这位米芾同样不简单,他喜收藏、善鉴赏、长书法、擅绘画,在山水画上的独特造诣也对后世文人画的发展产生了巨大影响。

米氏云山

米芾是苏轼"士夫画"的支持者和践行者。他同样喜欢画枯木竹石,尤其擅长水墨山水,创造了一个独特的山

水范式——"米氏云山"。这是一种完全摒弃了已经成熟的传统勾、皴技法，以书法中的点入画，用大笔触水墨表现烟雨变幻中的江南山水，使传统山水画由繁变简，兴之所至，信笔而作，以烟云掩映树石，只要能传情达意就可以了。

遗憾的是，米芾的绘画作品未能保存下来，但他独特的点染法却被儿子米友仁所继承。米友仁同样强调，画山水不是简单的笔墨游戏，而要用心去体味，只有这样才能获得天人合一真正的乐趣，达到"画为心声"的脱俗境界。

他的《潇湘奇观图》即是以极淡的墨色大致勾勒出云气缭绕的轮廓，重在以浓淡变化的墨色营造蒸腾之势，山体也是由大小错落、由淡而浓的横点叠加而成，即使是以寥寥数笔呈现的房舍、树枝，也是以浓淡相间的横点作为树叶的。这种独特的点染法便是典型的"米氏云山"。

这也正好说明了文人画的关键特质：业余性和综合性。它是士大夫在闲暇时调适笔墨的一种自娱自乐，借助山水竹石、梅兰竹菊来抒发个人情怀。可以以诗入画，展现自己的书法；可以写一则题跋，直抒胸臆；可以盖上独具个性的印章，这是那些宫廷画家所不敢的。有时候，真正的画面才占整个篇幅的三分之一而已，怎么便于表达自己的思想和情趣，就怎么来。这个流派正是在宋朝蔚然成风。

南宋·米友仁·云山墨戏图
此图描绘沿江景色，近处岸边一条细径曲曲弯弯，间有板桥相连，远方峰峦起伏，云烟密布，溪流缓缓，林木森郁，屋舍隐现。此图采用"米家山水"的典型画法，山峦坡渚先用淡墨染就，继以大小各异的横向墨点反复在山头、山脊等部位再次涂写，从而达到表现江南风光润泽华滋、雾气迷蒙的独特效果。明代董其昌曾携此图往游洞庭湖，惊叹米友仁的写生本领，云："舟次斜阳，篷底一望空阔，长天云物，怪怪奇奇，一幅米家墨戏也。"现藏于北京故宫博物院。

北宋

徙知湖州，上表以谢。又以事不便民者不敢言，以诗托讽……神宗独怜之，以黄州团练副使安置。轼与田父野老，相从溪山间，筑室于东坡，自号"东坡居士。"

——《宋史·苏轼传》

一门三杰

漫漫历史长河中，一个家庭涌现出三名杰出人物的案例十分少见。汉朝的班固、班超、班昭，魏国的曹操、曹丕、曹植，称得上是"一门三杰"。在宋代，苏洵、苏轼、苏辙父子个个才高八斗，"唐宋八大家"独揽三席，有"一门父子三词客，千秋文章八大家"的美誉。

所指人物

苏洵、苏轼、苏辙

主要成就

均以文学著称于世，合称"三苏"，均被列入"唐宋八大家"

轶闻典故

苏洵：认墨为糖、焚稿奋发
苏轼：乌台诗案、东坡处处筑苏堤

认墨为糖

相传有一年的端午节，妻子见苏洵一直待在书房里读书，连早餐也忘了吃，特地剥了几只粽子，带着一碟白糖送到书房，没有打扰丈夫便悄悄地走开了。

到了中午时分，她进去收拾盘碟，惊讶地发现：桌上的粽子已经吃完了，白糖却原封未动，而在砚台的四周，残留着不少糯米粒。再看看苏洵的嘴边，也是黑白斑斑——黑的是墨，白的是糯米粒。她这才明白，原来苏洵只顾专心读书，竟然把砚台当成糖碟，用粽子蘸上墨吃下去了。

苏洵雕像

苏洵（1009年—1066年），字明允，号老泉。北宋文学家，四川眉山人。他是苏轼和苏辙的父亲，父子三人被称为"三苏"，均名列"唐宋八大家"，有《嘉祐集》传世。擅长于散文，尤其擅长政论，笔势雄健。

北宋

苏轼雕像
苏轼（1037年—1101年），北宋文豪、艺术家。眉州眉山（今四川眉山市）人，字子瞻，号东坡居士。嘉祐二年进士，累官至端明殿学士兼翰林院侍读学士，礼部尚书。著有《东坡全集》及《东坡乐府》词集传世，宋人王宗稷收其作品，编有《苏文忠公全集》。苏轼之诗与黄庭坚并称"苏黄"，又与陆游并称"苏陆"；书法名列北宋四大书法家之首。

他也丝毫没有觉得有什么异样！

不过，苏洵勤奋读书的态度并非从小养成的。他曾在一封信中回忆说："我年少时不懂得读书的重要，27岁才真正开始发愤。"

苏洵大约7岁开始读书，首先学习断句、作诗，但还没等学会就放弃了。从此像李白一样爱上了游山玩水的生活，因为家境优渥，父亲对他也放任不管。

仗着聪明，他总以为同辈之人不见得比自己高明，所以读书没什么难的。但第一次参加乡试时，他"不幸"落第。这次失败使他认真地反省自己，搬出自己以前写的自以为得意的书稿，现在读起来反而觉得漏洞百出。不禁感叹："我也算读了几年书了，却和从未读过书的人没什么区别！"愤然将这批书稿一把火烧个干净，从此埋头研究儒家经典和诸子百家，每日端坐在书斋里苦读不休，发誓在读书未完成之前不动笔写任何文章。

嘉祐元年（1056年），苏洵带着两个儿子进京应试，期间拜见翰林学士欧阳修。欧阳修很赞赏他写的《衡论》《权书》《几策》等文章，认为语言既古朴凝练，又生动形象，见解独到，论证精辟，可与西汉文学家贾谊、刘向相媲美，于是向朝廷推荐苏洵做官。公卿大夫争相传阅他的作品，苏洵顿时声名鹊起。

第二年，两个儿子同时参加科举，结果同时中了进士。当时苏轼22岁，苏辙19岁。苏氏兄弟一齐高中，有些落第的考生表示不服，这些怨言反而使"苏门三杰"的名声传得更快。当时有谚语说："苏文生，吃菜根；苏文熟，吃羊肉。"意思是说，熟读"三苏"的文章，掌握并模仿他们的文风，就能登科及第，享有荣华富贵。

青出于蓝

据说苏洵对于两个儿子一举成功，自己却曾是科场败将感触地说："莫道登科易，老夫如登天，莫道登科

苏辙雕像

苏辙（1039年—1112年），字子由，一字同叔，晚年自号颍滨遗老。宋孝宗淳熙年间，追谥文定。苏洵之子、苏轼之弟，北宋嘉祐二年（1057年）与其兄苏轼同登进士。苏家父子三人，均在"唐宋八大家"之列，人称"三苏"，苏辙则是"小苏"。作品有《栾城集》传世，包括《后集》《三集》，共84卷。

难，小儿如拾芥。"作为宋代文学最高成就的代表，苏轼在父子三人中确实当仁不让，堪称青出于蓝。

嘉祐二年的科举中，当时的主考官正是文坛领袖欧阳修。苏轼那清新洒脱的文风一下子吸引住了他，但他误认为这是自己的弟子曾巩所作，为了避嫌，这篇文章最后只得了第二。后来见到苏轼，欧阳修问了一个藏在他心中许久的问题："你在科举考场上的那篇文章中写道：'皋陶为士，将杀人。皋陶曰杀之三，尧曰宥之三。'不知这几句话的出处是哪里？"苏轼呵呵一笑："何必知道出处呢？"欧阳修听后，不禁对苏轼的敢于创新大为欣赏，而且预言说："此人可谓善读书，善用书，他日文章必独步天下。"

他的诗题材广泛，清新豪迈，与黄庭坚并称"苏黄"；词开豪放派之先河，与辛弃疾并称"苏辛"；散文则与欧阳修并称"欧苏"；书法上与黄庭坚、米芾、蔡襄并称"宋代四大书法家"；在绘画方面也有很高的造诣，尤其擅长画墨竹、怪石、枯木。

但他在仕途上却一路坎坷。元丰二年（1079年），苏轼因为上书谈论新法的弊病而被调任湖州知州。上任后，他立即写了一封《湖州谢表》，本来只是例行公事的答谢朝廷，结果因为加了点个人色彩，被新党攻击说这是讽刺政府、莽撞无礼。苏轼被御史台逮捕并押送京师，受牵连的达数十人。这就是北宋著名

滕王阁

客从筼溪来,歇及困一叶。
忽逢章贡余,混荡天水接。
风霜出洲渚,草木见毫末。
势奔西山浮,声动古城堞。
楼观却相倚,山川互开阖。
心惊鱼龙会,目送凫雁灭。
遥瞻客帆久,更悟江流阔。
史君东鲁儒,府有徐孺榻。
高谈对宾旅,确论精到骨。
余思属湖山,登临亦怜勃。
骄王应笑矣,狂客亦怜勃。
万钱罄一饭,千金卖仓猝。
豪风相凌荡,俳语终弹压。
事往空长江,人来逐飞楫。
短篇竟芜陋,绝景费弹压。
但当倒罍瓶,一醉付江月。

——北宋·苏辙

的"乌台诗案"(乌台即御史台,因为那里经常种植柏树,终年栖息着乌鸦,所以人称乌台)。

苏轼坐牢103天,几次濒临被砍头的境地。幸亏宋太祖赵匡胤曾定下不杀士大夫的国策,加上不少官员、名流为他求情,连当时已经退休金陵的王安石也上书说:"哪有在太平盛世因为一点言辞就诛杀才子的道理?"苏轼这才躲过一劫。

尽管得到从轻发落,被降职为黄州(今湖北黄冈)团练副使,但这个相当低微的职位几乎使苏轼变得心灰意冷。到任后,他多次到黄州城外的赤壁山游览,写下《赤壁赋》《后赤壁赋》《念奴娇·赤壁怀古》等千古名作。同时带领家人开垦城东的一块坡地,种田务农以补充生计。"东坡居士"的别号便是在这时起的,苏东坡在文学上的影响力远远胜过政治,或许这就是"失之东隅,收之桑榆"的幸与不幸吧。

北宋·苏轼·黄州寒食诗卷

此帖是苏轼行书的代表作。这是一首遣兴的诗作,是苏轼被贬黄州第三年的寒食节所发的人生之叹。诗写得苍凉多情,表达了苏轼此时惆怅孤独的心情。此诗的书法也正是在这种心情和境况下,有感而出的。通篇书法起伏跌宕,光彩照人,气势奔放,而无荒率之笔。《寒食诗帖》在书法史上影响很大,被称为"天下第三行书",也是苏轼书法作品中的上乘。正如黄庭坚在此诗后所跋:"此书兼颜鲁公、杨少师、李西台笔意,试使东坡复为之,未必及此。"

1086年—1093年

光、公著至，并命为相，使同心辅政，一时知名士汇进于廷。凡熙宁以来政事弗便者，次第罢之。……契丹主戒其臣下，复勿生事于疆场，曰："南朝尽行仁宗之政矣。"

——《宋史·后妃传》

元祐更化

司马光是保守派的领袖，声望极高，当时民间早已流传一句话："君实不出，如天下苍生何？"君实，便是司马光的字。在王安石变法期间，他自然官场失意，只好在洛阳参加"耆英会"。随着宋神宗的去世，宋朝政局不免变动，他重新崛起的机会也就到了。

时间
1086年—1093年

发起领袖
高太后、司马光

主要行为
清除王安石新法，恢复旧法；
全面贬黜新党

影响
北宋新旧党争全面爆发的一个转折点

洛阳耆英会

熙宁、元丰年间，一批原属朝廷重臣的人因为反对王安石变法而被罢官，他们并不愿意享受免职后的归隐生活，而是仿照昔日白居易九老会的故事，经常聚会宴饮、赋诗作乐。为此，他们还专门修建起一所房子，将经常聚会的13个人描摹画像后挂在屋内，人称"洛阳耆英会"。

之所以称"耆英"，也是很有讲究的：一是古代60岁以上老人才有资格称"耆老"，而13人中，司马光算是最年轻的，已经64岁，其余都是

司马光雕像
司马光（1019年—1086年），字君实，号迂叟。生于宋真宗天禧三年十月，卒于宋哲宗元祐元年，享寿66岁。陕州夏县涑水乡（今山西省夏县）人，世称涑水先生。司马光是北宋文学家、史学家，历仕仁宗、英宗、神宗、哲宗四朝，他主持编纂了中国历史上第一部编年体通史《资治通鉴》。司马光政治倾向极为保守，是非常传统的守旧派，苏轼曾因政治问题私下怒骂他为"司马牛"以对他的保守与冥顽不灵感到不满，宋朝每况愈下与排斥革新安于现状的守旧人士掌权脱不了干系。

宋哲宗像

宋哲宗（1077年—1100年），姓赵，名煦，宋朝第七位皇帝。9岁即位，太后高氏垂帘听政，高氏起用司马光等保守派恢复旧法。高氏去世后亲政，实施元丰新法，罢旧党宰相，重新起用新党。在军事上重启河湟之役，收取青唐地区，并发动两次平夏城之战，使西夏臣服。

70岁以上的垂暮老者；二是这些人身份非同一般，韩国公富弼、潞国公文彦博，莫不是曾经在朝野上下举足轻重的"精英"。

洛阳人敬重他们的学识和风度，也十分羡慕这种高谈阔论的生活方式，因此在每次"耆英"聚会时，总有不少人围观，由此竟造就洛阳的一大景观。

洛阳耆英会在当时影响很大，同时代的沈括在《梦溪笔谈》、王辟之在《渑水燕谈录》、邵博在《闻见录》等书里均有记载。

当然，耆英们在组织聚会时自然无法预知，当司马光在元丰八年（1085年）重新被起用并且高居宰相之职时，耆英会将会在更多人之间传为美谈，被羡慕不已。

宋神宗去世后，司马光前往京城吊唁。刚一落脚，数以千计的京城百姓就争先恐后地围在身边恳求说："相公不要回洛阳了，留下来当宰相吧，这样老百姓会生活得更好。"

司马光却消受不起这众星捧月般的拥戴，生怕招来朝廷的猜忌，急忙返回洛阳。这时，司马光返回洛阳的消息传到了宣仁高太后耳中，她急忙派宦官一路追到洛阳，以太皇太后的名义询问治国方针。对于司马光来说，这位高太后将决定今后8年的政局，也将彻底改变自己的处境。

女中尧舜

高太后，宋英宗的皇后、宋神宗的母亲，哲宗即位后被尊为太皇太后。哲宗即位时只有9岁，完全不能处理政务，由54岁的高太后临朝听政，实际处理军国大事。

高太后出身名门，家境优越，本人却崇尚节俭。除了参加朝会典礼必备华丽服饰之外，日常生活不用贵重的丝锦，甚至还穿经过缝补的旧衣物。平时的膳食也不铺张浪费，肉食中只吃羊肉，因为羊吃草，不需耗费粮食，而牛能耕田，所以不应食用。她还常常劝诫当皇帝的儿子和孙子："一瓮酒，醉一宵；一斗米，活十口。要尽量减少浪费，勤俭治国。"

临朝听政不久，有官员奏请给高太后的族人封官晋爵，太后坚决拒绝。有一次，侄子高公绘呈上一篇奏章，请朝廷赏赐高氏家族。太后问道："你学识有限，怎么能写出文笔如此好的文章？"高公绘回答，这是邢恕的主意并替自己草拟的。太后不但不允，还把邢恕逐出了朝廷。

由于励精图治、大公无私，在高太后执政期间，宋朝政治比较清明，经济也十分繁荣，百姓安居乐业，史称"元祐之治"，堪比汉朝的"文景之治"和唐朝的"贞观之治"。《宋史》尊称她为"女中尧舜"。

就是这样一位优秀的政治家，从一开始就对王安石变法持否定态度，但她恪守宋朝开国以来立下的规矩，一旦皇帝成年后亲政，即使太后是亲生母亲也不可以干涉阻挠，因此在神宗在世时始终没有出面干预。

但随着执掌朝政，高太后立即向保守派领袖司马光问政，不久便把司马光、文彦博等人重新请回朝廷。司马光以尚书左仆射的身份成为名副其实的首席宰相，而他执政后的第一道札子就是《请更张新法》，把新法比成祸害国家黎民的毒药，认为必须全部予以废止。

彻底的改弦更张

司马光把变法的责任全推给王安石，说王安石把国家大事当成儿戏，随意改变旧有的规章制度，结果使国家陷入混乱，接着声称新法的内容名为爱

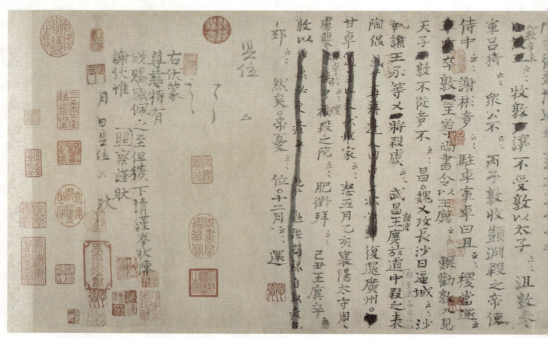

民，其实害民，名为利国，其实误国。

在高太后的大力支持下，神宗与王安石推行的新法大部分被废除，旧法被一一恢复。熙宁、元丰年间被重用的改革派大臣纷纷遭到贬黜、流放，王安石主持编纂的《三经新义》教材在学校停止使用，甚至连《神宗实录》都根据需要进行篡改。

司马光还写了一篇《上哲宗乞还西夏六寨》的奏章，主张对西夏、辽国采取割地忍让的政策，将王安石变法期间宋朝付出重大代价才得以夺回的安疆、葭芦、浮图、米脂四寨（今宁夏东部和陕西省北部）无偿归还给西夏。

在司马光病死后，高太后继续将王安石变法的措施清除到底，史称"元祐更化"。

元祐八年（1093年），高太后病重，临终前叮嘱大臣吕大防、范纯仁等人："我死之后，皇上绝对不会再重用你们了。你们趁早主动退避，免得遭祸。"几天后，她病死于汴京。对于保守派来说，一场变局又即将到来。

因人而异的施政方针使得政府的政策变幻不定，官员和民众无所适从，对未来惶惶不安，不论新法还是旧法实行的效果都大打折扣。支持变法者被称为"元丰党人"，反对变法者则归为"元祐党人"。宋朝从此陷入了党争的泥沼不可自拔，直至北宋灭亡。

北宋·司马光·《资治通鉴》残稿卷
残稿以中间空白为界，前一部分被称为"幅纸三绝"。其中，前29行共465个字是司马光亲笔手书，记录了东晋元帝永昌元年（322年）的事件；中间部分被毛笔划掉的四行是范仲淹次子范纯仁写给司马光的书信；最后一小部分是司马光手书的谢人惠物状（感谢信）。空白之后均为历代名家的题跋。

1089年

括博学善文,于天文、方志、律历、音乐、医药、卜算,无所不通,皆有所论著。又纪平日与宾客言者为《笔谈》,多载朝廷故实、耆旧出处,传于世。

——《宋史·沈括传》

沈括归隐著《梦溪笔谈》

"庆历中,有布衣毕昇,又为活版。其法用胶泥刻字,薄如钱唇,每字为一印,火烧令坚……"在《梦溪笔谈》卷第十八《技艺》中,沈括详细记载了活字印刷术的发明,这是世界上最早的关于活字印刷的可靠史料,雄辩地说明这个发明源于中国。

成书时间
1089年

作者
沈括

体裁
笔记体

内容
涉及古代中国自然科学、工艺技术及社会历史现象

评价
中国科学史上的坐标

一部百科全书

许多人对《梦溪笔谈》中关于活字印刷术的记载有所耳闻,但也许并不清楚,《梦溪笔谈》与实际运用之间的密切关联:

在天文学方面,作为中国古代观测天文的主要仪器——浑仪,经过历代的发展演变,到宋朝时结构已经变得十分复杂,使用起来很不方便。沈括对浑仪进行了比较大的简化和改良,后来元朝郭守敬在至元十三年(1276年)创制的新式天文仪器——简仪,就是在他的基础上产生的。

有一次,沈括在书中读到"高奴县有洧水,可燃"这句话。特地进行实地考察,发现了当地人叫作"石漆""石脂"的一种褐色液体,可以

沈括雕像
沈括一生致志于科学研究,在众多学科领域都有很深的造诣和卓越的成就,被誉为"中国整部科学史中最卓越的人物",其名作《梦溪笔谈》内容丰富,集前代科学成就之大成,在世界文化史上有着重要的地位。

用来烧火做饭、点灯取暖。沈括给它取了一个新名字叫"石油"。他在《梦溪笔谈》中指出，历史上出现的石漆、石脂水、火油、猛火油等不同的名词其实指的都是同一个事物，可以统一命名为石油，这个名字被沿用至今。同时，沈括还是最早描绘石油形态与详细开采过程、最早用石油烟尘代替松烟来制作墨的人。他笔下的"延州石油"如今已形成著名的长庆油田，是中国重要的能源基地。

物理学在中国古代一直是不受重视的领域。沈括通过亲自观察实验，对小孔成像、凹面镜成像、凹凸镜的放大缩小作用等现象做了通俗生动的论述。他还是世界上最早发现磁偏角的人，原来地理南北极与地磁场的南北极并不完全重合，所以水平放置的小磁针指向与地理上的正南正北方向之间存在一个很小的偏角。西方直到1492年才由哥伦布发现这个现象，比沈括足足晚了400多年。

《梦溪笔谈》是一部内容涉及天文、历法、气象、地质、地理、物理、化学、生物、农业、水利、建筑、医药、历史、文学、艺术、人事、军事、法律诸多领域的综合性笔记体著作，共计600多个条目。在这些条目中，属于自然科学的约占36%，多于三分之一的篇幅记述并阐发自然科学知识，总结了历代，特别是北宋时期的各领域科学成就，这个规模在整个古代都是很少见的。

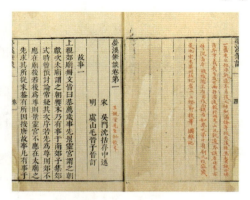

汲古阁《梦溪笔谈》
明末清初毛氏汲古阁津逮秘书本8册，此本首有毛氏汲古阁"津逮秘书"牌记，尾有毛晋题识。此本内录过王国维跋及校。

英国著名科学史专家李约瑟评价说，《梦溪笔谈》是中国科学史上的坐标。书中记载的许多发明、发现和真知灼见都来自沈括本人，可以说，他是一个科学通才，这在古代同样属于凤毛麟角。

后世版本流传

《梦溪笔谈》在宋代的刻本为30卷，内容比今天保存下来的要多，但已经散佚。如今所能见到的最古老版本是目前由中国国家图书馆收藏的元朝大德九年（1305年）陈仁子东山书院刻本。清代从皇宫中流出，后来被著名藏书家陈澄中得到。1965年，得知陈澄中有意出让，国务院总理周恩来为了避免珍贵文物外流，责成文化部指派专人前去协商，最终在国家经济并不宽裕的情况下斥巨资购回，成为书林中的一段佳话。

熙宁二年（1069年），王安石被任命为宰相，开始进行大规模变法运动。沈括受到王安石的信任和器重，担任主管全国财政的三司使等重要官职。随着变法失败，沈括受到牵连而被贬为宣州（今安徽宣城）知府。

元丰四年（1081年），宋军在庆州（今甘肃庆阳）击溃夏军，占领西夏2000多里土地。第二年，宋朝在夏、银、宥三州交界处修筑永乐城（今陕西米脂）屯兵戍守，感到巨大威胁的西夏派军30万前往攻取。结果宋军大败，灭亡西夏的梦想化为泡影。在军中任职的沈括因此被贬为均州（今湖北均县）团练副使，从此形同流放，政治生涯宣告终结。

元祐三年（1088年），沈括移居润州（今江苏镇江），将以前购置的园地加以修缮，命名"梦溪园"，在这里过上了隐居生活，直到8年后去世。他在梦溪园里偶尔与朋友交谈，然后将谈话记录下来，时间久了，早已不记得哪些话是哪位友人讲的，仿佛自己终日面对和对话的只是笔墨纸砚而已，因此形成了《梦溪笔谈》的书名。

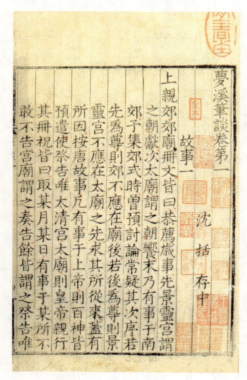

明版《梦溪笔谈》内页

现存《梦溪笔谈》分故事、辩证、乐律、象数、人事、官政、权智、艺文、书画、技艺、器用、神奇、异事、谬误、讥谑、杂志、药议17目共609条。内容涉及天文、数学、物理、化学、生物、地质、地理、气象、医学、工程技术、文学、史事、美术及音乐等学科。

归隐梦溪园

沈括出生在一个官宦世家，父亲沈周曾在泉州、开封、江宁等地做过地方官，他便跟随家庭在各地生活，期间接触社会万象，了解民间疾苦。在良好的家庭教育下，沈括自幼勤奋好读，在母亲的指导下，十四岁就读完了家中所有的藏书，对天文、科技、医药产生了浓厚的兴趣。

梦溪园

梦溪园是沈括晚年居住的地方，在今江苏镇江，就是在这里，沈括完成了他的巨著《梦溪笔谈》。历史上的梦溪园是一座著名的宋代文人宅园，园内建筑有岸老堂、萧萧堂、壳轩、深斋、远亭、苍峡亭等，另有一条溪水流经园内。

1094年

……初，李清臣冀为相，首倡绍述之说，以计去苏辙、范纯仁，亟复青苗、免役法。

——《续资治通鉴·宋纪八十三》

绍圣绍述

宋哲宗亲政后重新施行神宗新政，对恢复国力起到了一定的积极作用。但哲宗贬谪元祐旧臣的做法过于片面武断，使党争问题更加严重，加速了北宋的没落。

时间
1094年

推行者
宋哲宗

背景
高太后死，宋哲宗亲政，不满高太后及旧法党专政

措施
任新党章惇为宰相，恢复宋神宗时各项新法

结果
减轻农民负担，国势稍有起色

宋·青白玉涡纹单把杯

宋哲宗亲政

元祐八年（1093年）九月，太皇太后高氏薨逝。哲宗随即下诏以太皇太后园陵为山陵，任命吕大防为山陵使，让他为太皇太后守灵；将端明殿学士兼翰林侍读学士、礼部尚书苏轼贬为定州知州。

哲宗接连贬谪元祐老臣，引起朝中震动。十月，中书舍人吕陶言上书，数次提到高太后治理朝政的功德，认为"太皇太后所改之事，皆是生民之便，所逐之臣，尽是天下之恶，岂可以为非乎"，劝谏哲宗不要轻易更改高太后立下的规矩和制度。哲宗不理会。

翰林学士范祖禹和苏辙联名上奏，声称当年是因为"中外臣民"都上书说"政令（指新法）不便"，太皇太后是因为天下人心都想要变革才进行的更化，贬谪的新法党也不是因为和他们有什么私人恩怨，而是因为他们"上负先帝，下负万民"。哲宗依然不理会。

几日后，范祖禹再次上奏，这次的言语更加直接，直截了当地指出"守元祐之政，当坚如金石，重如山岳"。吕希哲上奏称"小人"会趁着太

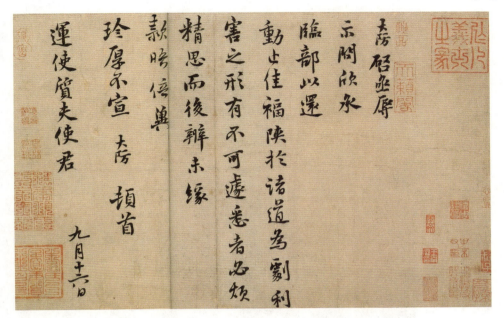

宋·吕大防·示问帖

《示问帖》是吕大防传世极少的墨迹之一,是写给"运使质夫使君"的信札。"质夫"是章惇的字。上款又称"运使""使君",据《宋史·章惇》本传,知其曾官成都路转运使,又江淮发运使,元祐初以龙图阁直学士知庆州。北宋时庆州属陕西路,而帖中恰又谈及治陕事,故此帖当书于是时。又考吕大防本传,"哲宗即位,招为翰林学士,权开封府",时年约60岁。此帖属晚年手笔。

皇太后新丧、哲宗初始亲政的机会"进险语以动上心",希望哲宗明辨是非,不要听信小人之言。吕陶言也就此接连进谏。但宋哲宗统统未曾理会。

从哲宗以沉默对待谏言的事情可以看出,哲宗心性坚忍行事笃定,不会轻易改变想法,因此,尽管满朝大臣通力反对,他还是坚持己见,大力推行绍述。

绍述神宗新法

见宋哲宗有意重新推行王安石新法,朝中反对声浪日益激烈。哲宗曾向宰执范纯仁征求对"青苗法"的意见,范纯仁应对说,推行"青苗法"的本意是爱护子民,但王安石推行过程中出现"立法过甚,激以赏罚"的偏差,导致爱民的意图反而成了害民的举动。后来,范纯仁又专门上疏陈述"青苗法"不可施行的必要性。宋哲宗未置可否。

苏轼临去定州前,劝谏宋哲宗"默观庶事之利害与群臣之邪正"后再有所作为,言辞恳切,但宋哲宗没有采纳。其时,素有"杨三变"之称的大臣杨畏体察宋哲宗心思,背叛举荐自己的恩人吕大防,上表称"神宗更法立制以垂万世,乞赐讲求,以成继述之道"。哲宗见了奏章大喜,即刻召见杨畏,询问"先朝故臣"谁可以召回任用,杨畏

烛送词臣

出自16世纪《帝鉴图说》。依宋史上记,苏轼在宋神宗时,因支持变法而被人排抑,一向贬谪在外,至宋哲宗登极,才取他做翰林学士。宋朝时,翰林院设在禁中,每夜有学士一员轮流值夜,以备不时顾问。有一夜轮到苏轼值夜,宋哲宗的祖母太皇太后与哲宗一起在便殿宣苏轼入见,太皇太后问苏轼,如今做什么官,苏轼自谦说自己是待罪翰林学士,称不上为什么官。太皇太后又问:"学士是美官,你一向流落江湖,知道自己是怎么得到这个位置的吗?"苏轼就把此归恩于上,说道:"臣幸遭遇太皇太后及皇帝陛下见知,故得到此耳。"太皇太后说:"不是我用你,是先帝神宗的意思,先帝每读你的奏疏文章,必赞美说,奇才奇才,不久先帝遂晏驾,故未及用你。今我用卿为此官,实承先帝之意也。"苏轼因此追感先帝知遇,不觉痛哭失声。太皇太后与哲宗也相向而泣。那时左右内臣,也都感伤流涕,后来太皇太后赐苏轼坐,又赐他茶吃,谈完后又撤御前的金莲烛,派人送他归院。

推举章惇、安焘、吕惠卿、邓温伯、李清臣等人。之后，杨畏又秘密呈上长达万字的奏折，写的全是宋神宗建立法度的深层意义，同时褒扬王安石，请求哲宗召章惇为宰相。

宋哲宗听从杨畏的建议，下令恢复章惇资政殿学士的职务，恢复王中正嘉州团练使的职务，任命吕惠卿为中大夫。给事中吴安诗拒绝写章惇的任命文件，中书舍人姚勔也拒绝起草任命吕惠卿和王中正的诏令，大臣们纷纷请求哲宗收回诏令，但哲宗都没有听从。

绍圣元年（1094年）宋哲宗改年号为"绍圣"。同年二月，任命户部尚书李清臣为中书侍郎，任命兵部尚书邓温伯为尚书右丞。李清臣先提议恢复神宗新法，邓温伯表示同意。至此，哲宗逐一恢复神宗新法，贬谪支持旧法的官吏，史称这段时期为"绍圣绍述"。

同文馆之狱

绍圣四年（1097年），已故新法党领袖人物蔡确之子蔡渭上奏朝廷，说他的叔父蔡恕曾在旧法党邢恕那里见到过文彦博之子文及甫写给邢恕的书信。信中表示在朝内做官陷阱重重，小错误就能阻碍前程。蔡渭还将信中"司马昭之心，路人皆知"以及"济之以粉昆，朋类错立，欲以眇躬为甘心快意之地"等话，解释成文及甫以司马昭代指刘挚，以粉昆代指韩忠彦，以眇躬自谓，意为刘挚想要更迭帝位，对哲宗不利。邢恕特意把这封信交给蔡渭，让蔡渭便宜行事。

宋哲宗大怒，派蔡京、章惇彻查此事。蔡京、章惇将这封信作为刘挚、吕大防等人试图颠覆社稷的证据，奏请哲宗在同文馆设置牢狱，凡是涉及此案的人员一概关入同文馆审问。到了次年五月，同文馆之狱依然没有明确的审理结果，指责文及甫等人有谋反之心也没有确实的证据。最后，文及甫等人被释放，蔡京、章惇升官，同文馆之狱不了了之。

在蔡京等人的诬陷弹劾下，哲宗收回追封吕公著、司马光的封号，将吕大防、刘挚、范祖禹等人贬往更为荒凉的岭外之地。蔡京等人意犹未尽，又开始诽谤太皇太后高氏，哲宗被蔡京等人蛊惑，竟然意图追废太皇太后"宣仁"的封号，经皇太后、皇太妃（哲宗生母）力劝才醒悟。之后，蔡京等人借同文馆之狱大肆诛戮、贬谪元祐旧臣，涉案的人遍及朝野。

宋·仲尼式古琴
方首，琴颈、肩处内收一斜下的圆弧，腰部内收一方条。整体简洁大方，弧度有圆有方，含蓄而大方，符合儒家思想中庸内敛的风格而得名。此类琴斫琴难度不大，对斫琴师的要求也不高，因此是存世古琴中最多的一种。

北宋末年

天下罪京为六贼之首,侍御史孙觌等始极疏其奸恶,乃以秘书监分司南京,连贬崇信、庆远军节度副使,衡州安置,又徙韶、儋二州。

——《宋史·蔡京传》

开封"六贼"

北宋末期,蔡京与太监童贯、梁师成、李彦,大臣朱勔,党羽王黼等六人内外上下勾结,扰乱朝纲,遭至天怒人怨,时称"六贼"。靖康元年(1126年),在太学生陈东等人诛六贼的呼声下,宋钦宗终于将六贼正法,但已无法挽救北宋朝廷灭亡的命运。

六贼名单

王黼、蔡京、梁师成、童贯、朱勔、李彦

特征

贪赃枉法、横行霸道

影响

导致当时江南方腊起义和金国入侵中原

蔡京:反复无常,"六贼"之首

蔡京(1047年—1126年)字元长,兴华军仙游(今属福建)人。宋神宗熙宁三年(1070年),23岁的蔡京得中进士,以钱塘县(今浙江杭州)尉的职务入仕。此后的10余年间,蔡京一路升职,历任流内铨、崇文院属官、权检正礼房公事、检正户房公事、权提点开封府界诸县镇公事、考功员外郎、起居郎。元丰六年(1083年)八月,宋神宗委任蔡京任辽道宗生辰使出使辽国,回朝后任命他为中书舍人。次年,蔡京升任为权知开封府,开始进入朝廷权力中心。

元丰八年(1085年)二月,宋神宗病危。宋神宗母亲高太后与宰执大臣们在立神宗幼子还是神宗胞弟的问题上争执不下。高太后主张立神宗胞弟

宋徽宗像

宋徽宗赵佶(1082年—1135年),即位之初颇有明君之气,后经蔡京等大臣的诱导,政治情形一落千丈,金军兵临城下时,受李纲之言,匆匆禅让给太子赵桓,国亡被俘受折磨而死,终年54岁。

北宋·蔡京·《雪江归棹图》跋

蔡京（1047年—1126年），字元长，仙游（今福建仙游）人，熙宁进士，是历史上有名的权奸。精工书法，尤擅行书，形似米南宫，字势豪健，痛快沉着。或谓"宋四家"苏黄米蔡之蔡，原指蔡京，后人恶其奸邪，易以蔡襄。

雍王赵颢或曹王赵頵，右相蔡确、左相王珪和门下侍郎章惇主张立神宗幼子赵佣（后改名为赵煦）。左右二相瞒着高太后和神宗向皇后（后来的向太后），提议立赵佣为太子。为防有异议的大臣影响宋神宗的决定，蔡确等人派蔡京领着刀斧手守在外庭，准备诛杀有异议的大臣。皇储之争和平谢幕，蔡京没有派上用场，但依然视为拥有"定策功"。

神宗推行新政时，蔡京拥护新法，在辖区内积极实施，得到神宗和王安石、蔡确等人的赏识重用。到了宋哲宗即位，太皇太后高氏执政。高太后起用司马光尽废新法，蔡京又一次积极响应，撇开新法派身份投入元祐大臣的行列。

元祐元年（1086年）二月，司马光下令各地5日内废除免役法恢复差役法。支持旧法的官员们觉得此举操之过急，应该缓行差役法，可时任开封知府的蔡京却在5日内率先恢复了差役法，得到司马光的赏识赞扬。蔡京的这一谄媚举动引来骂声一片，支持旧法的大臣们指出蔡京一刀切恢复差役法的做法有渎职的嫌疑，称他"身为民官，若不知旧法人数之冗，是不才；若知而不请，是不忠"。因此，虽然司马光很赏识蔡京，也不得不在舆论压力下将蔡京调出京城，改任真定府（今河北正定）知府。

元祐年间，新法党大臣屡遭贬谪，蔡京却安然无事，屡任要职，俨然一副元祐大臣的做派。到了哲宗亲政，施行绍圣绍述，拜新法党关键人物章惇为左相时，蔡京又一次变更立场，成为废差役法而恢复免役法的积极分子。在章惇等人研究如何进行变革时，蔡京提议"取熙丰旧法施行之尔，何以

宋徽宗任用六贼

出自16世纪《帝鉴图说》。宋徽宗在位,承平日久,帑庾盈溢。蔡京为相,始倡为"丰、亨、豫、大"之说,劝上以太平为娱。上尝大宴。出五盏玉卮以示辅臣曰:"此器似太华。"京曰:"陛下当享天下之奉,区区玉器,何足计哉!"上曰:"先帝作一小台,言者甚众。"京曰:"事苟当理,人言不足畏也。"由是上心日侈,谏者俱不听。京又求羡财以助供费,广宫室以备游幸。兴延福宫、景龙江、艮岳等工役,海内骚然思乱,而京宠愈固,权震海内。是时梁师成、李彦以聚敛幸,朱勔以花石幸,王黼、童贯以开边幸。而京为之首。天下号为"六贼",终致靖康之祸。

讲为",受到章惇的重视。绍圣二年(1095年)十月,蔡京和弟弟蔡卞分别担任翰林学士兼修国史、尚书右丞的要职。

元符三年(1100年)正月,哲宗病死,宋徽宗即位。曾布与韩忠彦将蔡京、蔡卞、章惇等人排挤出朝廷。为重回权力中心,蔡京抓住宋徽宗喜好字画书法的心理,巴结徽宗身旁的太监童贯,将自己题写的扇面、屏风等物安置在宫中,得到嫔妃、宫女的一致好评。加上童贯不断向宋徽宗进呈蔡京的书法作品,宋徽宗对蔡京的好感与日俱增,在建中靖国元年(1101年)起用蔡京为定州知州,又于次年将蔡京升任为北京大名知府兼北京留守。等到左相韩忠彦被罢相后,蔡京随即就任尚书右丞。回到权力中心的蔡京开始想尽办法陷害曾布等人,终于导致曾布罢相。崇宁元年(1102年),蔡京担任右相。

蔡京担任宰相后,深得宋徽宗喜爱。蔡京大力打击以司马光为首的旧法党派,还别出心裁,将他们列为"奸邪",刻在石碑上立在宫外供人观看。为投徽宗所好,保住自己的权势地位,蔡京不顾国情民意,"以侈靡惑人主",引诱宋徽宗尽情享乐,大兴土木建造九鼎、九殿、明堂、道观、延福宫、阳华宫等,建筑规模奢靡宏大,耗费民力财力无数。期间,因为宋徽宗喜好奇石奇花,蔡京又征用运粮的漕船运送花、石入京,即著名的"花石纲",花石纲导致无数人家倾家荡产,成为后来方腊起义的导火索。

宣和二年(1120年)六月,蔡京以太师身份致仕。金兵南下时,蔡京见势不妙,集合自己的家人,收拾历年来搜刮而得的珍宝财物率先逃出开封,"一夕遁去"。蔡京这种无国无君的举动遭致满朝文武的弹劾,靖康元年

（1126年），蔡京被贬为秘书监分司官致仕。群臣认为责罚太轻，继续弹劾，蔡京被一再贬谪，最终被贬至儋州（今海南儋州市西北）安置。赴儋州途中，蔡京在潭州（今湖南长沙）病死，终年80岁。虽然蔡京"谴死道路"，但"天下犹以不正典刑为恨"。

王黼：阿谀谄媚，认奸作父

王黼（1079年—1126年），原名王甫，因与东汉宦官王甫重名，宋徽宗特赐名为"黼"。崇宁二年（1103年），王黼得中进士，就职司理参军，后历任符宝郎、左司谏等职务。王黼玲珑善言，认宋徽宗内侍梁师成为父，称其为"恩府先生"。有了这位父亲里应外合，王黼得以精准体察宋徽宗的心思，从而多加讨好。

政和元年（1111年），王黼得知宋徽宗不满右相张商英想要起用蔡京，立即大力攻讦张商英，极力鼓吹蔡京在任时的政绩。次年五月，蔡京复相后，将王黼视为心腹。为讨好蔡京，王黼又开始弹劾对自己有提拔之恩的宰相何执中，但因何执中与蔡京关系良好，蔡京没有理会王黼的动作。

政和六年（1116年），王黼察知宋徽宗对蔡京不如以往宠信，立即暗地里投靠和蔡京不和的宰相郑居中。蔡京恚怒，暗中算计王黼未果。在梁师成的大力举荐下，王黼于重和元年（1118年）破格升任少宰（仅次于宰相）。蔡京致仕后，王黼代替蔡京升任宰相。

王黼为相后，派宦官童贯为将镇压方腊起义，同时废止了苏杭造作局、花石纲及蔡京施行的一些苛政。一时间，王黼贤名远播，"四方翕然称为贤相"。宣和三年（1121年）四月，方腊起义被镇压，王黼这位"贤相"的真面目也显露出来。他恢复已被童贯废止的应奉司，由自己和父亲梁师成共同掌管。"父子俩"不仅公然截留四方进奉的珍宝，还干起卖官鬻爵的勾当，将各

元祐党籍碑

元祐党籍碑，宋代摩崖石刻，现存两块，均在广西。一在今广西桂林市东七星山瑶光峰下的龙隐岩。北宋徽宗时蔡京专权，把元祐、元符间司马光、文彦博、苏轼、黄庭坚、秦观等309人列为奸党，将姓名刻石颁布天下，后徽宗下诏毁其碑。现存碑刻为南宋庆元四年（1198年）梁律据家藏旧本重刻。碑距地丈余，额有蔡京手书"元祐党籍"四字。久经风雨侵蚀，文字已模糊不清，但尚可辨认。另一块在广西融水苗族自治县真仙岩，宋嘉定四年（1211年）沈暐重刻。

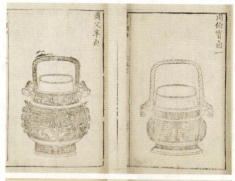

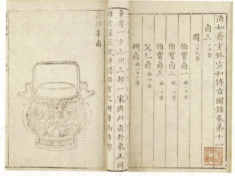

王黼等辑宋《宣和博古图》

童贯：位高权重，临敌变节

宋哲宗时期宠信宦官，内侍担任外廷职务这种事屡见不鲜。到了宋徽宗时期，这种现象更是变本加厉，内侍不仅可担任外职，还可领兵出战甚至出使外国把持朝政。

宋徽宗雅好书法绘画，于元符三年（1100年）在杭州设立明金局，专门搜集古人字画，派入内供奉官童贯（1054年－1126年）主持。这一时期，童贯与贬谪杭州的蔡京勾结在一起，大力向徽宗推荐蔡京书法作品，为蔡京重回权力中心铺好道路。蔡京复相后，感念童贯的引荐之恩，在徽宗任命自己为权发遣河州（今甘肃东乡西南）兼洮（今临洮）西沿边安抚使时，推荐童贯担任走马承受公事（负责向皇帝报告所辖地区的事情，权力极大，可干涉地方军政）的要职。之后，童贯历任入内皇城使、同措置边事（相当于监军）。

崇宁三年（1104年），童贯所率部队依次攻克鄯州（改为西宁州，今青海西）、廓州（今青海尖札西北），恢复了宋神宗时的疆域。次年四月，童贯因战功升任熙河兰湟、秦凤路经略安抚制置使，统领西北地区军政大权。大观二年（1108年）正月，宋徽宗又加封童贯为武康军节度使。童贯率领军队占领积石军（今青海贵德西）、洮州（今甘肃临洮）等地，宋军声威大震，童贯也博得能征善战的美名。

政和元年（1111年）九月，宋徽

种官职明码标价，"自通判以上皆有定价"，以中饱私囊。

王黼的所作所为引起太子赵恒（即宋钦宗）的不满，王黼觉察到这一点，竟然想撺掇宋徽宗废弃太子改立郓王赵楷。宋徽宗发现王黼与梁师成私下勾通的事情，对王黼不如以往宠信。不久，王黼罢相致仕。靖康元年（1126年）正月，金军南下攻宋，王黼私下携家眷逃走。宋钦宗将其贬为崇信军节度副使，永州（今属湖南）安置。

其时，天下人深恨王黼等"六贼"扰乱朝纲，认为如果没有他们，北宋不至于走向灭亡。开封府尹聂山（后被钦宗赐名聂昌）派人将王黼刺杀于雍丘（今河南杞县）南部，黼终年48岁。

宗派郑允中出使辽国，任命童贯为校检太尉，作为副使随行。途中，童贯收用马植（即赵良嗣），将其联女真（即后来的金国）灭辽之计上报宋徽宗。次年，宋金"海上之盟"在童贯的推进下展开。

政和二年（1112年）末，童贯升任太尉。之后，童贯因积极开边，以太尉身份兼任陕西、河东、河北路宣抚使。之后，童贯历任开府仪同三司、签枢密院事、领枢密院事，掌握着北宋最高军事大权。因童贯位高权重，当时的人把他和蔡京并称为"媪相""公相"。其间，蔡京与童贯交恶。

自西北领军到封王，童贯建功立业的真实情况与战功赫赫的表象不相符合。童贯攻打西夏时，逼迫大将刘法在未能准备完全的情况下出战，导致刘法遇伏身死，童贯却隐瞒败绩反而假作捷报上报朝廷。童贯滥用权力，不顾宋朝汉人官职不授熟羌的规定，擅自授予熟羌官职，甚至还出现节度使这样的大官。禁军有逃亡的人，只要买通童贯，就可以用改录其他军籍的办法免除死罪。童贯肆意玩弄、破坏原有军政秩序，但因其深受宠信，一手遮天，许多官员敢怒不敢言。

罢除花石纲、平定方腊后，童贯越发骄横跋扈，胆大妄为。宣和四年（1122年）三月，金国邀请宋朝按约定攻打辽国燕京（今北京），当时金国军队已侵吞辽国大部分疆域，童贯觉得消灭辽国小朝廷易如反掌，率领大军驻扎

燕京外，劝辽国归降。可是，在白沟（今河北保定白沟）遭遇辽国军队袭击时，宋军以绝对优势不战而逃。退到雄州（今雄县）时，宋军遭遇辽军二次袭击，败退。同年九月，以刘延庆为统帅、童贯监军的宋军二次进攻燕京，再次失败。为掩饰败绩，童贯以"未敢擅入"燕京为借口，请金太祖顾念海上之

宋徽宗上清道会

出自16世纪《帝鉴图说》。宋史上记，徽宗崇尚道教，曾替道士林灵素盖一座官，叫做上清宝箓宫。徽宗每临幸其地，便设大斋醮，但来的，既与斋饭，又与衬，施钱三百，叫做千道会。且令士民都入官，听林灵素讲道经。徽宗设御幄于其旁，着灵素在正面坐着高座，使人于下再拜请问。灵素所讲的，却只寻常，无奇异处。时或杂以诙谐亵狎的言语，上下哄然大笑。无复君臣严肃之礼。又令官民人等，都到这宝箓宫里传授他神霄秘箓，盖假神其术，言受此箓，可获再生富贵也。道箓院官因上表章，册号徽宗作教主道君皇帝。

盟出兵夹击辽军。十二月初,金太祖出兵,辽国投降金国。

宣和七年(1125年)六月,宋徽宗因童贯收复燕京有功,加封其为广阳郡王,成为宋代第一位活着封王的大臣,也是第一位封王的宦官。同年九月,金国以向宋朝交割云州地区为借口,筹备攻宋事宜。宋徽宗派童贯去太原与金国交涉,但金国却以收纳金国叛将张觉为借口责备童贯,还堂而皇之地告知童贯将要兴兵伐宋,要宋朝割据河东、河北地区给金国。

童贯未置可否,想要回返京师。太原守将张孝纯讥讽童贯说:"金国人违背盟约,您应号令天下军队和他们周旋,现在不管不顾地一走了之,是把河东地区放弃给敌人了。河东地区如果被敌人占领,河北地区又当如何呢?"童贯恼羞成怒,呵斥张孝纯说,自己就是来宣抚的,不是来护国守土的,如果要强留他,还要将领干什么。张孝纯叹息说:"平日里童太师威望甚高,临事却缩畏慑窜,怎么有脸见天子?"

等到童贯逃回京都后,宋徽宗已禅位给宋钦宗,钦宗下令御驾亲征,让童贯担任东京留守的职务,童贯却带领精兵径自与徽宗南逃。南逃过程中,童贯不顾亲随兵士,为逃命,竟然下令射杀他们,中箭而死的兵士100多人。此事一出,举国上下纷纷上表弹劾童贯。宋钦宗将童贯一贬再贬,终于在舆论压力下将其斩首,终年73岁。

宋·赵佶·竹禽图
图绘石崖伸出两根竹枝,两只禽鸟相对栖于枝上,用笔细腻工整,但竹子的枝叶、棘条都用色敷染而不勾勒,崖石的画法可见生拙之笔。

梁师成：伪造御书，权势滔天

梁师成（？—1126年）字守道，是宋徽宗心腹宦官之一。大观三年（1109年），梁师成以宦官之身参加科举并得中甲科进士，受到徽宗重用。政和五年（1115年），宋徽宗委任梁师成都监一职，让其监督建造明堂（帝王主持祭祀、会见使者的处所）。明堂建成后，梁师成升任节度使。之后，梁师成历任太尉、开府仪同三司。

宋徽宗极为信任梁师成，"御书、号令皆出其手"。梁师成胆大包天，居然让手下小吏模仿宋徽宗字迹，擅自伪造御书。梁师成与义子宰相王黼内外勾结，把持朝政，蔡京等人也对他极为奉承，加上可以任意颁发"御书"，梁师成在朝中权势滔天，被称为"隐相"。

宋徽宗发现梁师成与王黼私下往来的事实后，逐渐冷落了梁师成。宋钦宗即位后，梁师成没有像童贯、蔡京一样南逃，而是守在钦宗身边侍候。当时，诛杀六贼的呼声甚高，太学生陈东认为梁师成虽未私逃，但"有异志，擅定策功，当正典刑"。钦宗对是否处置梁师成犹豫不决，梁师成为自保，侍奉钦宗更加小心谨慎，"寝食不离帝所，虽奏厕亦侍于外"。钦宗有意贬谪梁师成，但碍于他时刻侍奉左右不便下诏。

靖康元年（1126年）正月末，钦宗借清点进献给金国的珠宝玉器为由，派梁师成去了宣和殿，趁机下诏任命梁师成为彰化军节度使，命令他去循州（今广东龙川西北）。等到梁师成南下到八角镇（今河南开封南）时，钦宗派人秘密将其绞杀，但对外称梁师成自杀身亡。

李彦：助纣为虐，民不聊生

李彦（？—1125年），是宦官杨戬的心腹。杨戬"善测伺人主意"，深得宋徽宗宠信，权势与梁师成相当。徽宗修建明堂、九鼎、大晟府、明德宫，都让杨戬担任提举官。

宋徽宗政和年间，杨戬主持西城所，在汝州（今属河南）以追索田主地契为名侵吞百姓土地，地契"自甲之乙，乙之丙，辗转究寻，至无可证，则度所出，增立赋租"，导致原本拥有土地的百姓一无所有，只能沦为佃户。除此之外，杨戬还将荒山废地、弃置不用的堰坝河滩强行分摊给佃户，分摊后收取租税。

宣和三年（1121年），李彦继任杨戬的职务，继续征地霸田。比起杨戬，李彦的所作所为更是变本加厉。只要他看上的良田美地，即使田主持有地契也视而不见，统统报为无主荒田归官，让田主缴纳租税。很多田主不服，当堂进行呈诉，都被李彦刑罚致死。地方官员和李彦狼狈为奸，百姓有冤无处诉，苦不堪言。

朱勔兴花石纲时，李彦在辖区内挨家挨户搜刮珍奇事物，命令百姓用耕清除"六贼"的呼声下,李彦被抄夺官位赐死,家产悉数充公。

朱勔:大肆搜刮,民怨如沸

朱勔(1075年—1126年)出身苏州药材商,家境富裕。朱勔的父亲朱冲擅于人际往来,与官吏、读书人和商人广为交往,博得良好声誉。元符三年(1100年),朱冲自筹木材建藏经阁,得到蔡京的重视。次年,蔡京奉诏回京,朱冲"谒道左,丐以(朱)勔从行",请求蔡京带着自己的儿子朱勔,给儿子一个前程,蔡京应允。回京后,蔡京推荐朱勔入仕。

因宋徽宗喜爱奇花怪石,蔡京告知朱冲让他进奉花石。朱冲依言而行,进献的奇花异石颇得徽宗欢心。在蔡京的授意下,朱勔加入军籍投入童贯麾下。朱勔能言善道,与童贯日益亲近。在童贯和蔡京的联合举荐下,朱勔得以主持苏州应奉局,专职搜集、运送花石纲。

在朱勔的纵容下,应奉局与各地官员联合对商贾百姓进行敲诈勒索,对有奇石异花的人家进行巧取豪夺,导致无数家庭破产甚至家破人亡,东南地区民怨如沸。钦宗即位后,朱勔跟随宋徽宗南逃。靖康元年(1126年)正月,钦宗将其罢官,后又分别在衡州(今湖南衡阳)、韶关(今广东韶关)、循州(今龙川西)羁管。同年九月,宋钦宗下诏处斩朱勔。

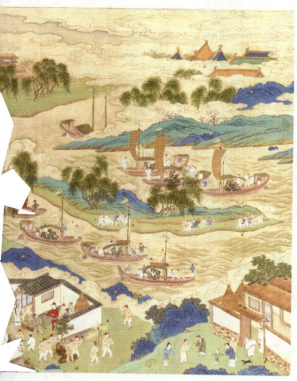

宋徽宗应奉花石

出自16世纪《帝鉴图说》。宋史上记载:宋徽宗喜欢奇花怪石。朱冲得知后,秘密地把两浙地域内珍玩异宝进献给他。宋徽宗更加喜欢奇异的花石,求贡的花石也一年比一年盛多。运送花石的船队,在淮河、汴河之间,首尾相接,络绎不绝。号作"花石纲"。宋徽宗又在苏州设置了应奉局,让朱冲的儿子朱勔总领这件事。就这样山岩之上,湖泽之上,全都搜捡遍了,连最隐蔽的地方也没漏下。凡是士人百姓家中,有一块石、一棵树,稍微能够玩赏的,立即有应奉局官员率领健壮的兵卒冲入家门,用黄帕盖上,指为皇帝御用之物。等发运时,一定要拆屋毁墙,把它搬去。掘山剃景,推车运石,督促工程极其惨酷苛刻。纵然是在深不可见的江湖底下,也要千方百计地取上来,定要得到才肯罢手。如果百姓摊上这种苦役,大多破产,或是被迫卖儿卖女,以供其需。

田的牛拉车运送。因耕牛被征用无法种田,继而无以为生自尽身亡的百姓不计其数。靖康元年(1126年)正月初,在

北宋·钧窑月白釉紫斑长颈瓶

小口,细长颈,斜肩,圆腹下垂,圈足无釉露胎。瓶身施青釉,色呈淡蓝闪青,并有大片的紫色窑变,犹如夕阳下天空中的色彩变幻。此瓶线条优美,造型端庄,胎质细腻坚实,釉色厚匀,浓淡有致,珍贵异常。现藏于英国大维德基金会。钧瓷历来被人们称为"国之瑰宝",以瑰丽的釉色而著称。北宋的钧瓷非常名贵,自古以来就有"黄金有价'钧'无价""纵有家产万贯,不如钧瓷一件"的说法。

北宋宣和年间

……宋江起河朔，转略十郡，官军莫敢撄其锋。

——《宋史·张叔夜传》

宋江、方腊起义

北宋末年，政治腐败，六贼横行，统治阶级和农民阶级的矛盾日益尖锐，农民起义事件时有发生。其中，最具代表意义的要属宋江、方腊起义。二者一被招安一被剿灭，结局不同却均反映出农民起义在当时社会环境中的先进性和局限性。

时间
北宋宣和年间

起义领袖
宋江、方腊

在位皇帝
宋徽宗

结果
宋江被招安，方腊被剿灭

影响
《水浒传》创作

宋江：史书不传的传奇人物

宋徽宗宣和年间，河北、山东一带爆发了以宋江为首的农民起义。据《宋史》记载，宋江"以三十六人横行齐、魏"。宋江起义军的日益壮大引起北宋朝廷的恐慌，宋徽宗多次派兵围剿未果。亳州（今安徽亳州）知州侯蒙认为，宋江能够号令少数乌合队伍战胜数倍于自己的官兵，可以证明他"才必过人"，不如招安他为朝廷所用，"使讨方腊以自赎"。宋徽宗听从侯蒙的建议，派将领张叔夜去招安宋江。

其时，宋江锋芒正盛，率领部下奔赴海州（今江苏连云港）。张叔夜派探子探明宋江叛军的动向，秘密招募死士1000人，在海州城边设伏，又在海边埋伏好精锐部队。趁两军交战之际，张叔夜埋伏在海边的精锐烧掉宋江

"及时雨"宋江
清代张琳绘工笔重彩《水浒人物图传》中的"及时雨"宋江形象。宋江（1073年—1124年），字公明，北宋宣和年间民变首领，后来投降宋朝。后来成为章回小说《水浒传》主角。宋江在小说中是梁山泊义军之首，为天罡地煞排名第一位的天魁星，绰号呼保义，又号及时雨。为人重义，名扬江湖，受各地草莽仰慕。

战船,宋江叛军慌乱不知所措,斗志全无。死士们立即发动攻击,击溃宋江叛军并活捉叛军副首领。无奈之下,宋江投降。

据《三朝北盟会编》和杨仲良《续资治通鉴长编纪事本末》记载,宋江投降后,被朝廷编入童贯所将队伍,一同去征讨方腊,但《宋史》中对宋江是否征讨方腊并无相关记载。

或许是宋江"叛逆"的身份,史书对其没有列传,他的名字在史书中出现的次数寥寥可数。在民间,他的事迹却被人津津乐道。明初才子施耐庵将宋江义军的传说集辑成书,演绎成著名小说《水浒传》,宋江曾聚义过的水泊梁山也成为历史名胜。

方腊:褒贬不一的义军领袖

北宋末年,朝廷大兴生辰纲,以致民不聊生,怨声载道。睦州(今浙江杭州建德)人方腊借此机会,组织贫困潦倒、流离失所的百姓揭竿而起。据《宋史》记载,方腊号靠"鬼神诡秘事"聚拢人心,以宗教手段诱惑百姓入伍。唐朝永徽年间,睦州曾出过自称文佳皇帝的陈硕真(女)起义,有了这件事在先,方腊对自己起义之事颇有信心。宣布起义后,方腊自称圣公,建立年号永乐,设置官吏结构、将帅等级,用佩戴的头巾区分官阶大小。

仅仅10天,方腊义军已聚集百姓数万人。方腊军气势极盛,继在息坑杀死蔡遵后,又陆续占领青溪、睦州、歙州。方腊领兵有方,派部下向南北方向分头进击宋军。很快,南下义军攻克衢州,郡守彭汝方战死;北上义军攻克新城、桐庐、富阳等县,杭州郡守见势不妙,弃城逃走,将杭州拱手让给义军。

义军占领杭州后,放火整6天,烧伤、烧死者不计其数。因义军将士大多受过宋朝官吏的苛待,他们对付俘虏官吏的手段极为残忍,"断脔支体,探其肺肠,或熬以膏油,丛镝乱射",非得如此做才能抒解胸中怨气。

方腊声威日盛,东南各个郡县纷纷告急。可王黼为粉饰天平,竟然私自截取战报,导致方腊军短期内迅速发展壮大,攻城掠地势如破竹。

宋徽宗闻讯后,派遣童贯等人率军镇压。童贯顺应民意,罢除花石纲,撤销应奉局,民怨略微有所缓解。紧接着,童贯率军收复秀州,将方腊军队逼至杭州。方腊见势不妙,再次火烧杭州,将官邸、府库、民宅付之一炬后,带领部众趁夜脱逃。

之后,宋朝各路将领率兵追剿方腊,收复被方腊军占领的城池,在清溪梓桐洞中生擒方腊一家及其所封的心腹重臣,杀死义军兵士7万多人。

宣和四年(1122年)三月,方腊残部全部被剿灭。方腊被押解回京都后,朝廷将其斩首示众,后世对其褒贬不一。褒扬方腊者主要嘉许他起义的气魄和果敢,贬抑方腊者主要不屑他的嗜杀和残忍。

1126年—1127年

庚申，徽宗诏皇太子嗣位，自称曰道君皇帝，趣太子入禁中，被以御服。泣涕固辞，因得疾。又固辞，不许。辛酉，即皇帝位，御垂拱殿见群臣。

——《宋史·钦宗传》

靖康之耻

"靖康耻，犹未雪，臣子恨，何时灭！"这是南宋名将岳飞在《满江红》中书写的千古名句。对许多汉人来说，靖康之耻造成的伤痛不仅来自国家覆亡，更因为宋朝君臣一味求和、自取其辱的可耻。这个国耻宋朝用了百年之久才得以雪洗。

时间
1126年—1127年

结果
金军攻克宋朝都城汴京，徽宗、钦宗被俘；
北宋王朝府库蓄积为之一空；
金兵所到之处，生灵涂炭

影响
北宋灭亡，宋室南迁
南宋和金国形成南北对峙

宋钦宗像
宋钦宗赵桓（1100年—1156年）宋朝第九位皇帝，宋徽宗赵佶长子。赵桓受父宋徽宗禅让后即位为皇帝，是为宋钦宗，改元靖康。即位后立刻贬蔡京、童贯等人，然后重用李纲抗金。后来听从奸臣谗言，罢免了李纲，向女真求和。金国趁此机会于靖康二年（1127年）南下渡黄河破宋京开封，史称"靖康之变"。

"收复"燕云

尽管宋辽两方长期视对方为敌国，但毕竟在澶渊之盟后维持了长达百年的边境安宁。期间，东北地区的女真族崛起，建立金国，先后攻占辽国的东京辽阳府、上京临潢府。消息传来，北宋君臣认为辽国必亡无疑，顿时起了收回已经失去两百年的燕云诸州的念头，于是派遣使者以买马为名，从登州渡海前往辽东半岛，终于在宣和二年（1120年）与金国缔结了联合灭辽的战略同盟。

盟约规定：宋金两国地位平等，南北夹击辽国，长城以北的中京由金国负责攻取，燕京则由宋朝出兵占领。事成之后，燕云十六州归宋所有，作为代价，宋需将原来献给辽的岁币转送给金。

亡国之君

宋徽宗在被俘后有一首诗词流传很广:"彻夜西风撼破扉,萧条孤馆一灯微。家山回首三千里,目断天无南雁飞。"凄凉之感跃然纸上。两位皇帝被金国分别起了一个侮辱性封号,昏德公和重昏侯。在受尽屈辱后,徽宗于金天会十三年(1135年)死于五国城,钦宗正隆元年(1156年)在燕京病死。

原以为夺取燕云十六州变得轻而易举,却没料到辽军抵挡不住金兵的进攻,却毫不惧怕与腐朽不堪的宋军作战,北宋两次出兵攻打燕京均被打得大败。这时,女真人早已按照事先约定攻克中京,在一旁冷眼看着宋军的羸弱不堪。最终,在宋朝的请求支援下,金太祖亲率大军攻克燕京,最终灭亡了辽国。

金国的态度开始变得傲慢而强硬,表示不再把燕云诸州交给北宋。经过双方讨价还价,只答应把燕京及其所属的六州二十四县交给宋朝,同时勒索到了大量财物。在撤军时,金兵却把占领地区的财物席卷而去,把几座空城留给宋朝接收。

宋朝的腐朽虚弱暴露无遗,徽宗却自我陶醉,无一胜绩反而大肆庆贺收复燕云,百官纷纷上表祝贺,王黼、童贯、蔡攸等人都作为功臣一一加官进爵,朝廷还专门命人撰写、篆刻《复燕云碑》来歌功颂德,仿佛太祖、太宗未竟的伟业,竟由他完成了。

金太祖在率军撤离燕京时曾经抛下的那句话早被宋朝君臣忘在了脑后:二三年内我们必将夺回燕云!这句话的分量很快就得到验证。

两次攻宋

宣和七年(1125年)的一天,惊慌失措、懊恼悔恨的宋徽宗拉着亲信蔡攸的手说:"没想到金人会这样!"说着便一时气塞,昏倒在了床前。群臣赶忙施救。等皇帝缓缓苏醒,他随即索要纸笔,写道:"太子可即皇帝位,我以太上皇的身份退居龙德宫。"

究竟是什么事情能把堂堂一国之君逼到如

金太祖完颜阿骨打雕像
完颜阿骨打(1068年—1123年),汉名完颜旻,金朝开国皇帝。按出虎水(今黑龙江哈尔滨东南阿什河)女真族完颜部首长乌骨乃之孙,劾里钵之次子,完颜部首领,金朝的建立者。善骑射,力大过人。在位9年,终年56岁。

此窘迫的境地呢？

这时的徽宗一定会后悔自己与女真人所做的一切合作，也更想回到两年前重新考虑自己的所作所为。

宣和五年（1123年），金太祖病死，太宗即位，原属辽国、后来投降的将领张觉带着自己控制的平、营、滦三州归顺宋朝。有人认为宋朝不应背约失信以免自找麻烦，建议严词拒绝，徽宗不听。

金国果然以招降纳叛为由向宋朝问罪。宋徽宗指示不要交人，但在金国催促威逼之下，暗中杀了一个长相类似张觉的人顶包，被识破后又怕对方兴师问罪，秘密杀死张毂送给了金国。燕云地区的汉人对宋朝出尔反尔、薄情寡恩的做法无不感到寒心失望。

宣和七年（1125年）金国以张毂事件为借口分兵两路，南下攻宋。金兵长驱直入，渡过黄河向东京进军。形势危急之下，徽宗宣布传位给太子赵桓，第二年改用新的年号"靖康"。自己则以"烧香"为名，只带蔡攸和几个贴身侍从，连夜逃出东京，打算到南方避祸。

这一次，因为抵抗派李纲组织宋军英勇抵抗而未能破城。大将种师道命令3万精锐军队尾随退却

的金军，等敌人正在渡河时"半渡而击之"，消灭尚且留在南岸的一半，将金国精锐打残以除后患。李纲也建议命令各部队一有机会就立即追击杀敌。但朝廷内部的投降派派人在黄河边上树立大旗，严令不得绕过大旗赶金军，否则一概处死。种师道又建议集合大军驻屯黄河两岸，防止金军再次渡河，投降派以"万一金军不来，这笔巨大开支就会被浪费"为理由而拒绝。种师道因气愤而生病，很快去世。李纲则被外调，远离了权力中心。

第二次就没有这么幸运了。金军经过一个夏天的休整，再次南侵。由于宋军没有认真做军事上的准备，东西两路金军没有遇到什么像样的抵抗，便顺利会师开封城下，不久攻破。

靖康二年正月，金军利用和谈的机会，先后把徽宗、钦宗拘留在军营，后来金太宗下诏将宋朝的两位皇帝全部废为庶人，四月初一俘虏徽宗、钦宗和后妃、皇子、宗室3000多人北撤。汴京城内的财物也被搜罗一空。

北宋从此灭亡，后世将这次空前的国难称为"靖康之变"。

李纲像

李纲（1083年—1140年），字伯纪，两宋之际抗金名臣，民族英雄。与赵鼎、李光和胡铨合称"南宋四名臣"。

宋·赵佶·文会图

宋徽宗赵佶一生爱茶,常在宫廷以茶宴请群臣和文人,时常还亲自动手烹茗、斗茶取乐。此画作描绘了文人们在庭院饮酒赋诗的聚会场面。老柳古槐下,大家围案而坐,案上的盘碟酒肴排列有序。案旁坐饮者、交耳相语者、顾盼者、持具侍者共18人,另有两人树下立谈。现藏台北"故宫博物院"。

> 北宋

东坡在玉堂日,有幕士善歌,因问:"我词何如柳七?"对曰:"柳郎中词,只合十七八女郎,执红牙板,歌'杨柳岸,晓风残月'。学士词,须关西大汉,铜琵琶,铁绰板,唱'大江东去'。"东坡为之绝倒。

——《吹剑录》

群星荟萃的北宋文坛

北宋文学涵盖词、诗、散文、话本小说、戏曲剧本等诸多成就,其中以词的创作成就最高,诗和散文次之,话本小说则在元明清时期达到鼎盛。在理学思潮的影响下,文学作品开始注重儒家的说教功能,但反映市井生活的词最终推动着文学从"雅"向"俗"转变。

主要成就

词、诗、散文、话本小说、戏曲剧本

代表人物

宋词婉约派:晏殊、柳永、秦观、周邦彦;
宋词豪放派:苏轼;
散文:唐宋八大家之欧阳修、苏洵、苏轼、苏辙、王安石、曾巩
话本小说:《京本通俗小说》《清平山堂话本》

主要特点

高度繁荣,数量巨大;
从"雅"向"俗"转变,反映市井生活和市民文化

北宋·黄庭坚·教审帖

《教审帖》亦称《与立之承奉书》,行草,凡9行,81字。书于元祐三年(1088年)左右。钤有"缉熙殿宝""友古轩"等印记。《石渠宝笈初编》《故宫书画录》等著录。

位卑未敢忘忧国

宋代是继唐代之后的又一个诗歌高潮的时代。尽管至今没有一部《全宋诗》问世,但宋诗的总量无疑超出唐诗好几倍。宋代诗人一生大都勤奋写作,苏轼现存2700多首诗,杨万里4000余首,陆游达近万首之多,远远超过唐代李白近千首、杜甫1400多首的数量,这充分说明了当时诗歌创作的盛况。

黄庭坚以"不俗"为诗歌创作的理想境界,强调博览群书,只有"胸中有万卷书"才能做到"笔下无一点尘俗气"。在他的影响下,我国文学史上第一个拥有正式名称的诗文派别逐渐形成,这就是所谓的"江西诗派"。他们以杜甫为祖,以黄庭坚、陈师道、陈与义为宗,主要吟咏书斋生活,重视文字的推敲。

宋诗缺乏唐诗那种追求远大理想的积极开拓、斗志昂扬的精神,往往悲伤愤慨多于壮歌。这与宋朝从开国到灭亡一直处在少数民族政权侵扰和威胁中的现实密切相关。即使是手无缚鸡之力的文弱书生,也对统治者一再丧师失地、屈辱求和的行为强烈不满,因此,爱国诗歌在宋朝大放异彩,折射着文人的时代担当:有路振在《伐棘篇》对国耻国难的慨叹:"索头丑奴搔河壖,朔方屯师连七年",有苏舜钦在《庆州败》中对懦弱宋军败于西夏的愤恨:"马肥甲重士饱喘,虽有弓剑何所施。连颠自欲堕深谷,虏骑笑指声嘻嘻",有苏轼在《和子由苦寒见寄》等与强虏对阵的渴望:"庙谋虽不战,虏意久欺天。山西良家子,锦缘貂裘鲜。千金买战马,百宝妆刀环。何时逐汝去,与虏试周旋。"

以文载道,以诗为词

明代文学家宋濂说:"自秦以下,文莫盛于宋。"在"唐宋八大家"

柳永纪念馆
柳永纪念馆位于武夷山风景名胜区武夷宫古街中段,一曲溪北岸,是仿宋民间建筑,占地300米,坐南朝北,有展厅及办公室、储藏室、茶室等设施。风格朴实素雅,极富乡土气息。

中，宋代就占了六位，包括欧阳修、苏洵、苏轼、苏辙、曾巩、王安石。300年间出现了众多著名散文家和经典散文作品。欧阳修以文坛领袖的身份推动着古文革新运动，强调的"文以载道"，关心社会百态；在遣词用句方面主张避难取易，力求平易自然，与唐代韩愈追求词藻华丽、用字险难迥然不同，因此开一代之风气。曾巩坚持"畜道德而能文章"的宗旨，他的散文平正通达，在艺术性上次于欧阳修。著名改革家王安石也擅长散文，说理深刻透彻，句句精辟。

在散文方面继欧阳修之后领导古文革新运动并取得完全胜利的，是苏轼；打破诗词界限，以诗为词、开辟了词的新境界的，也是苏轼。

苏轼对词进行了全面的改革，最终使词从音乐的附属品摇身一变成为独立的抒情诗体。他主张诗词同源，本属于一体，将词提高到了与诗同等重要的地位，这就在理论上破除了诗尊词卑的观念。他认为词品与人品相一致，让洋溢着进取精神、远大理想的仁人志士昂首走入词的世界，开豪放派之先河。

当然，再乐观豁达的强人，也会在怀念故人时陷入难以自已的哀伤，正如苏轼在《江城子·乙卯正月二十日夜记梦》中流露出的深沉悼念。

徘徊在雅俗之间

要说以词抒情，婉约派代表柳永在这方面的功力恐怕不在苏轼之下。

"伫倚危楼风细细。望极春愁，黯黯生天际。草色烟光残照里，无言谁会凭阑意。拟把疏狂图一醉，对酒当歌，强乐还无味。衣带渐宽终不悔，为伊消得人憔悴。"在《蝶恋花》中，柳永采用"曲径通幽"的表现方式抒情写景，把漂泊异乡的落魄与怀念意中人的缠绵结合在一起写，结构精巧，语言绮丽，有一种柔婉之美，成为婉约词的经典之作。

大中祥符二年（1009年）科举在即，柳永踌躇满志地进京，自信定会高中状元。结果宋真宗专门颁布诏令，凡撰写诗文华而不实者一律不予录取。落第的柳永在愤慨之下写了一首词《鹤冲天》，发泄牢骚和不满："忍把浮名，换了浅斟低唱！"

虽然柳永自称"白衣卿相"和"奉旨填词"，但他内心并未真正放弃科举出仕的希望，后来仍三次参加考试，均不幸落榜。直到景祐元年（1034年）仁宗亲政，特别开设恩科，柳永闻讯后立即从鄂州赶赴京师，终于与兄长柳三接同登进士榜，心中喜悦不已。

或许，与柳永在政治与市井中徘徊反复一样，整个宋代文学也恰恰处在从"雅"到"俗"的转变过程中，从局限于社会中上层的文人文学转向关注社会下层的通俗文学。

北宋灭亡后，国难家仇给南宋文学缠上了一缕"剪不断、理还乱"的忧伤情怀，陆游的诗，辛弃疾、陈同甫的词，无不充斥着收复失地的壮志与报国无门的遗憾；南渡之后的李清照词风也为之一变。最终，文天祥以"惶恐滩头说惶恐，零丁洋里叹零丁。人生自古谁无死，留取丹心照汗青"的诗句，为宋代诗坛增添了最后的一道光辉。

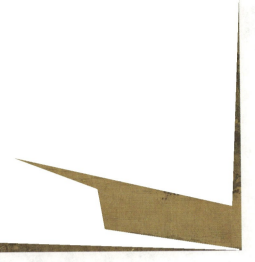

西园雅集图卷（局部）
南宋马远绘。西园是北宋驸马都尉王诜的宅第花园。王诜（1036年—？），幼好读书，长有才誉，被神宗选中，将英宗的女儿嫁给他，官驸马都尉。王诜好书画，家有宝绘楼，收藏法书名画，精于鉴赏，苏轼为之记。广交苏轼、黄庭坚、米芾、秦观、李公麟等众多文人雅士，"析奇赏异"，酬诗唱和，却"十年不游权贵门"。元祐二年（1087年），王晋卿在西园宴集以苏轼为首的16位文人高士，一起作诗、绘画、谈禅、论道。他们是：苏轼、王晋卿、蔡天启、李端叔、苏辙、黄庭坚、李公麟、晁补之、张耒、郑靖老、秦观、陈碧虚、米元章、王仲至、圆通大师、刘巨济，史称"西园雅集"。

盛世珍品《清明上河图》

《清明上河图》由北宋画家张择端绘于北宋后期的汴京，形象描绘了汴京城市架构和风土人文景象，首开风俗长卷、全景式绘画先河，是中国乃至世界宝贵的文化珍品。

《清明上河图》长528.7厘米，高24.8厘米，全幅以绢为底，采用半工笔半写意手法，描绘了清明时节在汴京城郊一带的风俗活动及城内市井风貌，生动表现出普通劳动人民的生活和意趣，开拓了人物画从贵族、佛像向平民转化的新境界。

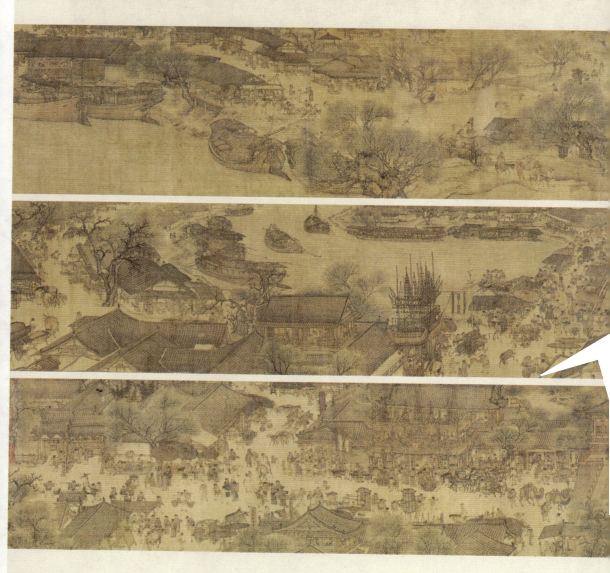

整张画卷由汴京郊野春光、汴河码头、汴京市区街道三部分组成，全图人物和景色完美交融，熟练运用虚实、疏密、动静等艺术手法，巧妙处理各种要素之间的关系，具有极高的艺术成就，为此后历代绘制的都市风俗画提供了参照蓝本。

南宋

1127年—1279年

靖康耻，犹未雪；臣子恨，何时灭
奈何偏安处依旧长袖弦歌，贪安醉生
恨铁马冰河只能入梦，气吞万里入虎空惆怅
程朱理学，鼎盛绘画
在书画诗词中奏鸣着时代的音符
在民族危亡中浩显铮铮铁骨

1127年—1132年

……所行益穷,所投日狭,天网恢恢,将安之耶?是以守则无人,以奔则无地,一并彷徨,跼天踏地,而无所容厝,此所以朝夕喁喁然,唯冀阁下之见哀而赦己也。

——《建炎以来系年要录·卷二十六》

建炎南渡

靖康之难,宋徽宗和宋钦宗都成了金人的俘虏,同时被掳走的还有众多帝后嫔妃、皇室宗亲和官吏大臣。一时间京城浩劫,赵宋王朝岌岌可危。然而天不灭宋,还有一位徽宗之子康王赵构留在了中原,成为皇位最有资格的合法继承人……

时间
1127年—1132年

背景
金兵攻占汴京,掳走徽、钦二帝

经过概述
赵构在北宋陪都之一商丘称帝,又一路南逃到杭州,建立起南宋政权

意义
延续了宋王朝150余年,维持了南方的稳定和繁荣

民间传说
泥马渡江

宋高宗赵构像
宋高宗赵构(1107年—1187年),字德基,在位35年。精于书法,有《翰墨志》《草书洛神赋》传世。

商丘即位

康王赵构(1107年—1187年)本是宋徽宗第九子,宋钦宗赵桓的弟弟,靖康之难时年仅20岁。靖康元年(1126年)金兵第一次兵临城下逼近京师汴梁时,赵构曾以康王的身份到金兵营中,作为人质换取和谈,随行的正是时任少宰的张邦昌。而且赵构当时的表现过于镇定,让金军主帅完颜宗望怀疑他不是皇子,要求宋朝改换真正皇子前来。宋钦宗只好派肃王赵枢前去充当人质,赵构才得以脱身。而赵枢却终被金人掳走,四年后死去。

这年的冬十一月,金人要求赵构再入金营做人质议和,赵构奉命向河北进发,途中却在宗泽的劝说下留在磁州(今河北磁县一带),免除了成为金人阶下囚的祸患。到闰十一月,宋钦宗下密诏加封已经到了相州(今河南安阳)的赵构为河北兵马大元帅,主持抗金大局,同时希望他招募军队入京勤

王。不过赵构虽然派出宗泽到澶渊（今河南濮阳），自己却去了东平，接着又到济州（今山东济宁一带）。

及至靖康二年（1127年）三四月间，金军次第撤兵，徽、钦二帝也已被金人掳走，赵构才从济州向西进兵前往商丘。商丘是北宋陪都之一，称南京应天府。赵构到南京之后，受到文臣武将的拥戴，又得到哲宗孟皇后的支持，终于五月登基当上了皇帝，即宋高宗，并改年号建炎，是为建炎元年。

南迁避战

赵构即位改元称帝，依然面临着与金国是战是和的选择。当时他为了凝聚力量，重用了包括宗泽在内的一批主战派将领，还征召众望所归的重臣李纲入朝，任命他为宰相。与此同时他又重用主和派黄潜善、汪伯彦等人，把这二人也升为宰相，架空和钳制李纲。

在这段时间里，各地纷纷有义军起兵配合官军与金兵作战。留守东京汴梁的宗泽一方面联络各地义军壮大抗金力量，另一方面力劝宋高宗赵构回京以作号召，然后再徐图收复失地，救回徽、钦二帝。李纲也坚决主张皇帝应该留在中原地区直接指挥对金国的战事。但是黄潜善和汪伯彦却建议赵构南迁。赵构同意了后者，引起了李纲的坚决反对，但很快李纲就在张浚的弹劾下被罢相。又过了不久，赵构下令杀死为李纲鸣不平的太学生陈东和批评他寻欢作乐的布衣百姓欧阳澈，打破了太祖赵匡胤定下的"不杀士大夫与上书言事人"的誓约。

到这年十月，赵构坐上龙舟开始南迁，沿着淮河流域经泗州（今安徽泗县）、楚州（今江苏淮安楚州区）"巡幸东南"，并于当月到达扬州。

行在临安

同年十二月，金人大举南侵，意图消灭新建立的南宋。此时抗金形势不错，民间义军蜂起，各地抗金武装在宗泽的率领下抵挡住了金军，保全了东京汴梁和黄河以北的大部分土地。宗泽更多次上书要求宋高宗率领宋军主力返回东京，组织北伐。然而宋高宗根本不理宗泽的主张，结果错失良机，致使宗泽忧愤成疾，病死在开封，各地义军也纷纷瓦解，金军更于建炎三年（1129年）冬长驱直入杀奔扬州，来追击宋高宗。

宋高宗一路逃亡，从扬州到临安（今杭州），从临安到越州（今绍兴），从越州再到明州（今宁波），最后竟撤到温州，躲在海上四个月，才总算逃过一难。

建炎四年（1130年）三月金军北撤，又在黄天荡和建康（今南京）遭到韩世忠和岳飞两军拦截阻击，狼狈撤回中原，赵构这才回到大陆，在越州休整了一年多后迁往临安，并把那里定为行在（皇帝临时驻跸的地方），做了南宋首都。宋室南迁才算完成。

> ▶ 1130年

……战将十合,梁夫人亲执桴鼓,金兵终不得渡……世忠与二酋相持黄天荡者四十八日……是役也,兀术兵号十万,世忠仅八千余人。

——《宋史·韩世忠传》

黄天荡之战

建炎三年(1129年)冬,金军南下,一路夺建康、临安、越州、明州,迫使宋高宗逃亡到海上。但完颜宗弼孤军深入,遭到江南汉人的激烈抵抗,且金人不服江南水土,难以持久作战,只好于次年二三月间撤军返回中原。而此时韩世忠已陈兵镇江,准备"尽死一战"。

时间
1130年

双方指挥官
南宋:韩世忠、梁红玉
金国:完颜宗弼(金兀术)

战役概况
韩世忠围金军于黄天荡,完颜宗弼火攻脱身

结果
黄天荡一战迫使金军放弃渡江南侵的战略,使得金国被迫与南宋隔江对峙

轶事典故
桴鼓亲操

大战困敌黄天荡

南宋中兴名将韩世忠此时的职务是浙西制置使,率军镇守在镇江一带。当金兵南下锋芒正盛时他被迫退守江阴,但他预料到金兵必然会后撤,于是连皇帝召见他都不去,重新进兵镇江,收降了金将李选,待到完颜宗弼撤到长江南岸时,他已经屯兵在镇江东北江中小岛的焦山寺了。

完颜宗弼发现韩世忠拦住了他的归途,但觉得宋军兵少根本没在意,就派使者给韩世忠送信,约定日期开战。韩世忠慨然应诺。

韩世忠像
韩世忠(1089年—1151年),字良臣,绥德州(今陕西绥德)人,南宋名将。身材魁伟,勇猛过人,英勇善战,胸怀韬略,在抗击西夏和金的战争中为宋朝立下汗马功劳。为官正派,不肯依附奸相秦桧,曾为岳飞遭陷害而鸣不平。

到了约定的日期，金兵向封锁江面的宋军发起猛攻想夺路渡江。宋军顽强阻击，梁夫人更亲自击鼓激励将士。双方多次激战，不擅水战的金军始终无法渡江，只得沿江向上游寻找机会，却又因不熟悉地理误入黄天荡，被韩世忠率军堵住港口，围困在其中。

被困黄天荡的完颜宗弼大惊，愿意把金兵一路劫掠来的财物全都归还给韩世忠，又承诺向韩世忠奉献名马，乞求韩世忠退兵让路，但都被韩世忠断然拒绝了。

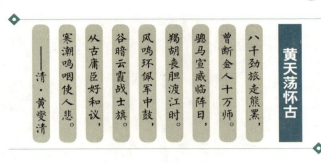

黄天荡怀古

八千劲旅走熊罴，
曾断金人十万师。
骢马宣威临阵日，
羯胡丧胆渡江时。
风鸣环佩军中鼓，
谷暗云霞战士旗。
从古庸臣好和议，
寒潮呜咽使人悲。
——清·黄燮清

这时完颜宗弼本拟向西奔建康，却遭到岳飞率军阻击。而此前岳飞一路从后追击金军，先后在镇江以东和清水亭两处地方取得大捷，威震敌胆。这使得完颜宗弼不敢西进，只好又退回到黄天荡一带，谋划再次从此渡江，与孛堇太一合兵退往淮西。

三军对峙暗开渠

韩世忠以少量兵力围困住完颜宗弼号称10万的金军，虽处于优势却无法歼敌。与此同时屯驻在潍州（治今山东潍坊）的金左监军完颜昌（《宋史》称挞懒）遣孛堇太一率军赶来接应完颜宗弼，驻军于长江以北。就这样，金军一部在黄天荡，一部在江北，而韩世忠独率宋军封锁江面，形成三军对峙的局面。

完颜宗弼身陷绝境，求和不能，感到有全军覆没的危险，急于寻找出路。这时有人向他献策，建议掘通淤塞的老鹳河河道。于是完颜宗弼派兵开渠，据说在一夜之间开通了30里河道，率军突出重围，反而到了宋军上游。

杭州翠微亭

杭州翠微亭在西子湖畔飞来峰半山腰。绍兴十二年三月五日，离岳飞被害仅两个月零五天，在灵隐禅院的正南，飞来峰半腰，韩世忠建起了一座石亭，因为岳飞曾作过《登池州翠微亭》一诗，故取名"翠微亭"。

韩世忠《高义帖》

书法学苏轼，结体端正，用笔丰润。《宋史》称韩世忠在绍兴十一年（1141年）四月解除兵权，帖中所说"以私家身物，悉进朝廷"，正与此相合，故此帖当作于适时，韩氏53岁。

由胜转败败亦荣

此时韩世忠已经丧失了对完颜宗弼的围堵之势，但却依然坚守江面继续阻截金军，誓要杀灭贼寇。

韩世忠敢于在江上拦截金军，凭借的是宋军擅长水战且使用的都是海战战船，船体大而坚固。他曾挑选骁勇健壮的士兵，用铁链连起的铁钩在交战时钩住金军的小战船拉扯，把船侧翻，打得金军大败。

然而宋军海船靠帆行驶，无风难以行动。于是又有人向完颜宗弼献策，让他在金军战船底层填土增加稳定，选无风天出战，并用火箭攻击宋军战船的风帆。完颜宗弼采纳了计策，设祭祭天，第二天果然停止刮风，于是金军轻舟齐出，发射火箭，烧毁宋军战船，烧死烧伤宋军将士无数，宋将孙世询、严允战死。韩世忠只好退兵回镇江，完颜宗弼得以渡江北撤，退回了中原。

黄天荡一战韩世忠虽然最终败绩，但他围困金军主力于黄天荡，两军对峙达48天，给金军以重创，在战略上实际已经达到了拖延金军北撤、威吓金人的目的。而韩世忠能够以8000人的少数兵力阻截金军10万之众并几乎取胜，也是虽败犹荣。尤其是金军经此一役不敢正视江南，韩世忠可谓功过于失。而黄天荡之战也足以成为军事史上的经典战例。

梁夫人击鼓抗金兵

据《宋史》记载，黄天荡一战中，韩世忠的夫人梁氏所起的作用也不容小视。梁夫人是韩世忠将军的继室，后世传说名叫梁红玉，但并不见于正史，应为虚构。

根据史料记载，这位梁夫人曾协助丈夫韩世忠平定苗刘兵变，扶保被短暂废帝的宋高宗赵构复辟，夫妇二人双双立下大功。她还长期随军，参赞军事，在戎马之中与丈夫共同抗击金军，堪称巾帼英雄。

正是这位梁夫人，在韩世忠率军与完颜宗弼大军激战之际登上楼船冒着箭雨亲自击鼓，使得宋军士气大振，一次次挡住金军的猛攻，挫败了完颜宗弼强行渡江的计划。

梁夫人像

梁夫人（1102年—1135年），是中国宋朝抗金女英雄，名将韩世忠之继室，即野史小说所称梁红玉。史书中不见其名，只称梁氏。

1131年

……桧两据相位，凡十九年，劫制君父，包藏祸心，倡和误国，忘仇斁伦。一时忠臣良将，诛锄略尽。

——《宋史·秦桧传》

秦桧拜相

在经历了一连串的逃难生涯后，宋高宗赵构早已"闻金色变"，再不提"与金人决战"。而此刻南宋方面主战派呼声依然很高，朝廷未曾定下明确的和议政策和目标。秦桧的出现应和了宋高宗主和心理，受到高宗重用。

时间
1131年

原因
被掳往金国的秦桧回归南宋，力主和议，受到宋高宗的信任和重用，拜为宰相

影响
促成宋金议和、南宋苟安的局面；为保荣华，极力贬斥抗金将士；结纳私党，斥逐异己，屡兴大狱

秦桧（1090年—1155年），字会之，江宁（今南京）人。他在北宋后期宋徽宗政和五年（1115年）得中进士，累官至太学学正。当靖康之难时，秦桧算不上坚决的主战派，但他也不主张大宋过于妥协，而且认为割地不可太多，守御不能松懈，和议和接见金使要有礼有节，后来更坚决反对继续割让土地给金国，反对拥立张邦昌为皇帝，表现出一定的气节和见地，逐步升任御史中丞。

然而秦桧大约也因此被抓到金营，并与孙傅、张叔夜等人一同随徽、钦二帝被押送燕山，后来又

秦桧《深心帖》
秦桧《深心帖》书于宋绍兴十二年（1142年）之末。前一年秦桧用冤狱杀害了岳飞，是年向金纳币称臣，高宗竟被金封为"宋帝"。秦桧于书此帖前三月刚进太师魏国公，帖字体现出其志满意得、飞扬跋扈之气。

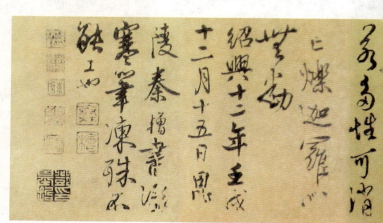

至韩州（约在今辽宁昌图及吉林梨树一带）。在金国，秦桧为宋徽宗润色修改写给完颜宗翰的和议书，又曾以重金贿赂完颜宗翰，后被金太宗完颜晟赐给完颜昌听用。

建炎四年（1130年）完颜昌率军攻打山阳（今江苏淮安区），秦桧随军。而就在这一年十月，秦桧带着妻子王氏和仆从婢女一家人回归南宋来见宋高宗。这时他的主张已经改变，提出"如欲天下无事，南自南，北自北"。希望南宋与金国能以长江为界划江而治，互不相犯。秦桧还拿出他为宋徽宗润色修改的和议书作为凭据，证明这本是宋徽宗的主张。

其实，秦桧的骤然归国本就令人生疑。许多朝臣提出疑问，秦桧与多位被掳金国的大臣同被囚禁，他为何能独自逃回呢？而且他本人自称是杀死监视他的金人抢船而回，然而为什

秦桧像

秦桧（1091年—1155年），字会之，江宁（今南京）人。政和五年（1115年）进士，补密州教授，曾任太学学正。北宋末年任御史中丞。靖康之祸后随同徽、钦二帝被掳到金国，宋高宗建炎四年（1130年）回到南宋。此后出任礼部尚书，两任宰相（右仆射、同中书门下平章事兼枢密使），独揽相权19年。因其任上力主对金议和，并杀害抗金将领岳飞等，被民间广泛视为汉奸、卖国贼。

么他一路上没有遇到盘查？何况就算金人肯放他，也该以他的妻子为人质，他又怎能全家归国呢？

然而，尽管有众多疑点，宋高宗还是选择信任秦桧，甚至说："秦桧的朴实忠诚超过常人，我得到他高兴得睡不着，因为他带来了二帝的消息，他也是个贤士啊。"

皇帝要宠信他，谁也无可奈何。于是秦桧立刻被任命为礼部尚书，到第二年二月再拜为参知政事，八月拜右仆射、同中书门下平章事兼知枢密院事，坐着直升机当上了宰相，更是军政大权在手，开始推行他的和议政策。

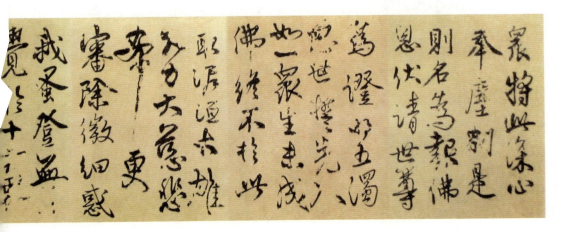

▶ 南宋初年

善以少击众。欲有所举,尽召诸统制与谋,谋定而后战,故有胜无败。猝遇敌不动,故敌为之语曰:"撼山易,撼岳家军难。"

——《宋史·岳飞传》

撼山易,撼岳家军难

国破家亡、山河色变,大宋朝呼唤忠臣良将保家卫国,也需要一支英勇强大的军队抗击外敌,一时间名将辈出,热血男儿奋不顾身血战沙场,"岳家军"正是这些将士之中的佼佼者。

创始人和领导者
岳飞

12分支
背嵬军、前军、右军、中军、左军、后军、踏白军、选锋军、胜捷军、破敌军、游奕军、水军

座右铭
冻死不拆屋,饿死不掳掠

金人评价
撼山易,撼岳家军难

起身行伍威名显

岳飞出身贫寒,少年向学,又天生神力,能挽强弓硬弩,可谓文武全才。19岁从军,时在宣和四年(1122年),宋徽宗尚在位。他刚参军不久就在一次缉捕盗贼的行动中立功,表现出他的有勇有谋。

当还是康王的赵构到达相州时,岳飞觐见。随后,他受命收降地方流寇吉倩,又先后在李固渡(今河南滑县西南)、滑州(今河南滑县)南、开德(今河南濮阳)、曹州(治今山东曹县)等地作战,屡立战功。滑州南一战,岳飞仅率百骑骑兵在冰河上操练,骤遇金军,岳飞单人独骑冲入敌阵、斩杀敌将,杀得金军大败,显露威名。

岳飞像
近代画家徐菊庵绘。岳飞(1103年—1142年),字鹏举,宋相州汤阴县(今河南安阳汤阴县)人,南宋抗金名将,中国历史上著名军事家、战略家,民族英雄,位列南宋中兴四将之首。有《岳武穆遗文》(一作《岳忠武王文集》),诗词散文都慷慨激昂。

惯少胜多敢当先

岳飞英勇善战,深得宗泽赏识,评价他"古良将不能过"。但宋高宗称帝,岳飞上书弹劾黄潜善、汪伯彦,又要求高宗亲征北伐,犯了忌讳被罢官。

岳飞并不气馁,转投到河北招讨使张所麾下效力,受命随王彦北渡黄河抗击金军。金军兵势强盛,王彦畏敌怯战。岳飞独率本部兵马在新乡、侯兆川力战金军,接连取胜,又挺进太行山,擒金将拓跋耶乌,杀黑风大王,都是以少胜多,但终于独力难支,只好撤兵。随后岳飞复归宗泽部下。

宗泽死后,岳飞继续留在其继任杜充手下,从河南撤至江苏。杜充降敌,岳飞截击尾追金军,连传捷报,当金军回兵北撤时又收复建康,败敌于静安(今安徽宿州东南),驰援楚州(今江苏淮安市),此后他转战四方,先后降服张用、曹成,破李成,平定襄阳等六郡,又剿灭洞庭湖水寇杨幺。至于此时,岳飞所率领的军队已经由不足千人壮大到10万人,号称"岳家军"。

治军有方敌慑服

"岳家军"是在浴血疆场的实战和从不松懈的操演中磨砺和锻炼出来的一支军纪严明、战斗力极强的队伍。这支队伍训练有素,每逢战事间隙,岳飞都要操演人马,即使对自己的长子(一说为养子)岳云也严格要求,稍有差错都要受到鞭刑处罚。而且"岳家军"对百姓秋毫无犯,号称"冻死不拆屋,饿

宗泽与岳飞畅谈兵法
浙江杭州岳王庙岳飞纪念馆启忠祠"岳飞抗金史料展"。

满江红

怒发冲冠，凭阑处、潇潇雨歇。抬望眼，仰天长啸，壮怀激烈。三十功名尘与土，八千里路云和月。莫等闲，白了少年头，空悲切。

靖康耻，犹未雪；臣子恨，何时灭？驾长车，踏破贺兰山缺。壮志饥餐胡虏肉，笑谈渴饮匈奴血。待从头，收拾旧山河，朝天阙。

死不掳掠"。一次有士兵只因拿了百姓一束丝麻来捆干柴，立即被斩首，因此深得民心。

另外，岳飞不仅严于治军，更能体恤士卒，与将士共甘苦。士兵有病，他亲自调药；将士远征，他让妻子去慰问家属；凡有朝廷赏赐，他一律分发给将校兵卒，分毫不会私贪。

"岳家军"不仅以岳飞为灵魂，还涌现出岳云、王贵、张宪、董先、牛皋等一批优秀将领，这些人都战功赫赫，其中尤以张宪、王贵更能统辖全军，代岳飞行使军权。

"岳家军"屡战屡胜，迅速崛起，无论内寇外敌都深为慑服。尤其是这支军队仓猝临敌也不混乱，被敌人称颂："撼山易，撼岳家军难。"

岳家军
现代画家傅伯星、王重义绘。岳家军12军共由22名统制、5名统领和252名将官分别率领，其中有正将、副将和准备将各84名。其中王贵任中军统制，张宪任前军统制，这两人是岳飞的副手，可代替岳飞指挥其他统制，主持岳家军全军的事务；徐庆、牛皋和董先三人最为善战，此五人是岳家军的中坚人物。

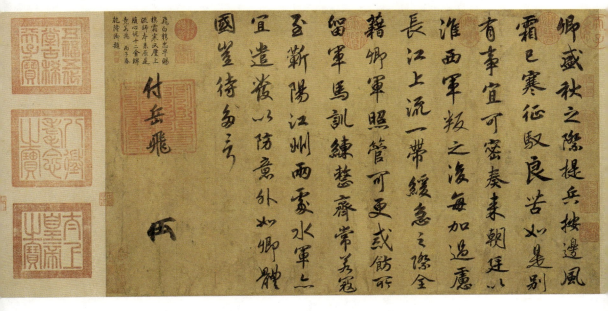

壮志难酬止朱仙

"岳家军"迅速崛起，岳飞也从小小的中军统领、武经郎累官至太尉、开府仪同三司、领少保。然而岳飞初衷未改，一心收复失地、恢复旧都、迎取二帝，他长期经营谋划，终于在绍兴十年（1140年）等来了机会。

这一年，金军向拱州（今河南睢县）、亳州（今安徽亳州）发起进攻，宋高宗命岳飞发兵救援，岳飞决定趁势反攻。他派手下王贵、牛皋、董先、杨再兴等将领率军分路进击，又派太行山忠义社首领梁兴北渡黄河联络各地义军，自己亦率军挺进，以图一战成功。

此次行动"岳家军"奋勇杀敌、捷报频传，金军节节败退，两河失地渐次收复。岳飞及其子岳云更在郾城（今河南漯河郾城区）和颍昌（今河南许

宋高宗《赐岳飞手敕》
此书17行，共99字。后署"付岳飞"三字，上钤御前之宝，下有高宗御押二印。根据内容推断，约书于绍兴四年（1134年）前后，为高宗早年所书。内容："卿盛秋之际,提兵按边,风霜已寒,征驭良苦,如是别有事宜可密奏来朝廷。以淮西军叛之后，每加过虑，长江上流一带缓急之际全藉卿军照管,可更或伤所留军马训练整齐,常若寇至！蕲阳、江州两处水军亦宜遣发，以防意外，如卿体国,岂待多言。付岳飞。"宋高宗回复了岳飞对边防的呈报，并嘉勉其恭忠体国。现藏于中国台北"故宫博物院"。赵构早年书学父皇徽宗，稍长学习宋黄庭坚、米芾书体，后追王羲之，临习魏晋以来至六朝笔法，对南宋皇室书法有深刻影响。

昌）两次大败完颜宗弼，兵进朱仙镇，距东京汴梁仅45里，金国大震，胜利指日可待。正是在这样的形势下，岳飞对众部下发出"直抵黄龙府，与诸君痛饮尔"的豪言壮语，留下"直捣黄龙"的典故。然而此时宋高宗根本无意北伐，更不想迎回二帝，于是连下十二道金牌迫使岳飞撤兵，留下千古遗恨。

1083年—1140年

……纲负天下之望，以一身用舍为社稷生民安危。虽身或不用，用有不久，而其忠诚义气，凛然动乎远迩。

——《宋史·李纲传》

抗金名臣李纲

李纲一生频遭朝廷贬谪，即便起用也为时短暂。但李纲身贬心不贬，毕生殚精竭虑，时刻忧国忧民。他被后人比作诸葛孔明，以书生之身履良将之责，慨然担起天下安危重任，官位可夺，利禄可夺，爱国忠君之志始终不可夺。

主角
李纲

成名之战
东京保卫战

政治主张
对内整顿军纪，重整朝纲；对外力主抗金

结果
被主和派屡排挤，最终抑郁而终

传世著作
《靖康传信录》《建炎时政记》《建炎制诏表集》等

李纲像
李纲（1083年—1140年），字伯纪，邵武人，两宋之际抗金名臣。有《梁溪集》传世。

直言进谏，临危受命

李纲字伯纪，祖籍邵武（今福建邵武），从祖父起即定居无锡（今江苏无锡）。政和二年（1112年），李纲得中进士，官职屡次擢升直至监察御史兼殿中侍御史。李纲敢于直言进谏，因上书得罪权贵被贬为比部员外郎（刑部三司之一）。

宣和元年（1119年），京城水患严重。李纲认为天象昭示人祸，进言"阴气太盛"，主张采取措施预防盗贼和外患。宋徽宗对李纲的言论深恶痛绝，将其贬出京城，至南剑州沙县（今福建沙县）监管税务。宣和七年（1127年），李纲任太常少卿（负责太常寺礼乐、祭祀等事宜的官职）。当时，金人单方面撕毁与宋朝"共同灭辽"的盟约，屡屡进犯宋朝边境，形势愈加危急。宋徽宗召集各地武将起兵勤王，同时命令太子就任开封牧。李纲上血书进谏，他认为，与其让太子监国，不如直接禅位更能鼓舞兵民士气。宋徽宗采纳李纲等人的建议，禅位于太子，即为宋钦宗。

宋钦宗即位后，李纲当即上书言称应该立即"攘除外患""诛除内奸"。李邺出使金朝想要割地求和，李纲强烈反对，称"祖宗疆土，当以死守，不可以尺寸与人"。宋钦宗深以为然，将李纲升任为兵部侍郎（兵部重要官职，仅次于兵部尚书）。

靖康元年（1126年），金兵声势益大，斡离不已渡过黄河。退位为道君皇帝的宋徽宗离开京城去往东边避祸，白时中、李邦彦等重臣被金兵威势所慑，劝宋钦宗离开京都以保平安。李纲当堂坚称京城为社稷重地决不能弃。避战派和应战派各执一词，辩论激烈。宋钦宗犹疑不决，询问谁可以担当主将重任。李纲认为，白时中等宰执大臣虽是文官，但依其地位理应领起主将之责。白时中反唇相讥"李纲莫能将兵出战否"，李纲当即表态"愿以死报"。于是，宋钦宗任命李纲为尚书右丞。

廷议结束后，白时中等人依然坚持应该弃城避祸，宋钦宗被说动，想要让李纲留守京城。李纲以唐明皇为例极力劝说宋钦宗留下，钦宗委决不下，恰逢侍从报奏中宫女眷已动身预备出城，宋钦宗慌神下床，称"朕不能留矣"。李纲哭拜以死相求，宋钦宗终于留下，要求李纲负责治兵御敌之事，"勿令有

湖光岩

宋朝宰相李纲于建炎三年（1129年）题刻的"湖光岩"，位于广东湛江湖光岩景区。宋朝的名相李纲因主战而被贬到琼州(海南岛)，途经湛江时，当时刚在这湖边结草为庵的僧人释琮邀请他秉烛夜谈，李纲见月光下湖水映照在岩壁上，波光粼粼，分外动人，于是挥笔写下了"湖光岩"三个大字，后来释琮将此三个字刻于岩上，由此而知名。

疏虞"。没多久，钦宗再次动摇，坐上舆驾准备南逃，李纲又一次陈述利害，终于说服钦宗留守京都。得知不用背井离乡，六军将士均感喟痛哭。

身关社稷，力挽危局

钦宗任命李纲担任亲征行营使一职，特许他可以不奏报而处置事情。金军兵临开封城下，李纲亲自登上城头，用绳子将不怕死的士兵从城头坠下，奋勇杀死数千金兵。宋军守势严密，军士勇猛，金兵多次进攻未果，加之闻听宋徽宗已传位宋钦宗，于是决定退兵议和。李纲自请担任使臣，钦宗不许，派生性怯懦的李棁前往。面对金兵提出的割地（太原、河间、中山三座重镇）、赔款（金500万两、银5000万两、绢100万匹）、以丞相和亲王为人质的无理要求，李棁一言不发全盘接受。李棁还朝后，李纲大急，力陈该拖着金兵不应，等到各路勤王军队到来，孤军深入的金兵自然不敌而退。一心求和的宋钦宗一边好言安慰李纲，一边听从议和派意见，向金兵送出求和誓书，无条件答应金兵的不合理要求，还派皇弟康王和少宰张邦昌前往金军为人质。

不久，各地勤王军队陆续赶到开封城下，李纲提出"扼河津，绝饷道"的战术，建议宋军以绝对优势的兵力压制住金兵，待其粮草匮乏一举破之，进而收回求和誓书和割据城池，救回康王。宋钦宗"深以为然"，派姚平仲手下军队与李纲一起共谋大计。可惜的是，姚平仲贪功冒进，未按约定进攻。

江苏无锡惠山寺

惠山寺始建于南北朝，距今已有一千五百余年。它的前身是南朝刘宋司徒右长史湛挺创立的"历山草堂"。北宋至道年间（995年—997年），赐额"普利院"。北宋靖康元年（1126年），赐给名相李纲作"功德院"。

永遇乐·秋夜有感

秋色方浓,好天凉夜,风雨初霁。缺月如钩,微云半掩,的烁星河碎。夜永悄然无寐,爽来轩户,凉生枕簟。起徘徊,凭栏凝伫,片时万情千意。

江湖倦客,年来衰病,坐叹岁华空逝。往事成尘,新愁似锁,谁是知心底。五陵萧瑟,中原杳杳,但有满襟清泪。烛兰缸,呼童取酒,且图径醉。

——宋·李纲

李纲急忙率军支援,在开封城西的幕天坡与金军遭逢,李纲以神臂弓大破金军。姚平仲进攻失败,畏罪逃走,金国派遣使者质问出兵缘由。宰相李邦彦推诿责任,声称出兵是李纲和姚平仲的个人行为,与朝廷无关。为讨好金国,将李纲罢职。

朝廷懦弱惧敌、排挤忠良的举动激怒了文人士子。太学生陈东等人率先上书为李纲鸣不平,士兵百姓自发聚集了数十万人在皇宫门口抗议,"呼声动地"。朝廷置之不理,愤怒的军民们杀死了内侍。宋钦宗见事态扩大,急忙召集李纲入宫,与李纲相对而泣,复李纲尚书右丞的职务,负责四面城池的防御事务。

李纲复职后,宣布杀死金人者重奖。宋军士气如虹,纷纷向城下金军投掷石块,踊跃攻击敌军。金军惧而退兵。宋钦宗任命李纲为知枢密院事(统帅全国军政的官职)。李纲奏请效仿澶渊之盟的做法,派兵押送金兵出境。宋钦宗准奏,10万宋军"踊跃以行"。但是,李邦彦谴责李纲将京师军队尽数派出追敌,恐怕一旦有变无法应对,硬将已至邢、赵地界的宋军召回,将士"无不扼腕"。等到李纲据理力争,得到允许继续追击的命令时,追击金兵的宋军已解散回师了。

金兵退去后,宋徽宗准备回转京师,召见吴敏和李纲。很多大臣猜测"或虑太上意有不测",生怕出现国有二君的状况,劝谏宋钦宗不让徽宗回京。李纲独排众议,以诚挚之心在徽宗、钦宗父子间调和,最终徽宗顺利回宫,父子和睦。其时金兵退去,朝野升平,但李纲却居安思危,建议巩固边防,削减勋臣赏赐作为战备。

靖康元年(1126年)六月,李纲被任命为河东、河北宣抚使,受命挂帅援助太原。李纲极力请辞未果后,以书生之身率兵前往。临行前,李纲深知宋钦宗反复不定的性子,向宋钦宗陈说"万一朝廷执议不坚,臣当求去,陛下宜察臣孤忠,以全君臣之义"。李纲所虑并非空穴来风,他领兵赴太原期间,宋钦宗果然数次改变主意,改任种师道为宣抚使代替李刚,召李纲回京。同年九月,宋钦宗听信佞臣谗言,罢黜李纲知枢密院事的职务,让他出任扬州知州。不久，李纲又因"专主战议，丧师费财"的罪名，被一贬再贬，依次任提举亳州明道宫、保静军节度副使、建昌军安置的职务，后又被贬谪至宁江（今重庆奉节）。

同年十一月，金兵再次南下，围攻开封城。宋钦宗连忙召李纲回京，任命李纲为资政殿大学士，负责主管开封府事务。其时，李纲正在前往宁江赴任途中，停驻在长沙（今湖南长沙）休息。得奉钦宗诏书后，李纲当即率领湖南的勤王之师赶赴都城，可尚未到达，开封城就已被金兵攻破，宋徽宗、宋钦宗被俘，北宋灭亡。

位微言切，忧国忧君

靖康二年（1127年）五月，从金军逃出的康王赵构在南京应天府登基为帝，即宋高宗。至此，南宋时期拉开帷幕。宋高宗即位后，任命李纲为尚书右仆射兼中书侍郎（即宰相）。力主议和的官员对宋高宗重用李纲极为不满，

《临萧照中兴瑞应图》（局部）

明仇英临摹。原绘者为南宋萧照，以宋代昭信军节度使曹勋所编故事为内容而绘制的长卷，用来歌颂赵构即位时的"上天祥应"之作。本幅绘的是宋高宗赵构自磁州北回，渡河时刚上岸冰即坼裂，后随者陷入冰河，高宗幸免于难的故事，以显示皇上受天庇佑，遇难呈祥。

纷纷上表弹劾，认为李纲"为金人所恶"，不该为相。宋高宗以一句"如朕之立，恐亦非金人所喜"堵住了反对声浪。李纲力辞相位，高宗只是不许。

有感于宋高宗知遇之情，李纲进上切中时弊的《十事》，分别为"议国是""议巡幸""议赦令""议僭逆""议伪命""议战""议守""议本政""议久任""议修德"。《十事》指出国家面临的困境，并根据实际情况提出解决办法，简洁明了，实用性极强。宋高宗深以为然，第二日早朝就将李纲的提议公之于众。

李纲力主抗金，反对议和。他励精图治，修整军政，稳定了南宋政局。政府稳定后，高宗和一些臣子贪图安逸，不愿再费心收复失地，宋高宗准备

继续向南迁都,与金军保持安全距离。不久,宋高宗以"杜绝言路,独擅朝政"的罪名罢免了李纲的宰相之位,还处死了建议留用李纲、还都东京的太学生陈东。李纲一路贬谪,最远处到万宁军(今海南万宁)。宋高宗一路南逃,一度逃亡至海上。

绍兴二年(1132年),宋高宗重新起用李纲,任命其为观文殿学士、湖广宣抚使兼知潭州。李纲一上任,就尽数剿灭荆湖、江湘一带的盗贼,上表言说荆湖重要的战略地位,建议朝廷派重兵把守以图中原。可是,不等李纲的意见实施,他又遭弹劾,被贬为提举西京崇福宫。

绍兴四年(1134年)冬,金军、伪齐联合南下侵宋。李纲呈上防御策略,建议趁伪齐出兵境内空虚,"捣颍昌(今河南许昌)以临畿甸(指京城地区)",等到伪齐回军救援时,宋军以逸待劳追击之,必然会胜利。次年,李纲再次上表,指出南宋"上下偷安"的现状,表中言辞恳切,列陈战略局势、兵马现状、边防、睦邻等需要注意的事项,指出"退避之策,可暂而不可常,可一而不可再,退一步则失一步,退一尺则失一尺",祈求"勿复为退避之计",字里行间洋溢着中兴指日可待的信心,透露出忠君忧国的拳拳盛意。

可惜的是,偏安一隅的南宋朝廷未能听进李纲的忠言,反而将李纲当做影响和平的眼中钉。绍兴七年(1137年),李纲又被贬职。第二年王伦出使金朝奉迎宋徽宗的棺木,金国使者以"诏谕江南"的名义跟随王伦来到宋朝。李纲愤而上表,指出金朝失礼于宋背后的狼子野心,语句铿锵,言辞慨然,与其余大臣的奏论截然不同。宋高宗看了李纲的奏报后,感叹说"大臣当如此矣"。不久宋高宗再次启用李纲,让其担任湖南路安抚大使兼知潭州。可李纲已疾病缠身,未及赴任,就于次年正月病死在福州(今福建福州),享年58岁。

李纲的忠诚义气闻名遐迩,就连敌国也深深忌惮他。每次宋朝派使者出使金国,金主必问:"李纲、赵鼎安否?"淳熙十六年(1189年),赐李纲谥号为"忠定"。

赵鼎雕像

赵鼎(1085年—1147年),字元镇,自号得全居士,今山西闻喜县人。宋徽宗崇宁五年(1106年)进士,对策斥章惇误国。后随宋高宗南渡,曾为宰相。因力主抗金而被去职,后被秦桧陷害,一贬再贬。绍兴十七年(1147年)八月,绝食而死。

1142年

狱之将上也，韩世忠不平，诣桧诘其实，桧曰："飞子云与张宪书虽不明，其事体莫须有。"

——《宋史·岳飞传》

千古奇冤"莫须有"

南宋偏安一隅，为金军的每次进犯战栗不已。岳飞骁勇善战，所向披靡，被金朝所忌，指派秦桧对其进行陷害。一心求和的宋高宗宠信佞臣，无视岳飞功绩及忠心，默许秦桧处置岳飞，最终自毁长城，加速了南宋灭亡。

时间
1142年

地点
风波亭（今浙江杭州下城区环城西路）

诬害人物
岳飞、岳云、张宪

遇害原因
宋高宗决意议和，怕"二圣"回朝；岳飞功高且握10万纪律严明的军队，深受猜忌

所向披靡破金军

绍兴十一年（1141年），金军渡过淮河大举南侵，金将兀术、韩常、龙虎大王率领军队一路来到庐州（今安徽合肥）。宋高宗惶急，连写十七封书信催促岳飞迎敌。岳飞审时度势，带病上奏，向高宗提议趁金人巢穴空虚，攻打汴京（今河南开封）、洛阳。宋高宗得到岳飞奏章大喜，赐书信勉慰他"卿苦寒疾，乃为朕行，国尔忘身，谁如卿者"。

岳飞率军赶赴庐州，金军听闻岳飞领兵，尚未交战即闻风而逃。见金军逃走，岳飞没有擅专，至舒州（今安徽安庆市）等待朝廷的下一步命令。高宗对岳飞的举动十分满意，再次赐书信褒嘉。此时，濠州（今安徽凤阳县）被兀术攻破，张俊部畏惧不前。宋高宗命令岳飞驰援，岳飞军尚未到达目的地，金军又一次闻风而逃。

《岳母刺字》图

岳飞和张俊曾同在韩世忠部下,岳飞行事以忠为先,不争名位和功劳,数次阻止张俊陷害韩世忠而被张俊嫉恨。正赶上宋金和议完成,秦桧害怕岳飞阻挠,秘奏高宗,请他下旨召回三位大将(张俊、岳飞、韩世忠)以行封赏。岳飞后于韩世忠、张俊还朝,秦桧采用参政王次翁计策,故意等待岳飞还朝后再行封赏,试图挑起将领们对岳飞的不满。岳飞到后,秦桧又奏请封岳飞为枢密副使,岳飞多次请求交还兵权,未果。同年五月,宋高宗命令岳飞和张俊同赴楚州部署边防事宜,率领韩世忠的部队驻扎镇江。

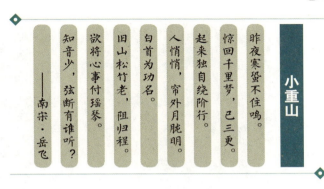

小重山

昨夜寒蛩不住鸣。
惊回千里梦,已三更。
起来独自绕阶行。
人悄悄,帘外月胧明。

白首为功名。
旧山松竹老,阻归程。
欲将心事付瑶琴。
知音少,弦断有谁听?

——南宋·岳飞

宋金议和桧为奸

秦桧试图设局诬陷韩世忠,岳飞闻听此事,急忙派人送信给韩世忠。韩世忠得信,赶在秦桧发难之前入朝自辩。秦桧恚怒,深恨岳飞。其实,秦桧与岳飞的矛盾由来已久。秦桧将重臣赵鼎逐出朝廷后,岳飞扼腕太息,痛批秦

杭州岳王庙秦桧夫妇跪像

满江红·登黄鹤楼有感

遥望中原，荒烟外，许多城郭。想当年、花遮柳护，凤楼龙阁。万岁山前珠翠绕，蓬壶殿里笙歌作。到而今、铁骑满郊畿，风尘恶。

兵安在？膏锋锷。民安在？填沟壑。叹江山如故，千村寥落。何日请缨提锐旅，一鞭直渡清河洛。却归来、再续汉阳游，骑黄鹤。

——南宋·岳飞

桧"君臣大伦，根于天性，大臣而忍面谩其主耶"。高宗曾亲笔书写曹操、诸葛亮、羊祜的事迹赐给岳飞，岳飞在高宗手书后写跋语，指出曹操是奸贼，映射秦桧媚金卖国，秦桧因此十分忌恨岳飞。

岳飞为人豁达宽容，但在抗金还是议和的大事上寸步不让，成为主和派首领秦桧的眼中钉。绍兴十一年（1141年），兀术被岳飞逼退后，私下写信告知秦桧"汝朝夕以和请，而岳飞方为河北图，必杀飞，始可和"。秦桧也怕一旦高宗听从岳飞建议挥师北上，自己私通敌军的事情极有可能暴露。于是，秦桧在朝中联合万俟卨，在军中联合张俊，以金军渡淮河后"飞略至舒、蕲而不进""欲弃山阳而不守"的罪名弹劾岳飞。岳飞为避嫌疑，多次上表请辞，交出所掌兵权，出任万寿观使，奉朝请。

漏洞百出陷忠良

秦桧见岳飞仅是丢权贬官，意犹未足，与张俊密谋，引诱岳飞部将王俊出首"张宪谋还飞兵"。逮捕张宪后，又篡改供词，假称张宪招认因收到岳飞之子岳云的书信才谋反的。有了假供词，秦桧当即将岳飞和岳云逮捕入狱。

逮捕岳飞时，岳飞大笑，称"皇天后土，可表此心"，慨然入狱。起初，秦桧命令何铸审理岳飞一案。岳飞不屑辩驳，撕裂上衣背对何铸，后背上赫然刺有"精忠报国"四个大字，刺痕深入肌理。何铸深受震撼，加上审理后确实找不到岳飞父子私下与张宪联络的证据，"铸明其无辜"。秦桧不理会何铸的审理结果，将主审官换成心腹万俟卨（mò qí xiè）。万俟卨诬陷岳飞写信给张宪"令虚申探报以动朝廷"，岳云写信给张宪"令措置使飞还军"。在没有书信为证的情况下，万俟卨又诬陷"其书已焚"。

如此反复，岳飞父子下狱两个月，没有任何证据证明他们谋反。期间，大理寺丞李若朴、何彦猷，大理寺卿薛仁辅都声言岳飞无罪，遭到万俟卨弹劾免官。百姓刘允升上书为岳飞鸣冤，被秦桧等人害死。凡是附和岳飞谋反罪名的人，都得到升迁。

宋高宗对如何处置岳飞犹疑不决，从史书记载来看，高宗并非怀疑岳飞谋反，而是不想让岳飞阻挠宋金和谈。秦桧奏报高宗，声称金军将领宗弼许诺"必杀岳飞，而后和可成也"，高宗于是默许秦桧行事。

韩世忠不忿岳飞冤名，质问秦桧岳飞谋反可有证据。秦桧大言不惭，回答说"飞子云与张宪书虽不明，其事体莫须有"。韩世忠大怒，声言"莫须有"三字不足以让天下人信服。

绍兴十二年（1142年）十二月，岳飞案尚未定论，秦桧惧怕夜长梦多，"手书小纸付狱"，将岳飞谋害在狱中。岳飞终年39岁。岳飞死后，以谋逆罪论处，将他的儿子岳云斩首弃市，没收他的家财，将他全家流放岭南。岳飞部属于鹏、张宪等六人也被此案株连。直到绍兴三十二年（1162年）宋孝宗即位，岳飞冤狱才得到昭雪，岳飞及其家眷、部属追封原职。

杭州岳王庙

位于杭州西湖西北角、栖霞岭南麓，因岳飞葬于此地，故杭州岳王庙又称岳飞墓。岳飞被害后，遗体被狱卒隗顺盗出，葬于九曲丛祠旁。南宋宋孝宗下诏为岳飞平反昭雪，悬赏寻觅岳飞遗体，并寻访岳飞子孙后代封官授爵。隗顺的儿子看到诏书，就将隐秘多年的岳飞初葬地告诉了朝廷。宋孝宗遂将岳飞的遗骸隆重地迁葬至今址。嘉定十四年（1221年），宋宁宗赐岳飞墓旁的智果观音院为褒忠衍福禅寺，即岳王庙的前身，以表彰岳飞的功德。

少年中国史

中兴四将

南宋初年，宋高宗建都临安，积极派兵遣将抵御金兵。期间，四位抗金名将张俊、韩世忠、刘光世和岳飞战功彪炳，威名赫赫，为稳定南宋朝廷，抗击金军做出突出贡献，被称为"中兴四将"。

● 岳飞：精忠报国，受谗而亡

岳飞（1103年—1142年）少年成名，在抗金战役中屡立奇功，金军闻其名而丧胆。因其违逆朝廷议和主流，又被金国所忌，遭到秦桧陷害，以莫须有的"谋反"罪名将其处死狱中，成为中兴四将中功劳最高、功名最末且下场最为惨烈的将领。

● 韩世忠：忠正勇武，敢于直言

韩世忠（1089年—1151年）勇武过人，颇具胆识，在战局中多次力挽狂澜，反败为胜。征讨方腊，他以一己之力找到方腊藏身之处。滹沱河之战，他率兵士50人

南宋刘松年所作的"中兴四将"图中的岳飞

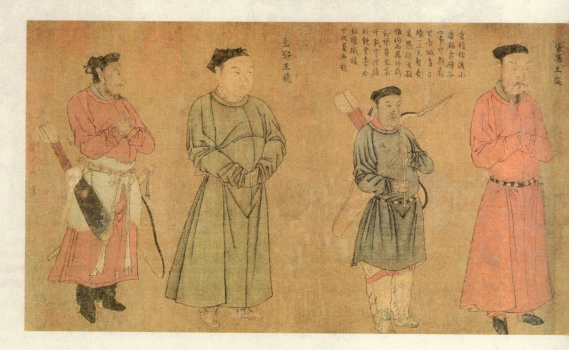

迎战2000金兵。浚州之战，他身陷重围却从容"焚桥而还"。李复叛乱，他"布铁蒺藜自塞归路"，单骑招降数万叛军。

韩世忠生前曾获高宗御笔亲书"忠勇"旗，去世后被孝宗追封为蕲王，谥号忠武。

● 刘光世：兵势浩大，位列功臣

刘光世（1089年—1142年）出身将门，曾跟随父亲刘延庆征讨方腊、讨伐辽国。建炎南渡时，刘光世尚未与金兵遭遇就溃逃渡江，与金军对战非逃即避，甚至拒绝驻守前线的诏书。不过，刘光世畏惧金兵却擅于收服流寇、叛军，所将部队是当时人数最多的队伍。

宋高宗为巩固南宋政权，不顾大臣们的不满，屡次为其加官进爵以示安抚，与战功彪炳的张俊、韩世忠同赐功臣号并建节，封为杨国公。刘光世去世后，得谥号"武僖"。

● 张俊：骁勇多智，晚节不保

张俊（1086年—1154年）策立宋高宗有功，在抗金战役中多次立下赫赫战功。可惜的是，张俊晚节不保，从主战派变为主和派。他与秦桧朋比为奸，独掌兵权，排挤韩世忠、刘锜、岳飞等股肱将领，促成濠梁之难、岳飞冤案，在抗金活动中善始却不能善终，心术比起韩世忠等人"远哉"。但宋高宗始终对张俊厚待有加，张俊去世后，高宗封他为循王。

南宋·刘松年·"中兴四将"图
绘刘光世、韩世忠、张俊、岳飞全身立像。岳飞为左起第二个。画中人物比例准确，姿态自然，衣饰线描劲健流美。现存清代乾隆帝墨笔楷书重题，依次是"刘鄜王光世""韩蕲王世忠""张循王俊""岳鄂王飞"。中国历史博物馆藏。

> **1141年**

……是月,与金国和议成,立盟书,约以淮水中流画疆,割唐、邓二州界之,岁奉银二十五万两、绢二十五万匹,休兵息民,各守境土。

——《宋史·高宗本纪》

绍兴和议

金军攻宋未成,向南宋朝廷提出和议。以宋高宗为首的主和派不顾宋军节节胜利,召回大将,陷害功臣,签订丧权辱国的和议,向金国称臣纳贡,将大好河山拱手让与金国。

时间
1141年

双方代表
宋:魏良臣
金:萧毅、邢具瞻

主要内容
宋割地称臣、年纳贡银25万两、绢25万匹

影响
宋与金形成了南北对峙的局面,屈辱也只换来了近二十年的和平

抗金硕果,尽付流水

绍兴七年(1137年),金国国主准备废除伪齐政权,把南宋发展为金国臣属,将伪齐所辖区域交与南宋。宋高宗闻讯大喜,以"南北军民十余年间不得休息,欲屈己求和"为借口,任命主和派代表秦桧为右相,于绍兴九年(1139年)接受金国和议,约定南宋向金朝称臣,"愿削去旧号,是天地之间皆大金之国,而尊无二上",每年向金朝缴纳岁贡白银25万两,绢25万匹。

金国此次议和仅为权宜之计。一年后,金国重整兵马,派大军南下,意图吞并南宋国土。南宋军民对此极为愤慨,齐心协力抗击金兵。绍兴十年(1140年),宋军在顺昌之战中以少胜

宋高宗像
绢本,清乾隆五十三年(1788年)姚文翰奉勅绘。南宋高宗赵构(1107年—1187年),徽宗第九子。靖康二年(1127年)金兵俘徽、钦二宗北去后,于南京应天府即位,改元建炎。后南逃至临安定都,建立南宋政权。绍兴三十二年(1162年)传位于孝宗,自称太上皇。81岁时病逝于临安官中的德寿殿,葬于永思陵。

多,岳家军又取得郾城大捷,击败金军主力。金兵在岳飞等将领的拼力打击下节节败退,金兵大将兀术险些被俘。

眼见攻宋未成,金国重新提起和议之事,联合南宋重臣秦桧,向宋高宗施加压力。宋高宗无视当时一片大好的抗金形势,命令前线将领撤兵还朝,收回张俊、刘光世和韩世忠三大将领的兵权,将金国最为忌惮的岳飞逮捕下狱,向金国表示议和的决心和诚意。

有君主如此,南宋军民百姓俱悲愤慨叹,却敢怒而不敢言,只能眼睁睁看着岳飞等将领的抗金硕果付诸流水,无奈接受南宋朝廷在抗金绝对优势下选择屈辱议和的事实。

奴颜婢膝,自称臣躬

绍兴十一年(1141年)十一月,宋高宗将范同、李光、赵士可、赵士博等对宋金议和形成阻力的大臣贬黜,以隆重礼仪迎来金国使者萧毅、邢具瞻,命魏良臣和他们商定议和盟书的具体条款。同时,高宗任命何铸担任签书枢密院事、金国报谢进誓表使,让宰执大臣撰文祭祀祷告天地、宗庙和社稷。任命张浚为检校少傅、崇信军节度使、万寿观使。

当月,南宋朝廷和金国敲定了议和盟书,约定两国以淮水中流为界,割让唐州(今河南唐河)、邓州(今

宋高宗·草书天山阴雨七绝诗团扇
宋高宗赵构精通诗词与音乐,擅长书法、绘画,善真、行、草书,笔法洒脱婉丽,自然流畅,颇得晋人神韵。

河南邓州市)、商州(今陕西商县)、秦州(今甘肃天水)等领土给金国,每年供奉金国白银25万两,绢25万匹,从次年春季开始年年到泗州(在今江苏)缴纳。和议达成后,双方"休兵息民,各守境土"。

高宗向金国国主进献的誓表极具奴性,自称臣躬,许诺"世世子孙,谨守臣节"。除此之外,高宗还下诏命令四川、陕西宣抚司不要出兵生事,也不要招纳叛降和逃亡的兵士百姓,向金国表明自己息兵投降的决心。同年十二月,高宗在大理寺赐死岳飞,处斩岳飞之子岳云和部下张宪。岳飞死后不久,宋高宗迎回生父宋徽宗遗体和生母韦太后,对异母兄长宋钦宗却置之不理,无视钦宗归国后得一"太乙宫主"闲职即可的请求,任其终老于金国。

南宋·萧照（传）·中兴瑞应图
在对金主战还是主和的纷争政局中，非正常继位的赵构为了刻意宣传自己是顺应天意的真命天子，便有了信臣曹勋编写的"瑞应故事"，《中兴瑞应图》就是据此故事绘制的图画长卷。

至此，南宋践行秦桧"南自南，北自北"的提议，淮水以北的大好河山、百姓官吏尽属金国，朝廷还规定属于金国的汉人不得叛逃。和议之后，淮水以北的百姓备受金人欺辱，陷入水深火热之中。

金国背盟，高宗逊位

对于屈辱议和得来的半壁江山，宋高宗格外兢兢业业。

高宗多次诏令将领重视所辖地区的屯田农耕，还在宫中亲自播种稻谷，饲养桑蚕，表明自己能够体察民间疾苦。因北宋末期内侍专权，宋高宗多次表态宦官的职责仅为"备扫除趋走"，不让他们掌握权柄。此外，高宗勤于学习，多读史书，经常读书读到半夜二更，尤其喜欢读《左传》，"每二十四日而读一过"，还能指出史书中的不当之处，颇有才气。可惜的是，高宗读史却不能自用，置国家百姓于不顾，贬谪忠臣良将，苟安一隅，落得"偷安忍耻，匿怨忘亲，卒不免于来世之诮"的评价。

绍兴和议并未打消金国的狼子野心，绍兴三十一年（1161年），金国再次大举进犯南宋疆土。李彦坚、刘锜、王权、李显忠、戚方、吴璘等将领大力抵御金兵，多次攻破金军。金军见攻势受阻，催促使臣送《致朝廷书》给宋高宗，措辞极为傲慢无礼，满朝文武无不

愤慨。当月，金国国主完颜亮在淮水上修造浮桥，带领百万大军亲征南宋。

在主战派大臣的力求下，宋高宗下诏说要御驾亲征。宋军大为鼓舞，又在大人洲、海州大败金军，并在淮河入口清河口阻住金军攻势。可惜的是，宋军一些将领胆怯畏敌，连失庐州、滁州等战略要地，宋将王权不等金兵到来就放弃昭关逃跑。此后，宋金交战互有胜负，金兵胜多败少。就在此时，金国内部内讧，国主完颜亮在扬州龟山寺遭到刺杀。因国主更迭，金军派人至宋军议和。宋高宗无视大臣们趁乱北伐金国的主张，继续坚持称臣议和。

宋高宗这一软弱举动遭到举国诟病，绍兴三十二年（1162年），高宗迫于军民抗金的呼声，宣布传位于养子赵昚（宋太祖七世孙），即为宋孝宗。孝宗响应朝野抗金呼声，逐步复原主战派老将职务，筹划恢复山河。

宋孝宗像
宋孝宗赵昚（1127年—1194年），字元永，宋太祖七世孙，宋高宗养子。在位期间，平反岳飞冤案，起用主战派人士，锐意收复中原；内政上，加强集权，积极整顿吏治，惩治贪污，重视农业生产，百姓生活安康，史称"乾淳之治"。

> 1189年—1200年

……帝尝宫中浣手,睹宫人手白,悦之。他日,后遣人送食合于帝,启之,则宫人两手也。

——《宋史·后妃传》

悍皇后与疯皇帝

宋光宗最初执政时颇具贤名,但因其对父亲孝宗猜忌,对妻子李后惧怕,最终患上精神疾患,行事只听李后决断,事事倒行逆施,成为昏庸不孝之君。

主角
宋光宗、李皇后

得名原因
宋光宗惧内疑父,罹患疯疾;
李皇后悍妒干政,离间父子

轶事典故
通杀爱妃
捉鸡不着
双重喜庆

宋光宗赵惇像
宋光宗赵惇(1147年—1200年),宋朝第十二位皇帝,宋孝宗赵昚第三子,母成穆皇后郭氏。绍兴二十年(1150年)赐名赵惇,授右监门卫率府副率,转荣州刺史。孝宗即位后,拜镇洮军节度使、开府仪同三司,封恭王。乾道七年(1171年)立为皇太子。淳熙十六年(1189年),宋孝宗禅位,赵惇登基为帝,改元绍熙。

绍熙初政,尚具贤名

宋光宗名赵惇,是宋孝宗的第三个儿子。淳熙十六年(1189年)二月,宋孝宗禅位于宋光宗。宋光宗正式登基后,为宋孝宗上尊号为至尊寿皇圣帝,为生母郭皇后上尊号为寿成皇后。寿皇圣帝下诏书,册立光宗原配太子妃李氏为皇后。

第二年宋光宗改年号为绍熙。光宗最初执政的几年间,对继承实行孝宗"中兴"德政不遗余力,任用贤臣,多次减免百姓应缴的赋税、钱粮,减轻刑罚:"减两浙月桩等钱岁二十五万五千缗","下诏恤刑"。此外,光宗处理朝政之余,多次陪同寿皇、寿成皇后游览园林,嘘寒问暖,朝中都称赞他的仁政孝心。

可惜的是,好景不长,光宗在皇后李氏的撺掇挑唆下,与亲生父母逐渐疏离，处事倒行逆施，终致患上疯病。

内帷悍妒，帝患疯疾

光宗李皇后闺名凤娘，安阳（今河南安阳）人，她出身将门，因出生后"黑凤集道营前石上"，被父亲庆远军节度使、赠太尉李道取名为"凤娘"。湖北道士皇甫坦擅于看相识人，李道让他给自己的几个女儿看相，轮到李凤娘时，皇甫坦不敢受李凤娘的拜礼，对李道说："你的这个女儿会母仪天下。"后来，皇甫坦把这件事告诉了宋高宗，于是，宋高宗为孙子恭王聘李凤娘为正妃。后来恭王成为皇太子，李凤娘成为皇太子妃。

李凤娘做太子妃时，彪悍善妒的性情已初见端倪。她曾向宋高宗、宋孝宗状告太子身边服侍的人。宋高宗不喜李后搬弄口舌是非，感慨"吾为皇甫坦所误"。宋孝宗对这个儿媳也很头疼，屡次训诫她要以皇太后为榜样，还告诫她如不改就"行当废汝"。

宋光宗即位后，被尊为寿皇的孝宗见宫内宦官势力日益庞大，想要诛戮一批宦官以免内侍误君。有宦官听到这个消息，去一向宠信内侍的李皇后处进献谗言，说寿皇为光宗求来的丸药有毒，会加重光宗的病情。李皇后听信谗言，对寿皇更加忌恨。

其时，寿皇因光宗和李皇后之子嘉王资质平庸，属意立光宗兄长庆王赵

宋孝宗事迹画像
出自《帝王道统万年图》，明代仇英绘，现藏于中国台北"故宫博物院"。宋孝宗在位期间，政治清明、社会稳定、经济繁荣、文化昌盛，史称为"卓然为南渡诸帝之称首"。宋孝宗是南宋名副其实的中兴之主。

恺的儿子为太子，光宗和李皇后知晓寿皇意图后十分恐慌。家宴时，李皇后当场请求立嘉王为太子，寿皇不许，寿成皇后对李后僭越的举动也十分不悦。李皇后当场反驳说："我是六礼所聘的原配（讽刺寿成皇后由妃位晋升后位，并非原配），嘉王是我的亲生儿子，为什么不能立为太子？"寿皇勃然大怒，离席而去。李皇后抱着嘉王向光宗加油添醋地哭诉，声称寿皇有废黜光宗的意图。光宗听信李皇后的话，从此再不去重华宫朝见父亲。

此后，光宗处处受李皇后管制。曾有宫女端着盆请光宗洗手，光宗见宫

女的手又细又白,露出欣赏喜悦的神色。几日后,李皇后即派人送给光宗一个食盒,光宗打开后,发现里面盛着宫女的双手。光宗宠爱黄贵妃,李后就趁光宗赴太庙之际,"杀黄贵妃","以暴卒闻"。过了几日,光宗率领大臣祭祀天地,正好赶上大风雨,"黄坛烛尽灭",祭祀"不成礼而罢"。爱妃薨逝加上祭祀时受了惊吓,光宗"震惧感疾",从此"政事多决于后矣"。

咫尺天涯,子不见父

受李皇后挑唆,宋光宗对重华宫避而远之,即便是国宴、大节日也很少去重华宫拜见寿皇。李皇后日益骄奢,封娘家三代为王,守卫家庙的卫兵甚至多于太庙。李皇后归谒家庙,推恩的亲属26人,使臣172人,就连李氏门客都授以官职,外戚权势滔天。

中书舍人陈傅良上书劝谏光宗不要"以误为实"、"以疑为真"。给事中谢深甫劝谏的言语更为直接,让光宗将心比心,多想想父子至亲的天性,以光宗疼爱嘉王的心思比照寿皇疼爱光宗的心思,更直言光宗对寿皇避而不见,在寿皇死后会没有面目面对天下人。兵部尚书罗点、给事中尤袤、中书舍人黄裳纷纷上书请求光宗谒见寿皇,礼部尚书赵汝愚更是当面劝谏。

大臣劝谏时,光宗往往若有所悟,同意谒见寿皇。可一见到李皇后,他就立即改变主意。太学生汪安仁等218人上书请求光宗去重华宫请安,统统被李皇后压下不报。绍熙三年(1192年)十一月二十二日,光宗终于动身前去重华宫,可李皇后随即到达,与光宗相携而出。即便如此,满京城的人们也都额手相庆。

寿皇病危时,光宗在大臣们苦苦相劝下答应去重华宫请安,可李皇后不顾翘首以待的百官,径自对光宗说:"天寒,官家且饮酒。"光宗闻言,弃百官于不顾,随同皇后前去。中书舍人陈傅良上前抓住光宗的衣服请求他不要食言,被李皇后大声呵斥。不久寿皇驾崩,光宗居然没有亲自去主持丧仪。

宋光宗和李皇后的行为引起公愤,不久,宰相赵汝愚联合多位官员逼迫光宗内禅,立宁宗赵扩为帝。

李皇后

李皇后李凤娘(1144年—1200年),安阳人,宋光宗赵惇的皇后,宋宁宗赵扩的生母,父亲李道,官庆远军节度使。生于宋高宗年间,姿色艳丽,面相大贵,但生性悍妒,喜搬弄是非。

南宋·青玉雕鹦鹉寿桃
青玉质，湿润有光泽，整体圆雕为一鹦鹉啄寿桃样，线条简洁流畅，刀工有力，形象生动。鹦鹉与"英武"谐音，又是鸟中的长寿代表，配一寓意健康长寿的桃子，其含意不言而喻：英明神武，益寿延年。

1151年—1200年

……其为学，大抵穷理以致其知，反躬以践其实，而以居敬为主。尝谓圣贤道统之传散在方册，圣经之旨不明，而道统之传始晦。于是竭其精力，以研穷圣贤之经训。

——《宋史·道学传》

朱熹讲学

朱熹一生之中入朝不过40天，在外做官不过9年。他无心仕途富贵，专注讲学授业，诲人不倦，原创、校勘、补漏的文献不计其数，综罗百代、融合百家，开创了朱子理学体系，被后世赞为"集诸儒之大成者"。

时间
1151年—1200年

主要地点
岳麓书院、白鹿洞书院、竹林精舍

创立学派
儒家理学之考亭学派

主要思想
理气论

白鹿洞书院朱熹铜像
朱熹（1130年—1200年），字元晦，又字仲晦，号晦庵，晚称晦翁，谥文，世称朱文公。出生于南剑州尤溪（今属福建尤溪）。宋朝著名的理学家、思想家、哲学家、教育家，闽学派的代表人物，儒学集大成者，世尊称为朱子。其理学思想对元、明、清三朝影响很大，成为三朝的官方哲学。

博学泛读，自成一家

朱熹（1130年—1200年），字元晦，一说字仲晦，祖籍徽州婺源（今江西）人。他的父亲朱松学识渊博，曾担任校书郎、著作郎、吏部郎等要职，后因反对宋金和议遭到秦桧排挤而罢官。朱熹自幼好学，很早就表露出善于深思、敢于探索的性格特点。他刚能讲话时，朱松指着天告诉他这是天，朱熹随即追问"天之上何物"。幼童们玩沙时嬉闹不休，唯独朱熹端坐在沙上，用手指绘出八卦图。

古代传统的儒家教育以诵读为主，对十几岁的少年来说极为枯燥辛苦，但朱熹却能在读书中找到兴味，立下成为"圣人"的志向。朱熹所学博杂，儒学、理学、法学、释道等均有涉猎，这为他日后卓然自成一家的学术理论奠定了丰厚的知识基础。

朱熹18岁即通过乡贡考试，绍兴十八年（1148年）被录取为进士，就任

南宋·朱熹·大桂驿中帖

此帖是《宋贤遗翰册》中一页，内容为应酬类。记朱熹乞放归田、拟归考亭、再唤猎人蒲来矢诸事。文中所提及诸事多为绍熙五年事，故推算此帖为绍熙五年作品，朱熹时年65岁。

泉州同安县主簿一职。就任期间，他挑选县里优秀的人才，为他们讲授古代圣贤如何增强个人修养及治理百姓的学问，宣讲妇女不宜出家为尼为道。此时，朱熹博学有才的名声已逐渐传遍天下。

宋孝宗即位后，鼓励朝臣对政事得失畅所欲言。朱熹上奏章陈述"帝王之学"，他一反宋以来重视佛、道的风气，大胆指出"虚无寂灭，非所以贯本末而立大中"，提出穷究事物的本源获得的知识，才能透彻认识到事物的变化规律，从而对世间万物的道理明察秋毫，进而"意诚心正，而可以应天下之务"。同时，朱熹秉承父亲的观点，认为决不能与金国议和。朱熹的这番言论在当时算得上新颖独特，可惜的是，朝廷并未重视他的建议。

隆兴元年（1163年），孝宗召见朱熹问询治理国家的策略。朱熹再次提出治理国家要穷究事物本源，根据事物发展变化的规律来处理国事，不要被臣下的言语蒙蔽。宋孝宗任命朱熹为武学博士。不久，因朱熹主张守边抗金的理论与朝廷议和的主流格格不入，朱熹毅然回乡。

著书立说，初成体系

隆兴元年至淳熙四年（1163年—1177年）间，朱熹系统编修了历代理学家的言论、文字，纂修了《四书》。编成《上蔡语录》《延平答问》《论语训蒙口义》《语孟精义》《语孟集义》《困学恐闻编》《程氏遗书》《程氏外

南宋·朱熹·卜筑帖（局部）

草书尺牍卷，纸本。现藏于日本东京国立博物馆。朱熹善行、草，尤善大字，传世作品以行书简牍为主，大字墨迹很少。

以辩促学，讲学授业

淳熙五年（1178年）之后，朱熹写成《易学启蒙》《周易本义》，修订了《诗集传》《四书集注》，融合各家思想自成"存天理、灭人欲"的理气论。为弘扬朱子学说，朱熹时常与其他学派代表人物进行争辩。一时间，各地学派"议论蜂起"。有的学派在争辩过程中倾向于朱学，比如部分吕祖谦门人及以陆子寿为代表的陆学，以张栻为代表的湖湘学派等。对与己见不同的学派，朱熹口诛笔伐，鞭辟入里。他抨击浙学、禅学，说金华派"全然不是孔孟规模，却做官、商见识"，称永嘉学者小气，与永康派陈亮就王霸义利问题多次书信往来辩论争执，和陆九渊就"太极""无极"问题争辩不休。

朱熹十分重视教育，时常亲自为后辈学子解疑答惑。淳熙十年（1183年），朱熹建武夷精舍，开始长时间的讲学活动。其间，各地学子纷纷慕名来到武夷就学，这一阶段成为朱子学说得以发展的重要时期。朱熹一生之中共修复书院近40所，他重建的白鹿洞书院、岳麓书院，罢官建阳（今福建建阳）后建立的竹林精舍（后改名沧州精舍），都是他讲学授业的重要地点。

朱熹在朝时，曾向赵汝愚提议贬黜韩侂胄，"独惕然以侂胄用事为虑"，赵汝愚不以为意，认为韩侂胄不足为虑。等到韩侂胄掌权后，将赵汝愚、朱熹、吕祖泰等59人定为"伪

书》《太极图说解》《通书解》《西铭解义》等。朱熹通读《资治通鉴》后，认为司马光未能运用理学原理评论历史，而且眉目不清使读者难以检索，于是，他编成《资治通鉴纲目》59卷，不久又编纂完成《八朝名臣言行录》。

乾道九年（1173年），朱熹编写完成学术史著作《伊洛渊源录》，两年后又与吕祖谦共同编成《近思录》。淳熙四年（1177年），朱熹完成了《论语集注》《孟子集注》《论语或问》《孟子或问》《大学章句》《中庸章句》等作品。至此，朱子理学体系已初具规模。

学",大力打压他们。选人余哲甚至上书朝廷,请求把朱熹处斩。

此后,打击"伪学"的风气愈演愈烈,曾经的儒学名家成为朝廷攻击对象。一些有骨气的学子不愿随波逐流,归隐乡野。另一些屈于时势、卑顺懦弱的人转而投靠其他老师,对原来的老师过门不入,甚至用改装易服、改变通常行为的方式来表明自己不是"伪党"。朱熹依然讲学不辍,有劝他遣散学生以避祸的,他"笑而不答"。

庆元六年(1200年)三月,朱熹去世,临终时仍在修改《大学·诚意章》。朱熹一生著作等身,"平生为文凡一百卷,生徒问答凡八十卷,别录十卷"。朱熹死后,他的门人弟子不顾朝廷禁忌,从各地奔赴建阳奔丧,参加丧礼的将近千人。朱熹门生、女婿黄干称赞朱熹学说继承了儒道正统,后世深以此说为然。

江西庐山白鹿洞书院

位于江西庐山东南五老峰下的海会镇和星子县(今庐山市)白鹿乡的交界处,院内由五个院落并列组成,分别为礼圣殿、先贤书院(礼圣殿之西)、白鹿洞书院、紫阳书院和延宾馆。大门"白鹿洞书院"牌匾是明正德年间文学家李梦阳书写。朱熹出任知南康军(今江西庐山市)时,重建书院,亲自讲学,确定了书院的办学规条和宗旨,并奏请赐额及御书,名声大振,成为宋末至清初数百年中国一个重要文化摇篮。白鹿洞与岳麓、睢阳、石鼓并称天下四大书院。

少年中国史

1084年—1155年

……女清照，诗文尤有称于时，嫁赵挺之之子明诚，自号易安居士。

——《宋史·文苑传》

物是人非事事休

李清照一生境遇坎坷。她遭逢靖康国难，痛失爱侣，安定优裕的生活陡然转为飘零离乱。困境中，她以词遣怀，词风独辟蹊径，与李后主、李白并称为"词家三李"。

主角
李清照

主要成就
开创"易安体"，被誉为婉约派"词宗"，有"千古第一女词人"之称

传世著作
《易安集》《漱玉词》

李清照像
李清照（1084年—1155年），号易安居士，今山东省济南市章丘区人，宋代女词人。工诗善文，更擅长词。诗词创作、诗词理论颇佳，有"千古第一才女"之称。

琴瑟和谐，不识愁滋味

李清照（1084年—1155年），号易安居士，出身书香门第，是北宋著名文学家李格非之女。在良好家庭环境的熏陶下，李清照很早就显露出出色的才情，早期作品《如梦令》中"争渡，争渡，惊起一滩鸥鹭"等语句，细致入微地描摹出游玩湖上的情境和悠闲自得的心情。

成年后，李清照与赵明诚成婚。这段婚姻虽是父母之命，但门当户对的两人志趣相投，都雅好诗词，喜欢收集金石，堪称"夫妇擅朋友之胜"。二人时常以词唱和，互相砥砺。赵明诚远游时，李清照填词《醉花阴·薄雾浓云愁永昼》寄予丈夫，道尽相思之情。赵明诚观后反复把玩赞叹，闭门谢客三天，做出50阕词，和李清照的《醉花阴》一起交付友人评价，友人读后，指出诸多词中，只有三句词极尽佳妙，即是《醉花阴》中的"莫道不销魂，帘卷西风，人比黄花瘦"。

赵明诚入仕后不久，岳父李格非卷入新旧党争，被列为"元祐党"罢官出京。李清照心急父亲处境，向公公赵挺之献诗求助，但赵挺之自身难保，不久也牵连进党争之中，连累儿子赵明诚与自己同时罢官。罢官后，赵家举家迁往青州（今山东青州）。居住在青州期间，没有官场羁绊的赵明诚有大把时间与妻子相处，夫妇二人共同研究金石之学，词赋唱和，度过10年只羡鸳鸯不羡仙的幸福生活。宣和三年（1121年）赵明诚重新被起用，李清照跟随夫君辗转任所。

这段日子可算是李清照一生中最为幸福的时光。这一时期，她的词风清新，词意活泼欢快，大多描写悠游自在的生活、优美的自然风光及爱情生活。

武陵春·春晚

风住尘香花已尽，
日晚倦梳头。
物是人非事事休，
欲语泪先流。

闻说双溪春尚好，
也拟泛轻舟。
只恐双溪舴艋舟，
载不动许多愁。

——南宋·李清照

国破家亡，巾帼亦怀黍离悲

靖康二年（1127年），北宋都城汴京被金军攻破，宋徽宗、宋钦宗及宗室俱被金军所俘。当时，赵明诚因母丧回乡，李清照孑然一身，凄然独行的路途中，李清照满怀亡国之痛，感慨"故乡何处是，忘了除非醉"。

建炎三年（1129年），赵明诚奉

赵明诚、李清照像
位于山东省潍坊市博物馆内，夫妇二人归来堂斗茶图。

命驻守江宁，可在敌军来犯之际，赵明诚竟然不思抵抗，弃城奔逃。李清照对丈夫的行为失望至极，作出著名的《乌江》诗："生当作人杰，死亦为鬼雄。至今思项羽，不肯过江东。"赵明诚读到此诗后惭愧无地，加上贬官失节的抑郁，不久就患病身亡。李清照虽然对丈夫失望，但夫妻情深，丈夫的离世让她悲痛欲绝。赵明诚的变节行为已引起南宋朝廷猜忌，为表示自己没有变节之心，李清照将夫妇二人毕生搜集的金石玉玩上缴朝廷，跟随高宗南迁的脚步辗转多地，颠沛流离。

其间，南宋官员张汝舟以为李清照仍有万贯家财，对李清照曲意奉承，殷勤备至。丧夫后境遇凄凉的李清照被其迷惑，下嫁于他。婚后，张汝舟发现李清照不如自己预料中富有，对她非打即骂。李清照不顾世俗流言，毅然去官府出首张汝舟，请求和离。按照南宋律法，妻子出首丈夫要受到刑罚，在同情她的官员的周旋下，李清照才得以免除牢狱之灾，结束了不到百日的二次婚姻。

此后，李清照因再嫁备受时人诟病，晚景越发凄凉，词风转为凝重凄然，词意多蕴含家国之悲。

境至词臻，屹然自成一家

面对凄清境遇，李清照以酒、词遣怀，佳作频出。她整理完成《金石录后序》，完成了爱侣赵明诚的毕生心愿。看到南宋朝廷苟安一隅，不思北归，李清照编制《打马图经》，以闺阁游戏模拟战场上的征战杀伐。她所作

梧桐仕女图
清王素绘，烘托出"帘卷西风，人比黄花瘦"的意境。

的《打马赋》几乎通篇用典,气势磅礴,以古人豪赌、鏖战等事例抒发胸臆。其中,"木兰横戈好女子,老矣不复志千里,但愿将相过淮水"的语句表达出对朝廷抗金杀敌的拳拳期待。

在李清照晚年作品里,并非只有类似《声声慢》中"寻寻觅觅,冷冷清清,凄凄惨惨戚戚"的哀伤语句,更有豪气干云的《渔家傲》:"我报路长嗟日暮,学诗漫有惊人句;九万里风鹏正举,风休住,蓬舟吹取三山去。"词作语句铿锵,满蕴豪情,以蒲柳弱质出"丈夫之语",开创了"词家一大宗"的易安体。著名词人辛弃疾、侯寅都有"效易安体"的词作。

明代杨慎云在《词品》中评价李清照的词在宋人中"称冠绝",且"当与秦七(即秦观)、黄九(即黄庭坚)争雄,不独争雄于闺阁也"。

济南市李清照纪念堂

《金石录》书影
赵明诚(1081年—1129年),字德甫,又作德父。宋徽宗时期宰相赵挺之的第三子,赵明诚参加文朋诗会,偶遇李清照,后来结为连理。他对于金石学有相当研究,曾著《金石录》一书。

▶ 1175年

……九渊尝与朱熹会鹅湖，论辩所学多不合。

——《宋史·儒林传》

鹅湖之会

鹅湖之会在中国哲学史上具有十分重要的意义。它将道学与心学的分歧摆上台面进而形成界限分明的学派，并首开书院会讲先河。这种以辩促学，公平、严谨的学术氛围成为中国古代学术争论的典范。

时间
1175年

地点
鹅湖寺（今江西铅山鹅湖镇）

性质
道学内部"理学"与"心学"的哲学辩论会

参会人员
朱熹；陆九渊、陆九龄兄弟

影响
中国哲学史上一次堪称典范的学术讨论会，首开书院会讲之先河

陆九渊

陆九渊（1139年—1193年），字子静，抚州金溪（今江西金溪县）人。南宋哲学家，陆王心学的代表人物。因讲学象山书院（位于今江西贵溪县），世称"象山先生"，学术界常称其为"陆象山"。兄陆九龄，亦儒学名家。

理学心学，朱陆有别

南宋淳熙年间，学术氛围极为浓厚，学术界各派林立。其中，源于孔孟之学、博采百家之长的道学派俨然成为诸派之首。道学派中，偏重理学的朱熹和偏重心学的陆九渊分成两大派别。

陆九渊（1139年—1193年）字子静，自幼好学深思。在他三四岁时，向父亲提出"天地何所穷际"的问题，他的父亲笑而不答，陆九渊就开始废寝忘食地思考这个问题。陆九渊饱读诗书却不盲从，时常提出自己的疑问。有一日他诵读古书，见到古人将"宇宙"解释为"四方上下曰宇，往古来今曰宙"，忽然恍然自省，悟出"宇宙的事存于一心，心内所想的万事就是宇宙内的万事"，从此独发高论，自成心学。

南宋·朱熹·秋深帖

此札书于绍熙五年（1194）八月，朱熹卸下知潭州一职前往京师，意在交代潭州政务。首段提及的"国家丧纪"，指的是两个月前孝宗太上皇的死讯。七月光宗禅位宁宗，他有机会入朝宣教，让他顿时转忧为喜。通幅下笔迅捷，点画圆润，线条沉着而顺畅，呈现出洒脱自然的意趣。现藏于中国台北"故宫博物院"。

陆九渊自号象山翁，他讲学时，倡导人要"在乎自立"，只有发乎本心去了悟，才能真正体会到为人为学的道理。陆九渊一反学术界"崇古非今"的传统观念，认为古书上的道理并不能作为一定之规，今人需要定心明性，以心求道，以心悟道，不要拘泥于古人甚至圣人所言。陆九渊讲学无数，每次讲学均"户外屦满，耆老扶杖观听"，但他却少有论著传世。有人劝他把自己的学术理论著书立说，他以"《六经》注我，我注《六经》""学苟知道，《六经》皆我注脚"作答。

同为道学大家，陆九渊与朱熹的学术研究的侧重点和方向迥然而异。在认识论上，朱熹主张"性即是理"，陆九渊则主张"心即是理"。在方法论上，朱熹主张从外而内的"道问学"，陆九渊则主张从内而外的"尊德性"。宇宙观上，朱熹坚持"无极而太极"；陆九渊则认为"易有太极"，"太极"之上不能加"无极"二字。在历史观上朱熹主张"陶铸历史，会归一理的纯粹"；陆九渊则认为"先王之泽竭，此心放失陷溺而然也"。

鹅湖相会,激辩无果

淳熙二年(1175年)六月,吕祖谦去武夷书院拜访朱熹,住了一个多月后,朱熹亲自送吕祖谦到江西信州(今属江西上饶市)鹅湖。为了调和朱熹和陆九渊之间的分歧,"欲会归于一,而定其所适从",吕祖谦邀请朱熹与陆九渊及其兄长陆九龄(字九寿)相会于鹅湖寺。参加此次会面的人除了来自金溪的陆氏兄弟外,还有江浙一带的学子和刘子澄。

因陆九渊和朱熹"论辩所学多不合",二人首日会面即展开辩论,争论集中在"为学之方"(成为圣人的修养方法)上。朱熹的"为学之方"提倡"格物致知"。他主张泛观博览,"泛观"能"格物","博览"可"致知"。"格"在此处有"尽"或"至"的意思,"物"指"事"。朱熹认为,格物并非要把每件事都穷追到底,只要在一事上做到"穷尽","万物各具一理,而万理同出一源",其他事物中蕴含的道理也可以通达知晓了。他主张多读书,多观察事物,根据经验加以分析、综合与归纳,然后得出结论。陆九渊却主张"发明本心",心里明了

鹅湖书院
位于中国江西省上饶市铅山县鹅湖镇境内,地处鹅湖山北麓。南宋淳熙二年(1175年),朱熹、吕祖谦、陆九渊、陆九龄等人在此聚会讲学,史称"鹅湖之会"。后代的理学家为纪念朱、陆二方的辩论,便建立"鹅湖书院"。

则万事万物的道理自然贯通。他认为去心之蔽胜于博览群书，养明心神自可通达事理。陆九渊认为朱熹的观点舍本逐末，只要有一颗善良的心，则人人都能成为尧舜那样的圣人。

二人都坚持自己的见解，辩论"至晚方罢"。第二天，陆九龄作诗一首，诗为："孩提知爱长知钦，古圣相传只此心。大抵有基方筑室，未闻无址忽成岑。留情传注翻榛塞，着意精微转陆沉。珍重友朋相切琢，须知至乐在于今。"以此诗表明心学理论中"以心为基"，之后而成道理的观点，同时对朱陆相互切磋的盛举表示肯定。陆九龄诵完诗后，陆九渊随后吟诗一首："墟墓兴衰宗庙钦，斯人千古不磨心。涓流滴到沧溟水，拳石崇成泰华岑。易简功夫终久大，支离事业竟浮沉。欲知自下升高处，真伪先须辨只今。"之后数天，朱熹和陆九渊再次展开辩论，互不相服，吕祖谦等人全程虚心静听。

砥砺共进，以辩促学

鹅湖之会后，朱熹与好友张钦夫书信相通时，称赞陆九渊心学理论"气象甚好"，认为陆家兄弟的心学要害在于"尽废讲学而专务践履"，过于推

湖湘学派集大成者张栻
张栻（1133年—1180年），字敬夫，号南轩，汉州绵竹（今四川绵竹市）人。南宋中兴名相张浚之子，著名理学家和教育家，湖湘学派集大成者。与朱熹、吕祖谦齐名，时称"东南三贤"。

崇本心、自信，和佛教讲究顿悟相类，会"流于异学（指佛教）而不自知"。

鹅湖之会后三年，陆九龄去拜访朱熹时，朱熹赠他一首诗："德业流风夙所钦，别离三载更关心。偶携藜杖出寒谷，又枉篮舆度远岑。旧学商量加邃密，新知培养转深沉。却愁说到无言处，不信人间有古今。"诗中对陆九渊不信古今、"无言"空疏的心学颇为不以为然。

淳熙八年（1181年），朱熹任南康守，复修白鹿洞书院并在那里讲学。陆九渊赶赴南康拜望朱熹，朱熹请他在书院为学生们讲《论语·里仁篇》中"君子喻于义，小人喻于利"一章。陆九渊从心学角度的讲解，另辟蹊径，阐发思路，朱熹对其十分赞赏。

淳熙十五年（1188年），朱熹和陆九渊又就"太极"和"无极"展开辩论。多次辩论让二人在相互诘难过程中启发思路，进一步完善了自己的理论体系，促进了各自学派的发展。朱熹与陆九渊惺惺相惜，朱熹还要求门人弟子要"兼取两家之长，不轻相诋毁"。

▶ 1195年

……刘三杰入对，言前日伪党，今变而为逆党。侂胄大喜，即日除三杰为右正言，而坐伪学逆党得罪者五十有九人。

——《宋史·奸臣传》

庆元党禁

庆元党禁是南宋时期学术界的一场浩劫。党禁之后，南宋学风、政风遽变，学术界不复学派林立的盛况，朝堂开始权臣专政，南宋逐渐走向没落。

时间
1195年

性质
韩侂胄、赵汝愚之间政治斗争引发的一次学术禁锢

主要受害学派
以朱熹为代表的道学、以陆氏为代表的心学、以叶适为代表的永嘉学派

影响
结束了南宋学风繁荣、学派林立的局面，走上了权臣之路

绍熙内禅，埋下隐患

绍熙五年（1194年）六月初，进位寿皇的宋孝宗薨逝。知枢密院事赵汝愚、左丞相留正请光宗主持丧礼，被光宗称病拒绝。留正主张先立嘉王赵扩（即宋宁宗）为太子，由孙辈为孝宗主持丧礼。赵汝愚则主张由太皇太后（高宗皇后吴氏）主持丧礼，废黜罹患疯疾的宋光宗，拥立嘉王即位。留正连续三次上书光宗，请求早立太子，却得到"历事岁久，念欲退闲"的御批，内中对立太子之事没有回应。留正第四次请奏，御批仍然语焉不详。

留正请求面见光宗奏对，这个要求被李后压下未能呈报。思忖再三之下，留正"上表请老"，表中直言劝谏光宗"追悟前非，渐收人心"。其时，留正和郑甘主张立太子以监国，如果光宗病愈痛改前非，就可

南宋宋宁宗像
赵扩（1168年—1224年），宋朝的第十三位皇帝，宋光宗赵惇与慈懿皇后李凤娘的次子。绍熙五年（1194年），被立为太子，不久，宋光宗被逼退位，赵扩在韩侂胄、赵汝愚等大臣的拥戴下继位，第二年改年号为"庆元"。

以重新执政,如果光宗始终病体缠身,就建议他内禅给太子。可赵汝愚却直接向宪圣吴太后呈上光宗"历事岁久,念欲退闲"的御批,准备让吴太后出面逼迫光宗内禅。留正因"建储诏未下",准备内禅不合情理,又无法阻止赵汝愚,干脆"以肩舆逃去"。

留正远避,殿前司亲卫军殿帅郭杲也不同意赵汝愚的做法,只有同为宗室的工部尚书赵彦逾与赵汝愚一拍即合。赵彦逾出面说服郭杲,郭杲答应届时发动武装支持。此时,内禅的关键人物吴太后尚未吐口同意,知合门事多次入内觐见太后反复劝说,连续三次奏请后,太后终于首肯。

同年七月,吴太后在孝宗灵前扶持宁宗即位,这场宫廷政变被称为"绍熙内政"。宁宗即位后,赵汝愚独揽策立之功,以"吾宗室也,汝外戚也,何可以言功"的理由搪塞韩侂胄,仅将他的俸禄改为防御使标准。至于赵彦逾,赵汝愚告知他"吾辈宗室,不当言功",将他贬为地方官。而赵汝愚自己却一路高升,直升为右丞相,韩侂胄、赵彦逾对赵汝愚极为不满,埋下日后党争的隐患。

启衅争端,迫害政敌

绍熙内禅后,韩侂胄、赵汝愚的矛盾日益激化,朱熹曾多次告诫赵汝愚防备韩侂胄,赵汝愚却认为韩侂胄难成大器,对朱熹的话不以为然。朱熹还向

宋代韩侂胄事迹图
出自明宣德时期彩绘钞本《御制外戚事鉴》。为明宣宗为训诫外戚恪守臣道,令杨荣从历代正史中摘抄有关外戚的史料而绘。韩侂胄(tuō zhòu,1152年—1207年),字节夫,今河南安阳人,南宋宰相、权臣、外戚。

宁宗提议外放韩侂胄,宁宗没有采纳。当时,朱熹在朝任焕章阁待制兼侍讲一职,时常为宁宗讲学,朱子理论体系自成一家,名扬天下,俨然已是道学派人士的精神领袖。朱熹的学术地位加上他对韩侂胄的态度,使以韩侂胄为首的反道学派(韩党)深具危机感。

在韩侂胄的多次挑拨下,宁宗对朱熹心生嫌隙,将其罢官。自此,韩党开始正式向理学派发起正面攻击。赵汝愚对朱熹罢黜一事极为愤慨,上奏宁可自己罢相,也要让朱熹官复原职,同时

恭淑皇后韩氏像

恭淑皇后韩氏（？—1200年），今河南安阳人，南宋皇帝宋宁宗赵扩的皇后，为当时权臣韩侂胄的族人。淳熙十二年（1185年）八月嫁给赵扩，赵扩即位为宁宗后立为皇后，庆元六年（1200年）病逝，谥曰恭淑，葬永茂陵。

弹劾韩侂胄。宁宗并未完全应允赵汝愚所奏，仅将韩侂胄改任宫观闲差，也没有复原朱熹的官位。韩侂胄对赵汝愚更为怨恨。

为表明宁宗即位名正言顺，赵汝愚曾散布言论，称"梦孝宗授以汤鼎，背负白龙升天"，说这就是宁宗即位的先兆。可是，孝宗在位时，并不同意立宁宗为太子，那么，孝宗托梦说中的"汤鼎""白龙"寓意何人，究竟是不是指代宁宗，就颇为引人玩味了。韩侂胄以此事向宁宗弹劾赵汝愚。宁宗本就对赵汝愚所谓的梦境极为不满，加上韩侂胄的挑唆，对赵汝愚更为厌恶。庆元元年（1195年）二月，宁宗以"以同姓居相位，将不利于社稷""唱引伪徒，谋为不轨，乘龙授鼎，假梦为符"的罪名罢除赵汝愚宰相一职，将其贬为福州知州，随后又改为宫观闲职，同年十一月又命令他去永州居住。次年正月，赵汝愚不堪跋涉，病死于贬谪途中。

北宋理学家二程

二程，即指中国北宋理学家程颢、程颐。程颢（1032年—1085年）字伯淳，世称"明道先生"；程颐（1033年—1107年）字正叔，世称"伊川先生"。二程祖籍在今黄山市屯溪区，因其曾祖父程希振死后葬于伊川，始迁居洛阳。他们早年一同求学于周敦颐，有《二程集》。

二程在学术上提出的最重要的命题是"万物皆只是一个天理"，认为阳阴二气和五行只是"理"或"天理"创生万物的材料。从二程开始，"理"或"天理"被作为中国哲学的最高范畴使用，亦即被作为世界的本体。二程而且提出人类社会的制度及与之相适应的社会道德规范，也都是"理"在人间社会的具体表现形态。二程的人性论，祖述子思孟子学派的性善论，但在性善论的基础上又进一步深化了，回答了性为什么至善、为什么会产生恶的因素等一系列问题。

人人自危，学术浩劫

朱熹免官，赵汝愚罢相，使得韩派反道学人士越发嚣张，韩侂胄与京镗朋比为奸，发起"庆元党禁"，对道学派人士变本加厉地打击迫害，将道学说成"伪学"，将道学派的门人弟子说成"逆党"。韩侂胄列出59人之多的"伪学逆党"名单，赵汝愚、朱熹、吕祖泰等理学大家的名字赫然在列。此后，庆元党禁达到高潮。

科举考试时，考生的试卷只要涉及义理，也当即弃用不予录取。更有甚者，韩派将《论语》《孟子》都设为禁书，规定"伪学逆党"们不能参加科举，不能升官，不能在京任职。

庆元党禁中，受迫害的学派不止于道学，与朱熹学术见地不同的学派比如永嘉学派、陆氏心学也受到打击，整个学术界遭到颠覆。很多"伪学"门生公然改易冠服，不理师长，向韩党表示弃暗投明。但还有更多文人士子无视党禁压力，继续讲学求学，著书作文。

庆元六年（1200年）三月，理学大儒朱熹去世，近千门生从各地前去吊唁。同年，婺州（今浙江金华）布衣吕祖泰上书宁宗，进言"道学不可禁"，请求诛戮韩侂胄，任用周必大为丞相。韩侂胄大怒，杖责吕祖泰后将其流放钦州（今广西钦州）。也是在这一年，发起庆元党禁的重要人物、左丞相京镗病逝。

京镗去世后，参知政事张孝伯劝说韩侂胄"不弛党禁，后恐不免报复之祸"，韩侂胄受到触动，认为张孝伯说的有道理。不久，韩侂胄上奏宁宗，请求追封恢复赵汝愚、朱熹原有的官职名称，留正、周必大、徐谊等"伪党"人士也先后复官。

南宋·马远·《华灯侍宴图》
此幅画绘宋宁宗杨皇后的父亲杨次山与兄长侍候皇帝夜宴场景，上题诗为杨皇后所写。现藏中国台北"故宫博物院"。马远（约1140年—约1225年），字遥父，号钦山，南宋光宗、宁宗两朝画院待诏。擅画山水、人物、花鸟，与李唐、刘松年、夏圭并称"南宋四家"。

1206年

……金唐州得宋谍者,言韩侂胄屯兵鄂、岳,将谋北侵。

——《续资治通鉴·宋纪一百五十七》

草率的北伐

宋宁宗开禧年间,权臣韩侂胄得陇望蜀,妄想建立盖世功业,不顾国势现状草率发动北伐。这次北伐的将领大多不堪重任,屡屡败退,最终以劳民伤财、国势衰败落下帷幕。

时间
1206年

发起人
韩侂胄

背景
韩侂胄执政后,宋光宗朝被排斥的主战官员再被起用,朝野一片伐金之声

战况
因军事上准备不足,宋军败多胜少

结果
北伐失败,韩侂胄被斩,投降派与金主议

南宋·嘉泰通宝
宋宁宗嘉泰年间铸。楷书面文,有小平,折二记年钱,背文记年自"元"至"四",折三钱光背无文,又有小平、折二铁钱,背文记年自"元"至"三";纪监为"春""汉""同"等共约20种左右。

位高权重 心犹不足

庆元党禁后,韩侂胄权倾朝野,几近说一不二。韩侂胄重新重用薛叔似、辛弃疾等人,陈自强曾担任韩侂胄儿子的老师,被韩侂胄提拔为官,几年后就被提拔为宰相。韩侂胄家中仆人苏师旦、周筠,都能够"预闻国政",破格入仕。当时的南宋朝堂,官吏升迁事宜由韩侂胄一手遮天。等到陈自强为相后,更与韩侂胄朋比为奸,甚至将"空名敕札"盖上相印送给韩侂胄,任其随意填写为所欲为。韩侂胄阻塞言路,每个月能奏报至皇帝案头的事情不过两三件。

此时的韩侂胄可谓权势滔天,富贵无极,可他仍然心犹未足,开始妄想立下盖世功名名垂青史。于是,韩侂胄重启宋孝宗中兴之议,向宋宁宗多次进谏,言说覆灭金国很容易,劝宋宁宗发动北伐之战,收复失地。

韩侂胄曾向邱崈提起北伐之意,邱崈极力反

对，认为中原沦陷已经百年，虽然光复之志不可忘，但也要量力而行。战场上"兵凶战诡"，发兵后胜负难料，一旦失败，首倡发兵的人会有"首事之祸"。邱崈指出劝韩侂胄北伐的人是"夸诞贪进之人"的心存侥幸之举，劝韩侂胄不要听从这种人的撺掇蛊惑，否则必然"误国矣"。韩侂胄不听邱崈的劝告，正好安丰（今安徽寿县）太守厉仲奏报北方有许多流民想要归附宋朝，辛弃疾、郑挺、邓友龙等人纷纷表示这是金国乱亡的前兆。韩侂胄闻言极为兴奋。

开禧元年（1205年），进士毛自知在廷试时声言应该趁北方有乱，出兵北定中原，韩侂胄十分高兴。他说服宋宁宗下诏召集诸位将领，想要秘密北伐，打金国一个措手不及。此诏一下，朝中大哗，许多大臣认为北伐之事还需慎重。杨辅、傅伯成都进言"兵不可动"，武学生华岳敲宫门请求处斩韩侂胄、苏师旦和周筠，谏议大夫李大异也声称应"止开边"。这些反对北伐的大臣统统被韩侂胄或下狱，或贬谪，执异议的人大为减少，北伐成为定局。

草率兴兵，败绩连连

在陈自强等人的奏请下，韩侂胄被宁宗任命为平章军国事，领三省官印。韩侂胄任命苏师旦为安远军节度使，在府邸私设机速房（属于枢密院，

女真文"明王慎德、四夷咸宾"印
12世纪金国建立后不久，由阿骨打命人创制，与汉字同为官方文字。女真字结构简单，笔画同汉字类似，有横、直、点、撇、捺等。书写方式自上而下，由右向左换行。女真字制定后，成为金国官方通行文字，对金国社会文化的发展起到了积极作用。

负责处理紧急军事急件），甚至"假作御笔，升黜将帅"，自作主张处理机要事件，时人敢怒而不敢言。

开禧二年（1206年），镇江武锋军统制陈孝庆收复泗州（今江苏盱眙东北）、虹县（今安徽泗县），光州孙成收复褒信县（今河南息县），韩侂胄惑于短暂的胜利，说服宁宗颁下全面进攻的诏书。韩侂胄屯兵准备北伐之际，金国已从俘获的宋朝间谍那里得知这一消息，暗中做了准备。

等到北伐正式开始，宋军在金军迎击下屡屡败退。皇甫斌败于唐州（今河南唐河），秦世辅败于城固（今陕西城固），郭倬、李汝翼败于宿州，郭倬

函首安边

自古和戎有大权,
未闻函首可安边。
生灵肝脑空涂地,
祖父冤仇共戴天。
晁错已诛终叛汉,
于期未遣尚存燕。
庙堂自谓万全策,
却恐防边未必然。
——南宋·太学生

甚至干出将自己属下将领献给金军以保命的丑事。韩侂胄发觉自己被苏师旦所误,贬谪苏师旦,处斩郭倬,流放败军将领。可是,韩侂胄所做的一切已无法阻止金兵的磅礴攻势,金军很快渡过淮水,打下庐州(今安徽合肥一带)、和州(今安徽和县)、真州(今江苏仪征)、扬州,占领安丰(今安徽寿县)、濠州(今安徽凤阳东),攻占襄阳(今湖北襄阳),兵临枣阳(今湖北枣阳)。

身首异处,北伐失败

韩侂胄见金兵势大,十分畏惧,自掏腰包拿出20万家财犒劳宋军,请督视江、淮军马的金书枢密院事邱崈去金军营中议和,将兴战的罪过推诿给苏师旦、邓友龙、皇甫斌等人。金军的回答极为傲慢,需索无度外,还要求罢免韩侂胄的职务。其时,招抚使郭倪败于六合(今江苏南京六合区),金军攻打蜀地,韩侂胄一力保奏的蜀将吴曦叛国,受金国册封立为蜀王。韩侂胄正在愁肠百结之际,得知邱崈出使金营的结果,大怒,罢免了邱崈的官职。

韩侂胄又派方信孺出使金国请和,金国提出要宋朝缴纳之前拖欠的岁币、犒军费数千万银两,还要以当下占领的宋境为边界,并把首倡用兵的人绑送到金国。韩侂胄得知谈判结果居然涉及自己的人身安全和地位,当即停止议和,任命殿前都指挥使赵淳为江、淮制置使,准备再次起兵抗金。

北伐起兵后,百姓死于兵祸的不计其数,国家财力严重耗竭。见韩侂胄没有罢兵议和的意思,朝野上下均忧虑恐惧。为达成宋金和议,息兵以保平安,礼部侍郎史弥远在宁宗的支持下,与参知政事钱象祖、李壁密谋击杀韩侂胄。于是,趁着韩侂胄入朝毫无防范之际,权主管殿前司公事夏震将其挟持到玉津园侧斩杀。韩侂胄死后,宁宗下诏处死苏师旦。

嘉定元年(1208年),金人要求宋朝献上韩侂胄的头颅,朝廷当即打开韩侂胄的棺木,取出头颅放在匣子里进献给金国。开禧北伐以失败告终,南宋国势进一步衰退。

南宋·银镀金庭院婴戏图八方盘
银质,八边形,折沿敞口,浅腹平底,打磨精细,盘心以鎏金工艺饰庭院婴戏图,画面上的儿童或持莲、或逗猫、或捕鱼、或玩鸟,娇憨可爱,富有表现力。宋时为婴戏图表现的黄金时期,不但取材丰富多样,而且描绘技巧高超,充满浓郁的生活气息,呈现了一种雅俗互融的审美趣味,表达了老百姓盼多子、多孙、多福、多寿、去灾辟邪的愿望。

> 1140年—1207年

……作《九议》并《应问》三篇、《美芹十论》献于朝，言逆顺之理，消长之势，技之长短，地之要害，甚备。

——《宋史·辛弃疾传》

马革裹尸当自誓

辛弃疾为人慷慨豪侠，能力卓绝，虽仕途坎坷，爱国之志却丝毫未改。他文采斐然，传世佳作脍炙人口。他一心为民，多次因百姓利益违逆上意。可叹的是，报国无门的他壮志未酬身先死，抱憾而终。

主角
辛弃疾

起家
反抗金人统治的起义军军队

毕生愿望
恢复中原、报国雪耻

文学成就
中国豪放派词人的代表，开拓了词的思想意境文学成就

传世作品
《稼轩长短句》

辛弃疾像
辛弃疾（1140年—1207年），字幼安，号稼轩，历城（今山东济南）人。生于金国，少年抗金归宋，曾任江西安抚使、福建安抚使等职，辛弃疾始终未能得到南宋朝廷的重用以及实现他北伐的夙愿。追赠少师，谥忠敏。

掌书义军，初露锋芒

辛弃疾（1140年——1207年），原字坦夫，后字幼安，号稼轩居士，济南府历城县（今山东济南）人。靖康之变后，徽、钦二帝被掠至北方，宋室南迁临安，辛弃疾成长之地被金朝占领。其祖父辛赞在北宋灭亡时未及时南渡，不得已降金，先后任亳州谯县令、开封府知府，后官至朝散大夫。辛赞不忘故土，曾两次让辛弃疾参加在金朝都城燕京举行的进士科考，窥探金人形势以图恢复。

绍兴三十一年（1161年），金主完颜亮大举兴兵，南下欲图灭亡南宋，在采石矶（今安徽马鞍山境内）被南宋虞允文打败，中原地区百姓趁机纷纷起义反抗。22岁的辛弃疾毅然率2000余人起义，在济南南部山区奋起抗金。此时农民起义军首领耿京聚兵于山东，称天平节度使，统率山东、河

南宋

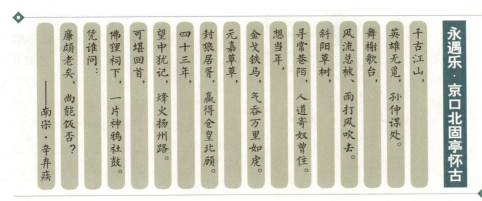

永遇乐·京口北固亭怀古

千古江山，英雄无觅，孙仲谋处。舞榭歌台，风流总被、雨打风吹去。斜阳草树，寻常巷陌，人道寄奴曾住。想当年，金戈铁马，气吞万里如虎。

元嘉草草，封狼居胥，赢得仓皇北顾。四十三年，望中犹记，烽火扬州路。可堪回首，佛狸祠下，一片神鸦社鼓。凭谁问：廉颇老矣，尚能饭否？

——南宋·辛弃疾

北25万起义军马，辛弃疾遂率众加入耿京领导的起义军，任权天平军节度掌书记，负责起草檄文、掌管大印。辛弃疾曾与一个叫义端的和尚交往，在辛弃疾投奔耿京后，义端统率千余人反金，在辛弃疾的说服下，他也投奔了耿京。有一天傍晚义端偷了耿京的大印逃走，耿京责怪于辛弃疾，要斩辛弃疾，辛弃疾许诺三日内将其抓回。辛弃疾推测义端必投奔金帅，追赶并抓获了他，斩其首回营报告，从此，耿京对他更加信任。为取得南宋朝廷的支持，辛弃疾根据当时的形势，力劝耿京归顺南宋，接受朝廷的领导。

绍兴三十二年（1162年）正月，耿京命贾瑞为正使、辛弃疾为副使南归接洽，宋高宗在建康接见了他们，接受了耿京的奉表，并慰劳军队，任命耿京为天平军节度使，辛弃疾为右承务郎、天平军掌书记，并命他们同官员王世隆带着赐给义军的官诰、节钺等物返回山东向耿京传达朝廷的旨意。但就在辛弃疾返回山东的时候，义军内部张安国勾结邵进在金朝的利诱下，杀害了耿京，带领军中一部分人投降了金朝。辛弃疾闻此消息，联合海州统制王世隆和勇士马全福两人，召集忠义人士共50位驰赴金营，出其不意袭击金营，抓获张安国，摆脱金军追杀，急驰南下，后张安国在临安斩首于市。朝廷授予辛弃疾原官职，改任为江阴佥判，当时辛弃疾仅仅23岁。

归顺南宋，治政厉兵

一心归附南宋的辛弃疾，并没有得到朝廷的真正的信任，南宋朝廷只让他担任江阴军佥判。不久，宋孝宗即

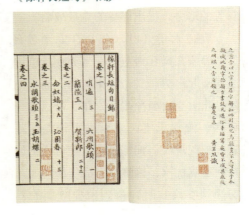

《稼轩长短句》书影

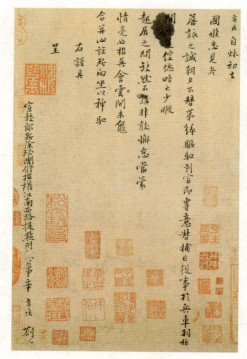

南宋·辛弃疾·去国帖

此帖书法中锋用笔,点画尽合法度,书写流畅自如,浑厚沉婉,笔意略显苏黄遗规。虽无豪纵恣肆之态,亦不失方正挺拔之气,为辛弃疾仅见的墨迹珍品。

位,在金宋签订"隆兴和议"后,南宋主和派势力占据上风,此时26岁的辛弃疾先后上奏《美芹十论》(又称《御戎十论》)、《九议》等,周密分析宋金双方的形势,提出详尽的克敌战略。

乾道六年(1170年),宋孝宗召见辛弃疾在延和殿应对,辛弃疾趁机讲述了南北形势,其论切中时弊。而后他任滁州(今安徽滁州)知州,恰逢遭受兵祸,饿殍千里,辛弃疾实行宽征薄赋,招抚流民,训练民兵,推行屯田,并创建奠枕楼、繁雄馆。被任命为江东安抚司参议官时,得到留守叶衡的器重。叶衡升任宰相后,在他的推荐下,辛弃疾得到皇上的召见,升为仓部郎官、提点江西刑狱,在任上,辛弃疾平叛了赖文政起义,维护了南宋政权。

在担任潭州知州兼湖南安抚使期间,辛弃疾剿平了湖湘地区相继爆发的农民起义。并在深入分析农民起义根源的基础上,上疏朝廷提出义军频发皆因州县征收赋税过重过急,吏行害民之政所致,并提出州县官员应仁爱百姓、尽职尽责。辛弃疾在任的湖南连接两广,獠人(一古老部族)骚扰时有发生,原因不只民风顽悍,也因朝廷军备空虚所致。于是,辛弃疾上疏分析成因,并建议筹建湖南飞虎军。皇上诏命辛弃疾筹建飞虎军,他测量马殷的营垒遗迹,在此盖起砦栅,招募步军2000人,马军500人,战马铁甲齐备。当时正值秋雨连绵,建营造瓦不足,辛弃疾了解到需要20万块瓦时,命厢官从官舍、祠庙取一部分瓦,又从每户居民家取二片瓦,不到两天便凑齐了,部下都叹服。但朝廷谏官弹劾他借机敛财,皇上降下金字牌,令其停建。辛弃疾将金字牌藏起,责成监办官一月内修成营栅。飞虎营栅落成后,辛弃疾向朝廷陈述筹建过程,并绘上砦栅图,皇上这才消除了误解。飞虎军建成,威震长江沿岸。

辛弃疾被差遣为隆兴(今江西南昌)知府兼江西安抚使时,长江以西地区发生严重饥荒,辛弃疾负责赈灾事宜。他一到灾区,便在街上张榜宣布:"不卖粮者发配,强买粮者斩首。"又把官钱、银器全部拿出,挑选才干,负责钱物,负责买粮运粮,于是运粮船接踵而至,粮价降低,百姓得以接济。信州(今江西上饶)守臣谢源明请求救济,幕僚坚决不同意,辛弃疾却说:"我们都是皇帝的子民。"就把十分之三的米船发往信州。信州百姓赖以救济。

绍熙二年(1191年),辛弃疾官拜福建提点刑狱,主持军事,面对海上盗贼四起的境况,他积极筹备,不到一年,得钱50万缗,称"备安库"。闽中地少人多,他就派人到广南买粮,宗室及军人来买米,他把库粮卖给他们,等秋天粮价贱时,用备安钱又买入了2万石,做到了有备无患。后因遭弹劾,辞官回家。后多次任命,都坚辞不就。

词场驰骋,马革裹尸

辛弃疾一生致力于北伐金朝、恢复失地、统一江山,但是壮志难酬,备受排挤。于是,他将恢复中原的满腔激情,全部寄于词作之中。

作为南宋词坛一代大家,辛弃疾词风继承宋苏轼之诗风,以慷慨悲壮、沉郁苍凉为基调,笔力雄厚,艺术风格多样,而以豪放为主,成为宋朝豪放派杰出代表。"了却君王天下事,赢得生前身后名。可怜白发生!""却将万字平戎策,换得东家种树书。"这些词句中,隐藏了他深深的感慨之情。

辛弃疾所写词现存600余首,数量在宋代词人中居首。著有《稼轩长短句》,今人辑有《辛稼轩诗文钞存》。他的词作中,大多抒发报国情怀以及渴望自己驰骋疆场的愿望,发泄报国无门、壮志难酬的愤懑不平之气,尖锐批判南宋主和派屈辱妥协,决心"马革裹尸当自誓",爱国情操跃然纸上。

开禧三年(1207年)秋,68岁的辛弃疾身染重病,朝廷再次任命他为枢密都承旨,令他速到临安赴任。诏令刚到铅山,辛弃疾已病重,农历九月初十,爱国词人辛弃疾带着忧郁愤懑的心情离世,葬于阳原山。皇帝特赐他对衣、金带,特赠四官。

辛弃疾雕像
位于长沙市营盘街,当年他建立飞虎军的地址。辛弃疾任湖南安抚使时,在潭州建立"飞虎军",在马殷营垒的遗址上建造军营。该街地处飞虎军营盘旧址,故而得名"营盘街"。

1125年—1210年

……游为炎陈进取之策，以为经略中原必自长安始，取长安必自陇右始。当积粟练兵，有衅则攻，无则守。

——《宋史·陆游传》

亘古男儿一放翁

陆游一生境遇坎坷，但他始终不以为苦，不逐和议之波，坚持复兴言论。陆游才气纵横，著作等身，他的文章中满是慷慨激昂的兴复之志，被后人称为和屈原、杜甫齐名的爱国诗人。

主角
陆游

出身
名门望族、江南藏书世家

地位
中国爱国主义诗人代表

传世作品
《剑南诗稿》《渭南文集》《南唐书》

诗风特色
兼具李白的雄奇奔放与杜甫的沉郁悲凉

陆游像
陆游（1125年—1210年），字务观，号放翁，越州山阴（今浙江绍兴）人。南宋文学家、史学家、爱国诗人。生逢北宋灭亡之际，一生皆为国家命运忧虑。其诗、词、文俱有很高成就，语言平易晓畅，章法整饬谨严，尤以饱含爱国热情对后世影响深远。

少有才名，刚正直言

陆游（1125年—1210年），字务观，越州（今浙江绍兴）山阴人。父亲陆宰曾任北宋朝廷京西转运副使一职，靖康之难中，陆宰携阖家老小迁往南方，多年流离后又回到山阴故地。陆宰虽退居乡野，对朝政时局仍十分关心，时常与二三挚友谈论国事，对南宋朝廷苟安一隅、奴颜侍金的态度极为悲愤，与朋友们"或裂眦嚼齿，或流涕痛哭，人人自期以杀身翊戴王室"。父辈的爱国情操深深影响了陆游，耳濡目染之下，他少年时就立下"上马击狂胡，下马草军书"的雄心壮志。

向金国称臣后，南宋朝廷上下一派靡靡之风，官员士子们但求自身安乐，浑忘靖康之耻。陆游12岁就能作诗文，绍兴二十三年（1153年），29岁的陆游参加锁厅试，被主考官推举为第一名。第二年，陆游参加礼部考试，再次名列前茅。恰好秦桧的孙子秦埙也参加了这次考

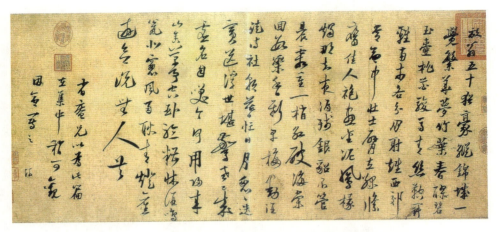

陆游《怀成都十韵诗》卷
纸本行草书，现藏于北京故宫博物院。此卷为陆游晚年为其友人手录旧日所作七言古诗一首，内容描写作者50岁左右在成都做官时的生活景况。格调豪放跌宕，书风亦瘦硬通神，可谓词翰双美。

试，名次位于陆游之下。秦桧知道后大怒，将主考官治罪，陆游也未被录用。直到秦桧死后，陆游才正式入仕，担任福州宁德主簿一职，又因人举荐就任敕令所删定官。

陆游常以"学者当以经伦天下自期"自勉，他入仕后刚正直言，敢于直谏，高宗对其颇为赏识。因杨存中统领禁军时日过久，陆游认为不合适，向高宗进言，高宗于是罢免杨存中。有大臣向高宗进献北方的珍宝古玩，陆游进谏说这种行为"亏损圣德"，请求高宗禁止类似行为，高宗深以为然。终高宗一朝，陆游官至大理寺司直兼宗正簿。

宋孝宗即位后，陆游升任枢密院编修官兼编类圣政所检讨官。孝宗闻听陆游诗词、文章文采极佳，熟稔典故，于是召见陆游，夸他"力学有闻，言论剀切"，赐陆游进士出身。陆游劝谏孝宗要趁刚即位的时刻立威，将"官吏将帅一切玩习"，还有颓丧、出格的一些风俗统统当众宣布废弃。

陆游在朝期间，积极主张抗金，提出许多收复失地的策略。当时龙大渊、曾觌掌权，陆游对二人营私结党、迷惑圣听的行为极为不满。他在和枢密使张焘的会面中谈及此事，认为如果张焘现在不去告知皇帝，等到这两个人势力坐大，就更不好拔除了。张焘立即向皇上弹劾龙大渊和曾觌，孝宗不悦，追问张焘所言是听谁说的，张焘不敢隐瞒如实告知孝宗。孝宗大怒，将陆游贬为镇江府（今江苏镇江）通判，后又改为隆兴府（今江西南昌）通判。

读陆放翁集
诗界千载靡靡风，
兵魂销尽国魂空。
集中什九从军乐，
亘古男儿一放翁。
——清·梁启超

陆游《北齐校书图》跋

陆游书法名气为其诗名所掩盖，其实他也精通行草和楷书。他自称"草书学张颠（张旭），行书学杨风（凝式）。"他的书法简札，信手拈来，飘逸潇洒，秀润挺拔，晚年笔力遒健奔放。朱熹称其笔札精妙，遒严飘逸，意致高远。此真迹现藏于美国波士顿美术馆。

不久，张浚北伐失利，朝中主和派借此机会纷纷进言，宋孝宗的光复雄心逐渐打消，开始属意议和。因陆游"喜论恢复"，抗金之志始终如一，不容于主和派，他被冠以"交结台谏，鼓唱是非，力说张浚用兵"的罪名，罢官遣归。

时运多舛，不辍初心

乾道六年（1170年），陆游起复为夔州（今重庆奉节）通判。赴任路途遥远，官职低微，陆游却不以为意，反而自得其乐，且游且行，且行且记，写成6卷《入蜀记》，囊括了沿途风景名胜、前人遗迹、诗文典故、风土民情及山水盛景。全文夹叙夹议，识见卓绝，是中国历史上第一部长篇游记。

乾道八年（1172年），陆游应四川宣抚使王炎之邀，来到南郑（今陕西汉中）担任帅府干办公事兼检法官，得以亲临前线。陆游分外珍稀这段军旅生涯，他经常梭巡在南郑和前沿军营之间，观察金营阵地的地形、规模，不惧艰苦，和士兵们同食同住。这段金戈铁马的经历让陆游对前线战士的甘苦感同身受，磨砺了他的身心和意志，对他之后的创作产生了深远影响。

王炎极为看重陆游，时常与他一起评讲军事。陆游为王炎陈述进取的策略，认为"经略中原必自长安始，取长安必自陇右（六盘山以西地区）始"，应该广屯粮，勤练兵，如果金军挑衅就进攻，没有挑衅就严加把守。当时，抗金名将吴璘的儿子吴挺代替他的父亲执掌蜀中军队，吴挺为人骄傲放纵，经常倾尽家财结交游侠义士，屡次因小过失杀人，王炎拿他没有办法。陆游建议王炎用抗金名将吴玠的儿子吴拱代替吴挺，王炎认为吴拱"怯而寡谋，遇敌必败"。陆游反驳说就算吴挺遇到敌人，也不能保证他不失败，一旦他立下军功，日后将更难驾驭。王炎最后没有听从陆游的话。开禧北伐时，吴挺的儿子吴曦果然拥兵自立，投靠了金国，应验了陆游的话。

王炎调职后，陆游改任成都府路安抚司参议官，后又历任蜀州（今四川崇州）、嘉州（今四川乐山）、荣州（今四川荣县）等地任通判及代理州事等职，足迹遍及川蜀。淳熙元年（1174年），范成大帅蜀，任命陆游为参议官。范成大和陆游以文字论交，二人均豪放不羁，不拘礼法，被时人讥讽为"颓放"。陆游不以为意，反而自号"放翁"。

淳熙五年（1178年），宋孝宗看到了陆游在蜀中所作的诗篇，下诏召他东还。此后十余年，陆游分别在福建、江西、浙江等地担任监司或州官，因他抗金的主张违逆了朝廷权贵意愿，始终未得重用。淳熙七年（1180年），陆游在江西任江西常平茶盐公事时，因发官粮赈济灾民被弹劾罢官。不久，孝宗任命陆游去严州（今浙江建德）担任知州，陆游推辞不去，孝宗下谕说"严陵山水胜处，职事之暇，可以赋咏自适"。

淳熙十五年（1189年），宋孝宗召见陆游，称赞他"笔力回斡甚善，非他人可及"，让他回朝担任军器少监一职。绍熙元年（1190年），陆游升任礼部郎中兼实录院检讨官。同年十一月，陆游又因被弹劾罢官，回到山阴故里闲居。嘉泰二年（1202年），因孝宗、光宗两朝实录和三朝史还未完成，宁宗下诏让陆游担任实录院同修撰兼同修国史。次年修撰国史完成，升任宝谟阁待制。嘉泰四年（1204年），宁宗封陆游为子爵，后又封其为渭南伯。此后，陆游自号"陆渭南"。嘉定三年（1210年），陆游去世，终年85岁。

陆游仕途坎坷，多次起落，但这并未磨灭他抗金复兴的初心和恢复中原的爱国热情。显达之时，陆游慨然进言，以策恢复。落拓之时，他即使"僵卧孤村"，也"尚思为国戍轮台"，梦中都是铁马冰河的征战场景。

诗文寄情，铿锵国魂

陆游一生著作等身，诗、词、文、赋俱佳。他精熟各种诗体，擅长七律、七绝，遗下《剑南诗稿》《放翁词》等多部文集，存诗9300余首，是中国历史上留诗作最多的诗人，与尤袤、杨万里、范成大并称为南宋"四大家"。

随着阅历的增加，陆游的诗作由早期工于技巧辞藻，到中期气象恢宏，至晚期冲和恬淡，始终围绕同一个主题：恢复中原，排斥和议。南宋朝廷苟安懦弱，君臣将领无所作为，严酷的现实使陆游的诗歌大多表现出兴复无望的愤慨和国势日下的惆怅，但即便是失望怅惘的诗作，也充满慷慨激昂的爱国之情和兴复之志。

他的《水调歌头·多景楼》以"鼓角临风悲壮，烽火连空明灭，往事忆孙刘""不见襄阳登览，磨灭游人无数，遗恨黯难收"的慨叹表达出复国无望的愤懑惆怅；在《诉衷情》中感叹"胡未灭，鬓先秋，泪空流"；以《卜算子·咏梅》中"零落成泥碾作尘，只有香如故"表达自己的兴复之志至死不改。弥留之际，陆游作《示儿》诗："死去原知万事空，但悲不见九州同。王师北定中原日，家祭无忘告乃翁。"表达了拳拳爱国心和看不见兴复中原的遗憾之情。

1209年——1233年

初,弥远既诛韩侂胄,相宁宗十有七年。迫宁宗崩,废济王,非宁宗意。立理宗,又独相九年,擅权用事,专任憸壬。理宗德其立己之功,不思社稷大计,虽台谏言其奸恶,弗恤也。

——《宋史·史弥远传》

权臣史弥远专政

嘉定十四年(1221年),著有兵书《翠微南征录》的军事理论家华岳因为谋杀当朝宰相史弥远未遂而被捕,宁宗听说过他的名字,本打算留他一条生路。史弥远却说:"这是想杀我的人!"执意将华岳用杖刑处死。

主要官职
右丞相兼枢密使(宋宁宗、宋理宗两朝宰相)

主要行为
谋杀韩侂胄、主持嘉定和议;勾结杨皇后,矫诏立理宗;大量印造新会子,导致物价飞涨,民不聊生

帮凶
四木三凶

宋理宗赵昀像
赵昀(1205年—1264年),原名赵与莒,南宋第五位皇帝。宋理宗继位的前十年都是在权相史弥远挟制之下,对政务完全不过问,自己则尊崇理学,纵情声色,直到史弥远死后,宋理宗才开始亲政,亲政之初立志中兴,采取罢黜史党、亲擢台谏、澄清吏治、整顿财政等改革措施,史称"端平更化"。

嘉定和议

嘉定元年(1208年),太学博士真德秀说了一番话,矛头直指当朝权贵:"金人想要更多数目的岁币,我们可以毫不迟疑地答应;金人指名要韩侂胄的脑袋,我们可以代劳割下然后拱手奉上;至于犒劳将士的花费,自然毫不客气地摊在老百姓身上。"

这番话足以代表当时的舆论主流:朝野上下对于刚刚发生的"嘉定和议"普遍不满,将其视为宋金议和史上最为屈辱的一次和约。

就在两年前,当时担任宰相的韩侂胄为了立功来巩固自己在朝廷中的地位,轻率出兵北上伐金,起初顺利收复了一些地方,但随着金国援兵大量南下,宋军溃败。宋朝君臣对于战胜金军、收复中原,几乎彻底失去了信心。

不仅如此,韩侂胄的威望也严重受挫,他不得不派使

南宋·龚开·《中山出游图》
龚开（1222年—1304年），字圣予，号翠岩，今江苏省淮阴县（今淮阴区）人。因对社会污浊状态极端不满，把统治者的爪牙视为妖魔鬼怪，就借钟馗的正义形象创作了《中山出游图》。

者前往北方议和，不料金国不肯善罢甘休，要求惩办发起战争的"罪魁祸首"，而这个人就是韩侂胄本人，没有他的首级，和谈根本无法进行。

这一要求理所当然地遭到了韩侂胄的拒绝。但当时担任礼部侍郎的史弥远不这么认为，他决心设法杀死韩侂胄，既能实现和谈促使金军撤退，自己又能取韩侂胄而代之。

史弥远先是与杨皇后结成政治联盟，共同扳倒韩侂胄，无奈宋宁宗丝毫不受杨皇后枕边风的影响；史弥远决定绕过皇帝，和杨皇后伪造一份皇帝御批的密旨。韩侂胄被杀后，他的首级被装进盒子里送给了金人，嘉定和议得以达成。根据和约，南宋皇帝在递交国书时必须称呼金国君主为"伯父"，每年缴纳的岁币由20万增加到30万，再花300万缗钱赎回淮、陕地区。

这种通过屈辱求和与缴纳财物换取的和平在史弥远实际掌权期间一直被积极地奉行。

操纵废立

嘉定二年（1209年）五月，史弥远担任右丞相，从此开始了长达20多年的专权时期。

赵贵和在嘉定十四年（1221年）被册立为皇子，有望成为未来的皇位继承人。他对史弥远大权独揽十分反感，在私下谈话时流露出将来即位后会将史弥远贬官流放的心思。这话传到了史弥远的耳朵里，他便处心积虑地要阻止赵贵和继承大统。

三年后，宁宗病危，史弥远加快了策划宫廷政变的步伐。在宁宗病死的

四木三凶

史弥远主政期间，有七名臭名昭著的奸臣为虎作伥，被当时人称为"四木三凶"。其中薛极、胡榘、聂子述、赵汝述每个人名字中都有一个"木"字，又都是史弥远的死党，人称"四木"，尤其是薛极、胡榘，有"草头古，天下苦"的民谣。而李知孝、梁成大、莫泽三人被称作"三凶"，不少忠义之士受尽他们的残害。"四木三凶"使南宋政治更加腐败。

20岁得以登上帝位也全靠史弥远扶持。他心里很清楚，想巩固来得名不正言不顺的皇位，必须继续获得史弥远的支持。因此，理宗将政事完全交给史弥远处理，自己则韬光养晦，过起了碌碌无为的日子。直到绍定六年（1233年）史弥远病重不治，理宗宣布明年改元为端平。在之后的近20年间，他一展胸中抱负，在政治、经济、军事、文化各方面采取了一系列改革措施，史称"端平更化"。

史弥远死后被追封为卫王，谥号"忠献"。在古代谥号的规则中，"忠武"是文武官员最高荣誉，其次便是"忠献"，有劳苦功高的美誉。这个谥号与当年的秦桧相同，也许并非巧合，估计讨论谥号的礼官们认为，史弥远本来就与秦桧属于同类人物。史弥远伪造宁宗的遗诏，扶理宗继位，这种操纵皇位继承的行为比南宋其他权臣有过之而无不及。

徐瑄不事权贵

描绘了宋宁宗时期，宰相史弥远专政，徐瑄不事权贵被贬至死，后官复大理少卿，官赠集英殿学士，其二子为其立"劝忠坊"的故事。

当天黄昏，史弥远便派人立即召自己早已中意的赵昀入宫，当时连杨皇后都不知道这件事。他派人与皇后商量扶持赵昀登基的计划，往返七次都没有获得答允。皇后始终说："皇位继承人是先帝从皇子中选择和确立的，我怎么敢擅自变动。"但史弥远威胁说，如果不立赵昀为帝，兵变有可能随时发生，到时候皇后整个家族都会面临灭顶之灾。杨皇后沉思很久，在权衡利害关系之后被迫同意。

于是史弥远伪造宁宗遗诏，宣布把赵竑废为济王，立赵昀为皇子，登基称帝。赵昀即为宋理宗。赵昀18岁才被史弥远带到京城，在朝廷中毫无根基，

但史弥远执政期间也并非一无是处，他对韩侂胄担任宰相时打击理学的做法加以纠正，授予朱熹等理学家官职，积极支持理学的推广，对理学被确定为南宋官方统治思想起了重要作用。或许是出于上述原因，理学人士对史弥远心怀感激，在他们参与修撰的《宋史》中，史弥远没有被列入奸臣行列，在记叙他的事迹中也进行了许多粉饰，比如杀害韩侂胄被写成侠肝义胆，违反宁宗遗志让理宗继位也被说成名正言顺，与金国屈辱求和更是只字未提。

南宋·吉州窑黑釉木叶纹盏

侈口,斜弧壁,小圈足,形如倒置的斗笠。内外黑釉,口沿釉薄处呈土黄色胎,碗内心饰一片树叶,形态逼真,茎脉清晰,这是吉州窑所特有的装饰,极富天然之趣。木叶纹盏在制作时,先在胎体上施一层黑釉,树叶经过特殊处理后施一层淡釉,然后把它贴在黑瓷坯体上,入窑烧成后即成。木叶有半叶、一叶,也有二、三叶叠加。经过这样加工过的黑釉碗,妙趣横生,有一种质朴的野趣。现藏于美国波士顿美术博物馆。

1259年—1275年

王熵入见太后曰:"本朝权臣稔祸,未有如似道之烈者。缙绅草茅不知几疏,陛下皆抑而不行,非唯付人言于不恤,何以谢天下!"

——《宋史·奸臣传》

"蟋蟀宰相"误国

他因为姐姐是宋理宗的贵妃而入京做官,但蒙受恩宠而不知检点,每天纵情享乐。一天夜里,理宗登高望远,看到西湖中的灯火与平时大有不同,就对左右的人说:"一定是贾似道在那里。"第二天一问,果然如此。

主角
贾似道

显贵原因
姐姐为宋理宗贵妃

特长
斗蟋蟀

一生亮点
鄂州之战

代表作品
《促织经》

宋度宗赵禥像
赵禥(1240年—1274年),原名赵孟启,宋理宗的侄儿。在位10年。即位时,金国已经灭亡多年,而北方蒙元的军队大举南下,国难当头之际,他却把军国大权交给贾似道执掌,使南宋江山处于暗无天日之中。

蟋蟀宰相

贾似道(1213年—1275年),少年时比较落魄,整天饮酒赌博、不务正业。因为父亲的恩荫而担任小官,后来姐姐入宫受到理宗宠幸当了贵妃,他便在官场上扶摇直上。宝祐四年(1256年)担任参知政事,成了朝中炙手可热的人物。

有官员弹劾他手下的两位部将,贾似道马上向皇帝请求罢免了这位官员的职务。又有一次,朝廷打算任命孙子秀出任淮东总领,忽然有传言贾似道曾向皇帝密奏说孙子秀能力不足。丞相董槐心里没底,生怕因此得罪了贾似道,还特意在朝会结束后单独留下来小心翼翼地请示皇帝:贾大人可曾说过这样的话？尽管理宗否认，董槐还是没敢派孙子秀上任，最后干脆以贾似道的亲信陆壑担任淮东总领，以此取悦贾似道。

更荒唐的是，贾似道特别喜欢玩蟋蟀，有"蟋蟀宰相"的名号。他还把这个休闲娱乐活动玩出了档次和境界，写了一部世界上第一部研究蟋蟀的专著《促织经》，从如何筛选、培养到如何争斗赌博，都进行了专业而详尽的论述。有一次，他竟然带着蟋蟀参加朝会，没想到蟋蟀从袖子里跳出，竟蹦跶到了皇帝的胡须上。而即使是这样不成体统的闹剧，理宗也听之任之。

理宗还在与皇宫隔湖相对的地方给贾丞相建造了一个专供他玩乐的庄园，还根据北宋范仲淹"先天下之忧而忧，后天下之乐而乐"的名句取名为"后乐园"——对于当时的南宋来说，统治者不仅自己没有什么忧虑，也满以为百姓安居乐业，可以"后天下之乐而乐"了，这真是绝妙的讽刺。

贾似道大权在握，却懒得亲自处理政务，把大小事务全都交给亲信处理，自己在后乐园中饮酒享乐，只允许年轻时结识的那些酒友、赌友进出贾府。一天，贾丞相又趴在地上专心致志地斗蟋蟀玩，一个赌友开玩笑地拍拍他的肩膀，笑着说："这就是你身为平章要处理的军国大事吧？"在宋代，平章就是宰相的别称。贾似道也哈哈大笑起来。因此产生了一句民谣："朝中无宰相，湖上有平章。"

"贾似道与群妾玩蟋蟀"民国香烟牌画

虚假的大捷

绍定五年（1233年），南宋与蒙古结成盟友，约定共同攻灭金国，事成之后双方以陈州、蔡州为界。但在成功灭金后，宋军出兵收复原属北宋三京的东京开封府（今河南开封）、西京河南府（今河南洛阳）和南京应天府（今河南商丘），却被蒙古军打得大败而回。这次行动标志着宋、蒙之间的战争全面爆发。

开庆元年（1259年），忽必烈率蒙古军攻打鄂州，宋理宗十分恐惧，派右丞相贾似道支援。当将领高达指挥将士死守鄂州、伤亡1.3万余人时，贾似道却秘密派人到元军求和，表示南宋愿意称臣并交纳岁币，遭到拒绝。恰在此时，蒙古大汗蒙哥在钓鱼城一战中死亡，贾似道得知忽必烈即将回国争夺汗位，便看准机会再次求和。这一次，忽必烈答应了。

等蒙古军拔寨北去，贾似道又趁蒙军撤退时进攻，杀死170人。这个数目对兵源充足的蒙军而言微不足道，但贾似道却将其吹捧为"空前绝后"的战功，向朝廷汇报说敌军已被自己肃清。他的同党还特意编了《福华编》来歌颂贾丞相的"英勇事迹"。理宗果然信以为真，欢天喜地地下令文武百官到郊外迎接丞相"凯旋归来"，随后罢免了另一位丞相丁大全，从而使贾似道得以专权独揽。

因仇被杀

宋度宗离世后，元军攻占鄂州，以水、陆军10余万沿长江东进，南宋政权危在旦夕。贾似道在举国汹汹的压力下不得不亲自上阵，率13万精锐、2500艘战舰迎战。但他胆小如鼠，不思作战，仍然一味求和。他给元朝丞相伯颜送上礼品，再次请求割地赔款来换取和平，但伯颜鉴于他上次不守信用的行径，拒绝和议。双方主力在丁家洲（今安徽铜陵北）展开决战，贾似道眼见形势不妙，立即抛弃军队，乘小船逃离战场。宋军死伤、逃亡者不计其数，主力土崩瓦解。

天下舆论大哗，强烈要求杀贾似道以谢天下。直到这时，太皇太后谢道清也依然袒护奸臣，说："贾似道是三朝元老，也算劳苦功高，怎能忍心只因他一朝一夕的过失，就不顾礼遇大臣的传统呢？"起初只是将其免职。此举无法平息众怒，大臣王爚拜见太后说："要说本朝权臣乱政酿祸，为数也有不少，但没有比贾似道更严重的，群臣百姓不知道多少次要求，朝廷都置若罔闻，这不只是对舆论民情的不重视，也无法向天下人解释！"

在朝廷内外坚决要求处死贾似道的压力下，又决定将其贬到偏远的地方，最初是婺州。婺州人听说贾似道要发配到这里来，集体用不缄封的文书来声讨和驱逐他；贾似道又被移到建宁府。翁合上奏说："建宁是一代名儒朱熹的故乡，即便是三尺高的小孩也略知好坏。他们光是听说贾似道要来的消

贾似道

贾似道（1213年—1275年），字师宪，南宋台州（今浙江台州）人，为南宋宰相。宋理宗时权臣，中国历史上有名的奸臣之一。德祐元年（1275年）遭罢官、贬逐，为监送官郑虎臣擅杀于漳州。

息都已经呕吐恶心不止,更何况见到他本人!"

县尉郑虎臣家里曾受过贾似道的迫害,为了报仇,他主动请求负责押送。一路上他多次示意贾似道自尽,贾似道不听,故意装糊涂说:"先皇曾金口一诺不许我死,如果是他下诏让我死,那我才去死。"郑虎臣气愤不过:"我为天下杀你,即使我因此丧命,又有什么可遗憾的呢!"于是在木棉庵杀死了贾似道。

后来,明朝抗倭名将俞大猷在木棉庵前的石亭中立下石碑,亲笔书写"宋郑虎臣诛贾似道于此"。清朝乾隆年间,龙溪知县袁本濂又用一块石碑将这十个大字重写了一遍,可见人们对奸臣误国的无比痛恨。

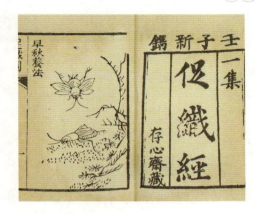

贾似道的《促织经》书影

贾似道有文才,好与士人唱和从游,如吴文英、刘克庄、赵孟坚、周密、方回等,著有《悦生堂古迹记》《悦生别录》《悦生堂随抄》《奇奇集》等著作。《庶斋老学丛谈》称其为"诗书元帅"。如李庭芝、文天祥等人都得到过贾似道的破格提拔。贾似道最著名的《促织经》,是世界上第一部研究蟋蟀的专著。《促织经》共二卷,分论赋、论形、论色、决胜、论养、论斗、论病等,对蟋蟀进行了详尽的论述。

对贾似道的评价

贾似道专擅朝政达17年,主政之初励精图治,虽有改革弊政的举措,但既夹带私货,也不得要领,难挽狂澜于既倒;其后更是"专功而怙势,忌才而好名",刚愎自用,排除异己,怠忽朝政,纵情享乐,纨绔习气至老不改,置国家命运于不顾,实在是误己误国。后人评论他"阃才有余,相才不足"。

《宋史》对贾似道的功过几乎全盘否定,直接列入《奸臣传》。但贾似道主政前期尚有作为。在鄂州之战中,贾似道"以衮衣黄钺之贵,俯同士卒甘苦卧起者数月。汔能全累卵之孤城,扫如山之铁骑,不世之功也"。宋蒙两军展开数月激烈战斗,双方"死亡枕藉",忽必烈赞叹贾似道的军事才能,"吾安得如似道者用之",文天祥也高度赞扬贾似道,称其"己未鄂渚之何勇也,鲁港之遁何衰也。"南宋末年战争频繁,军需极大。贾似道推行公田法,企图解决军粮问题,不惜得罪既得利益的大地主,贾似道本人也带头捐出浙西良田一万亩作为公田。

1267年—1273年

时围襄阳已五年，整计樊、襄唇齿也，宜先攻樊城……以回回炮击之，而焚其栅。十年正月，遂破樊城，屠之。遣唐永坚入襄阳，谕吕文焕，乃以城降。

——《元史·杨大渊传》

苦守襄樊

淳祐十一年（1251年），2.1万南宋将士经过浴血奋战，一举收复襄阳、樊城。这一战后来被刻在了襄阳古城西南真武山东麓的崖壁上。铭文共11行79字，正文大意是：天命圣武，使襄樊失而复得。你是大宋千万年的屏障！这道屏障确实关乎南宋的生死存亡。

时间
1267年—1273年

背景
蒙古皇帝忽必烈欲吞并天下，决意自中路襄阳突破灭宋

主要战役
安阳滩之战、吕文焕反包围战、张贵张顺援襄之战、龙尾洲之战、樊城之战

结果
襄樊失守

意义
襄阳和樊城这两个城市的失守，导致了南宋的最终灭亡

先攻襄阳

端平二年（1235年），蒙古大汗窝阔台集合了50万人马，兵分三路大举南下，开始了历时45年的灭宋战争。其中窝阔台三儿子阔出指挥的中路军兵锋直指襄樊。

襄阳和樊城，地处南阳盆地南端，在汉水南北两岸互为依存，地势十分险要，自古以来为兵家必争之地，也是南宋抵抗蒙古军队的军事重镇。

在这场战役中起最关键作用的或许不是双方主帅，而是这位降将刘整。刘整（1212年—1275年），字武仲，

元世祖忽必烈像

元世祖忽必烈（1215年—1294年），孛儿只斤氏，蒙古族，政治家，军事家。大蒙古国的末代可汗同时也是元朝的开国皇帝。刘整曾向元世祖忽必烈献计取襄阳（设榷城诱宋）以灭宋，建议受到采纳。

邓州穰城（今河南邓州市）人，曾以12骑兵突袭并攻破金国控制下的信阳，人称"赛存孝"，把他和唐末著名猛将李存孝相提并论。

身为北方人的他凭借战功屡屡获得升迁，被一些南方本地的将领所嫉妒，其中就包括后来守卫襄阳的主将吕文德。恰在此时，贾似道为了排除异己大肆打击各路军武将，高达、赵葵、史岩之、杜庶等名将均因此罢官，曹世雄、向士璧被逼自尽，就连在钓鱼城立下盖世奇功的王坚也被免了兵权，不久郁郁而终。吕文德也打算借此时机迫害刘整。惊恐不安的刘整得知消息后派人到临安向朝廷上诉，结果投诉无门。于是以泸州（今四川泸州）及所属15郡、30万户人口向元朝投降。

对南宋而言，影响异常恶劣：首先因此丢失大半个四川，形势急转直下；其次刘整带去了精锐的水师，蒙古通过他的组织训练也建立起强大水师，宋军的水上优势不复存在；最后，忽必烈根据刘整建议派遣使者带着财物贿赂吕文德，请求在襄樊城外筑造土墙，以防止盗贼、保护货物，目光短浅的吕文德竟然同意，结果元军接二连三地修筑堡垒，完全切断襄阳与外界的联系，沦为一座孤城。

最为重要的是，刘整于咸淳三年（1267年）向忽必烈进献攻灭南宋的战略正中要害——无襄则无淮，无淮则

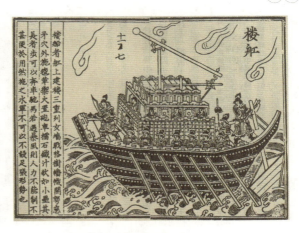

搭载旋风炮的宋代楼船图
出自《武经总要》。甲板建筑特别巨大，船高首宽，外观似楼，可远攻近战。

江南唾手可得。先攻襄阳，切断南宋防线，更使长江天险不再难以逾越，元军可以直接威胁临安。这个建议得到忽必烈的采纳。事实证明，这个战略完全正确：襄阳失守后不到一年，临安西南路的一府八州中有七个州即全部失陷。在江南苟延残喘100多年的南宋不久也最终灭亡。

鏖战38年

宋、元双方为了争夺这个历来为兵家必争之地的要塞，几乎集中了当时世界上最精锐的骑兵和水军，动用了当时能找到的一切先进武器，双方死伤人数超过40万。战役可以分为三个阶段：

第一场交锋时，镇守襄阳的南宋将领是赵范。当时他手下有一支原属金国的降兵组成的"克敌军"。结果克敌军做了蒙古军的内应，趁着赵范还处于

酒醉之众时打开城门，将敌军引入。于是，襄阳失陷了。数万人被掠走，30万石粮食、24库精良兵械，尽入敌手。

幸亏南宋名将孟珙在蕲州、江陵等地接连击退元军的进攻，加上蒙古中路军主帅阔出突然得了重病不治身亡，局势才暂时稳住。

第二阶段，宋军主动出击，前后两次收复襄阳。其中，李曾伯在淳祐十一年（1251年）收复襄樊后重新修缮被元军破坏的工事，使城市的防御能力大大增强。这段时间，蒙古陷入了持续的内乱：1241年窝阔台病死。不到2年，继任者贵由逝世。直到1251年才选出新的大汗蒙哥。

第三阶段，由于忽必烈调整了灭宋的战略，而襄阳守将吕文德又犯了一系列失误，使元军逐渐完成对襄樊的战略包围。

元军随后对援助襄阳的宋军进行痛击，这是后世有名的"围点打援"战术。宋军5年内共计8次15万水军为主的救援都以失败告终。襄阳城面临着巨大的困境：战斗造成的减员无法得到补充，储备的物资也出现短缺。

襄樊失守

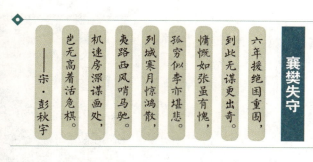

襄樊失守

六年援绝困重围，
到此无谋更出奇。
慵慨如张虽有愧，
孤穷似李亦堪悲。
列城寒月惊鸿散，
夷路西风哨马驰。
机速房深谋画处，
岂无高着活危棋。
——宋·彭秋宇

由于襄阳、樊城内的守军顽强抵抗，元军围城5年，始终未能攻克。至元八年（1271年），忽必烈派人到波斯征调能够制造出西域炮的优秀工匠。阿老瓦丁与弟子亦思马因应诏前来，他们于至元九年（1272年）在元大都成功制造出西域炮。

西域炮是一种威力巨大的抛石机，可以发射出150斤重的巨石，落地时能砸出7尺深的大坑，属于攻城利器。后来因为首先在攻打襄阳、樊城时使用，所以又名襄阳炮。

阿老瓦丁和亦思马因首先奉旨进行试射，忽必烈看了效果之后非常满意，赏赐他们衣物、绸缎，然后命令带着西域炮赶赴襄阳战场。

第二年正月，西域炮第一次用来进攻樊城，成功帮助元军攻入城内。接着，亦思马因根据地势，把西域炮安置在襄阳城的东南角。

随着一声惊天动地的巨响，襄阳城门上的瞭望楼被一炮命中。早已粮草短缺、士气低落的城内守军一时间更加气馁绝望，知道他们原以为足以抵挡蒙古铁骑的城池不再那么坚不可摧。主将吕文焕最终决定举城投降。

就这样，相持6年之久的襄樊战役，在西域炮的一声怒吼中宣告结束。

乐山大佛景区内的南宋九顶城炮台

| 少年中国史

> **1279年**
>
> ……陆秀夫走卫王舟，王舟大，且诸舟环结，度不得出走，乃负昺投海中，后宫及诸臣多从死者。
>
> ——《宋史·瀛国公二王附》

厓山之战

元军攻破南宋都城临安后，南宋遗臣不甘就此臣服，奉立二王为帝，流亡海上，苦苦坚持3年，最终在厓山一役中覆灭。从历史规律看，南宋覆亡是必然的，但亡国之时，士大夫们宁死不辱的凛然风骨及悲壮的殉国之举，却历经千年依然让人心生感喟，震撼不已。

时间
1279年

地点
厓山（广东新会县南大海）

主要指挥官
宋：张世杰、陆秀夫
元：张弘范

结果
宋军大败，南宋灭亡

意义
宋朝对蒙古侵略最后一次有组织的抵抗；
10万余人投海殉难，宁死不降的爱国主义成为鼓舞后人的"崖山精神"

陆秀夫像
陆秀夫（1237年—1279年），字君实，楚州盐城（今江苏盐城建湖县）人，宋末政治家，与文天祥和张世杰并称为"宋末三杰"。

节节败退，飘零海上

南宋末年，元朝大军攻城掠地，步步进逼。宋恭帝德祐二年（1276年），元军攻克临安，俘获宋恭帝赵㬎和太皇太后谢氏。许多忠义朝臣不甘被俘而成亡国奴，拥护度宗淑妃杨氏、度宗庶子赵昰、赵昺等皇室宗亲出逃，先后驻足婺州（今浙江金华）、温州，与陆秀夫、陈宜中和张世杰会合，乘船入海逃至福州。

五月，众人在福州拥立赵昰为帝，即宋端宗，改年号景炎，封赵昺为卫王，封杨淑妃为太后，流亡政权暂且站稳脚跟。其时，陈宜中任左宰相兼都督，李庭芝任右丞相，陈文龙、刘黻任参知政事，张世杰任枢密副使，陆秀夫任签书枢密院事，文天祥任右丞相兼知枢密院事，这几人是当时小朝廷的股肱之臣。随后，小朝廷颁下诏书，号召各地勤王大军积极抗元，图谋兴复。

南宋帝室雕塑

位于广东汕头南澳宋井景区。崖山之战时元军追击南宋皇室，太后及九岁皇帝、六岁皇弟，在陆秀夫、大将张世杰护卫下逃至南澳岛。

端宗即位的消息传出，各地爱国人士纷纷响应，但也有不少将领见国势衰微，转而投向元朝，抗元声势虽大，效果却并不理想。此时，张世杰与文天祥就定都何地产生分歧，文天祥认为应该定都永嘉（今浙江温州），张世杰却主张南下定都广州以避元军。正委决不下之时，广州经略使徐直谅弃城奔逃，爱国将领黄俊殉国。

此后，各地抗元军队败多胜少：吴浚与元将李恒交战，败退；兴化石手军叛乱；东莞爱国志士熊飞收复韶州（今广东韶关）；元将吕师夔、张荣实攻占梅岭（今江西）；曾逢龙战死南雄（今广东南雄）；元军攻占韶州，熊飞巷战不敌，投水自尽；处州（今浙江丽水）守卫李环以城降元；瑞安（在今浙江）、建宁府（今福建建瓯）依次沦陷，知邵武军赵时赏、知南剑州（今福建南平）王积翁弃城逃走……

随着元军逼近福州，十一月十五日，端宗赵昰在张世杰等人的卫护下逃亡海上。起初，端宗一行人路过泉州（今福建泉州），泉州守卫蒲寿庚前来拜见，请求端宗驻跸泉州。因蒲寿庚"擅蕃舶利者三十年"，有人向张世杰提议留下蒲寿庚以便征用他的海船，张世杰没有听从。因蒲寿庚曾经在南宋和元朝间左右摇摆，张世杰也没有答应他的邀请。可是,张世杰之后的举动就称不上光明正大了。他居然抢掠蒲寿庚的海船和财产,然后继续海上逃亡之旅。蒲寿庚一怒之下,"杀各宗室及士大夫、在泉州的淮兵"。

此后,宋军节节败退,文天祥被俘。南宋小朝廷远避至香港九龙一带,也未能避开元军的追捕。景炎三年(1278年)三月,元将刘深在广州湾附近进击朝廷船队,宋朝老臣江万载携其子奋力击退元军。不幸的是,朝廷船队在海面上遇到台风,宋端宗被卷入万顷波涛。江万载不顾七十高龄,扑入海中救起端宗,自己却被海浪吞没。端宗受惊,一病不起,在碙洲(即硇洲岛,在今广东湛江海区)薨逝。

连舟以战,决战厓山

端宗薨逝后,群臣拥立卫王赵昺为帝,改年号祥兴。陆秀夫晋升左丞相。据《宋史》记载,在赵昺为帝的当月,"有黄龙见海中"。这时,战况对宋朝更加不利,宋将张应科、王用三战雷州(今广东雷州)未果,王用投降,张应科再战雷州,殉国身死。高州(今广东高州)知府李象祖投降。《宋史》称,李象祖投降后几日,夜晚星象有异,大星自东南方向坠入海中,数以千计的小星紧随其

宋王台石碑

位于香港九龙城区的一块纪念石碑,公园现址于1959年底正式落成,相传是宋朝皇帝宋端宗赵昰,和其弟赵昺被元朝军队追逼,南逃流亡在此,后人为了纪念这件事,在大石刻上"宋王台"三个字。

后，"声如雷，数刻乃已"。

流亡朝廷迁居厓山（在今广东崖门镇附近）。厓山古称"崖山"，位于银洲湖水入海口的东面，和西面的汤瓶山环抱入海，山体窄削，又称为"崖门"。之后数月间，元军接连占领琼州（今海南海口）、广州、南安县（今福建南安西北）。

见元兵势大，有人向张世杰献策说："元兵如果用水师舟舰充塞海口，那么我军就无法进退自如，不如先占据海口要地。如果侥幸得胜，是国家的福分，如果不胜，还可以继续乘船向西退走。"张世杰恐怕臣子军队在海上飘零久了会生出离心，"动则必散"，慷慨陈词："频年航海，何时已乎？今须与决胜负。"

于是，宋军将岸上的行营房屋俱都焚毁，将千余艘大船连成一片结为水寨，准备拼死一战。元军试图用水师攻击，水寨巍然不动；又用满载膏脂的小舟实行火攻。张世杰早有准备，在每艘船外都糊满淤泥，还在大船上用长木头拒挡火舟，成功抵御了元军的火攻。

元相张弘范率领大军兵临厓山，截断宋军上岸取水的道路，宋军船上只存有干粮而无淡水。渴到极点，宋军开始饮用海水，俱都呕吐腹泻，委顿不堪。张弘范让张世杰的外甥去招降他，张世杰大义凛然，称"吾知降，生且富贵，但为主死不移耳"。见招降无望，张弘范大举进攻厓山，宋将陈宝临阵投敌。张弘范与李恒分别从南、北方向进击宋军船营，宋军疲乏不能战，许多将士投降元军。

君臣殉国，南宋覆灭

张世杰知道败局已定，想要抽调精兵去船营中央护卫皇帝，却赶上日暮时分，"昏雾四塞，咫尺不相辨"，张世杰只救出杨太后，驾驶十余艘轻舟退走。

陆秀夫与小皇帝所在的王舟因体积较大，被周围船只塞住道路无法行动。陆秀夫见此局面，决定以死殉国。他执剑先把自己的妻子和儿女都驱逐入海，他的妻子不甘就死，紧紧抓住船舷哭泣，陆秀夫冲夫人大喝："都去！还怕我不来？"夫人于是松手。陆秀夫为使小皇帝免受被俘之辱，带着传国玉玺，背负小皇帝赵昺投海殉国，后宫内侍、宫女和诸位大臣大多投海以殉。到了天明，浮在海面上的尸体"十余万人"。

杨太后听到赵昺殉国的消息，抚胸大哭说："我忍着艰难困苦到这个境地，就是为了'赵氏一块肉尔'，现在一点希望也没有了！"说完，杨太后投海身亡。张世杰安葬好杨太后之后，自行投海身亡。至此，南宋最后一位皇帝、最后一位太后、左右丞相俱都以身殉国，南宋正式宣告灭亡。

厓山海战时，被元军俘虏的文天祥在元军船上看到战况，悲愤欲绝，恸哭作《二月六日海上大战国事不济孤臣天祥坐北舟中》长诗一首，详尽描述出战况之惨烈及国破君亡的悲愤。

少年中国史

▶ 1236年—1283年

……天祥临刑殊从容，谓吏卒曰："吾事毕矣。"南乡拜而死。数日，其妻欧阳氏收其尸，面如生，年四十七。

——《宋史·文天祥传》

留取丹心照汗青

文天祥忠肝义胆，受朝廷罢黜却在国家危难之际散尽家财，挺身而出，以文人之身抗击元军。抗元过程中，虽屡次败退、受宋朝污蔑为奸、家人或俘或死，却始终没有动摇其报国之志。被俘后，文天祥不为高官厚禄所动，慷慨就义，忠义之名流传青史。

主角
文天祥

性格
豁达豪爽、

事件
文天祥抗元

结果
文天祥抗元失败，被俘就义

传世名句
留取丹心照汗青

文天祥像
文天祥（1236年—1283年），初名云孙，字宋瑞，今江西吉安县人。南宋末期官员、抗元英雄。与陆秀夫、张世杰并称为"宋末三杰"。于五坡岭兵败被元军俘后，宁死不降，从容就义。

不畏权贵，奋勇迎敌

文天祥（1236年—1283年），字宋瑞，孩童时，就以欧阳修、杨邦义、胡铨为榜样，立志精忠报国，像他们一样做顶天立地的男子汉。文天祥自幼文采出众，宝佑四年（1256年）殿试中，他以"法天不息"的策对，被理宗皇帝钦定为第一名。

景定五年（1264年），权臣贾似道拥立太子赵禥（即宋度宗）为帝，把持朝政。咸淳六年（1270年），贾似道以请辞要挟度宗，时任军器监并兼任代理直学士院的文天祥，起草诏书讽刺贾似道。贾似道怀恨在心，命令台臣张志立上书弹劾文天祥致其免官。

咸淳十年（1274年），度宗病死，贾似道扶宋度宗之子、年仅四岁的赵显即位，是为宋恭帝，由太皇太后谢氏垂帘听政（即理宗谢皇后，度宗养母）。其时，元兵分三路进攻南宋，长江上游告急，各地接连失守。元兵逼近京城，谢太后发布《哀痛诏》，号召天下英豪起兵勤王，可无人响应。

文天祥闻讯，变卖家中财产充当军饷，聚集兵众准备勤王。朝廷得知此事，命他以江南西路提刑安抚使的名义进京。临行前，他的朋友极力相劝，说他此行相当于赶着羊群与猛虎相斗。文天祥慨然回答知道自己在螳臂挡车，但既然国家危难之际无人出头，自己责无旁贷。他希望用以身殉国的举动，激发忠义之士奋起卫国。到达临安后，文天祥被委任为平江府（今江苏苏州）知府。

当时，吕师孟刚升为兵部尚书，吕文德为和义郡王。吕师孟放肆傲慢有辱军纪，文天祥上奏，要求斩杀他以正军纪，鼓舞士气。他还请求改革，消除藩镇建立郡县城邑制，将天下划分四镇，由都督统帅，还提出了抗元政策，可惜都没能被采用。

文天祥在平江与敌军作战时，听闻元军攻进常州（今江苏常州），文天祥当即命令属下朱华、尹玉、麻士龙与张全援助常州。朱华、尹玉、麻士龙力战身死，张全却一箭未发临阵脱逃，还下令斩断扒张全军队船只逃生的尹玉部队士兵的手指，致使他们淹死。文天祥被迫弃守平江，又退到余杭。

山河破碎，复国无望

德祐二年（1276年），宋朝投

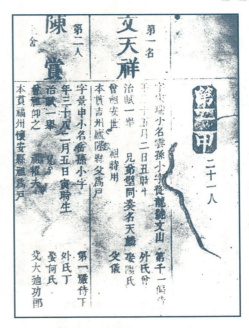

文天祥状元及第
文天祥选中贡士后，换以天祥为名，改字履善。宝祐四年（1256年）在殿试中被宋理宗拔为第一名（状元），后又改字宋瑞，因住过文山，而号文山。与陆秀夫、张世杰并称为"宋末三杰"。

降。朝中将官或投降，或出逃，文天祥被任命为右丞相兼枢密使，出使元营谈判。谈判中，文天祥不堕风骨，凛然直言，触怒了元朝丞相伯颜，被捕下狱。不久，文天祥与其侍客杜浒等12人借机夜逃，逃至真州（今江苏仪征）。

真州守将苗再成很高兴地接待了他，提议以文天祥丞相之名，号召两淮士兵，足以复兴宋朝。文天祥听完详细计划，随即联系两地制置使。可惜的是，苗再成的上司李庭芝听信逃兵谗言，误以为文天祥来劝降，命令苗再成杀了他。苗再成不忍，把文天祥护送至扬州。

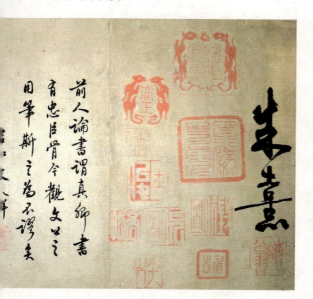

文天祥在朱熹《蓬户手卷》中的题记

到了扬州城下,听说制置司下令严防文天祥,文天祥只好再次逃亡高邮,准备寻找二王后再为南宋效力。逃亡路上艰辛无比,既要忍受一片忠心遭到误解的痛苦,又要躲避元军。在两次惊险躲过元军追捕后,文天祥身心疲惫,坐在箩筐中被樵夫抬着到高邮,又乘船到达福州。

德祐二年(1276年),益王在福州登基,文天祥拜为右丞相。因与陈宜中等人意见相左,同年七月,文天祥赴汀州(今福建长汀)守卫。汀州失守后,文天祥转到梅州(今广东梅州),请求入卫朝廷。文天祥军纪严明,绞死降元将领吴浚,处死专横跋扈的都统王福、钱汉英,各地义军纷纷响应,配合文军作战,全国抗元热情高涨,很快收复了江西数县失地。

不幸的是,江南西路宣慰使李恒暗中投降元朝,以入援赣州之名,突然向驻守兴国(在今江西)的文天祥发起进攻。猝不及防之下,文天祥兵败撤退,李恒直追至方石岭(在今江西吉安附近),逮捕文天祥妻子儿女。赵时赏坐轿冒充文天祥欺骗元军,掩护文天祥逃脱。

慷慨就义,以身殉国

景炎三年(1278年),益王去世,卫王即位。文天祥上表请求入朝,未允,只下诏加封文天祥为少保,信国公。当时军中流行瘟疫,文天祥的母亲和他唯一的儿子得病身死。

因潮州(今广东潮州)陈懿、刘兴多次叛附无常,文天祥赶走陈懿,杀死刘兴。陈懿怀恨在心,与元朝将领张弘范私下勾结。在陈懿的引领下,张弘范在潮阳(今广东汕头市一带)偷袭文天祥。措手不及之下,文天祥军队溃败,文天祥被千户王惟义所俘。被俘后,文天祥服毒自杀,未能成功。

张弘范让文天祥写信招降张世杰,文天祥严词拒绝,且宁死不跪张弘范。因多次被索要招降书信,文天祥挥笔写就《过零丁洋》一诗。张弘范看到"人生自古谁无死,留取丹心照汗青"的诗句后,笑而不语。此后,张弘范数次以荣华富贵劝降文天祥,甚至许以宰相之位,文天祥均不为所动。

张弘范敬其忠义,派人将文天祥护送到元朝京师燕京(今北京)。路上，文天祥绝食八日，却未能如愿身死，这才再次进食。到达燕京后，文天祥下榻的地点陈设华丽，服侍的人员对其殷勤备至，文天祥一夜未睡，坐待天亮。见文天祥不为奢靡所动，朝廷将他移送至兵马司，派兵看守。

当时，元世祖广求天下贤才，对宋朝有才能的官员致力网罗。王积翁向元世祖举荐文天祥，声称"南人无如天祥者"，元世祖于是派他去劝降文天祥。文天祥对王积翁假言说如果得到宽赦，愿意出家为道回归乡里，到时候再以出家人的身份担任元朝顾问；如果立即给高官厚禄，会使自己平生志向一朝弃之，不堪委以大任。王积翁默然，想与宋官谢昌元等十人一起请求释放文天祥为道士，但留梦炎不同意，他看破文天祥意图，指出文天祥一旦放出又会"复号召江南"，到时候元朝会降罪他们这些说情的人。至此王积翁等人再不提此事。

文天祥羁押在京师三年后，元世祖知道文天祥难以屈服，和宰相商议释放他，但有朝臣不同意，声言文天祥放出后必然兴兵攻元，于是此事作罢。

至元十九年（1282年），福建僧人说土星犯元帝，恐怕有变故。不久，又有狂人自称宋室后裔，想救出文丞相。燕京城中有人广发匿名书信，声言"某日烧蓑城苇，率两翼兵为乱，丞相可无忧者"。元帝于是再次召见文天祥。文天祥仍然不投降，元帝问文天祥有什么愿望，文天祥回答："我受宋朝大恩，官至宰相，怎么能侍奉二姓两朝呢？希望您赐我一死，我的愿望就满足了。"元帝嗟叹之余，决定成全文天祥志向，下诏将其赐死。

文天祥就义时，从容不迫，对行刑的士兵称"吾事毕矣"，向南叩拜而死，终年47岁。

兴国县大乌山寺里由文天祥手书的"永镇江南"题额

空灵雅秀的南宋绘画

南宋·无款·文姬归汉图

南宋·马和之·小雅鹿鸣之什图卷（局部）

南宋时期，文人多怀家国之悲，画作由全景式构图转为局部渲染，以简洁线条勾勒景象，以大片留白营造意境，画中蕴文采，含诗意，笔墨技巧大大提高，绘画成就达到新的高峰。

宋高宗为巩固统治，在南渡之初极力推崇人物画、历史画，以此作为表决心、凝民心的工具。比如萧照的《中兴瑞应图》、马和之的《诗经·小雅·鹿鸣之什图》，都寓意着抗金北还，不忘故土。期间，因百姓饱尝颠沛流离之苦，陈居中、李唐等院画家创作的《胡笳十八拍》《文姬归汉图》等历史题材的画作颇受欢迎。

待到统治稳定，经济复兴，南宋画逐渐由北宋全景式构图转为边角构图模式，花鸟团扇、山水扇面、以儿童为

题材的年画风靡一时。智融、法常、玉涧等僧人的画作清新恬淡，寓意深远，将禅宗画推向新的高峰。南宋首开诗、书、画结合的风气，山水、花鸟等画作空灵雅秀，隐蕴佳意，对后世画坛影响深远。

南宋·萧照（传）·中兴瑞应图卷

南宋·马和之·豳风图卷（局部）

南宋·夏圭·长江万里图（局部）

绢本设色，现藏于中国台北"故宫博物院"。此长卷前半段以接近平视的角度描绘了长江三峡险峻和波涛汹涌的景观，后半段以俯视和远观角度展现了江面及沿途的景色。

南宋·沈子蕃·缂丝梅花寒鹊图

出自缂丝名家沈子蕃之手，为北京故宫博物院的珍宝之一。此图摹缂宋人写生工笔花鸟画，完美地还原出了画作的疏朗古朴意趣，为宋代缂丝工艺最杰出的代表作。

南宋·无款·《卖浆图》页

南宋

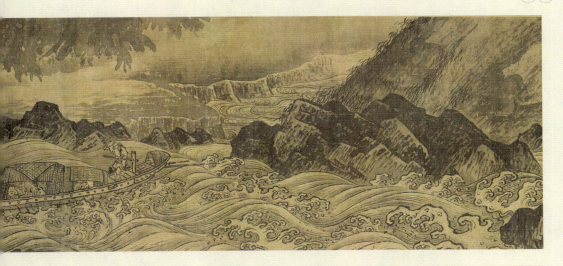

南宋·阎次于·风雨维舟团扇图

> 两宋时期

又造突火枪，以钜竹为筒，内安子窠，如烧放，焰绝然后子窠发出，如炮声，远闻百五十余步。

——《宋史·器甲之制》

指南针和火药的应用

两宋时期，以空前繁荣的经济为基础，中国科技有了极大发展。人民的智慧无穷无尽，他们改善了指南针形态使其更便于航海，发明火药用以武装军队，为中国乃至世界文明的发展做出了重要贡献。

发明和应用

指南针，火药

应用范畴

指南针：航海业
火药：战争

意义

创世界上发明指南针和火药最早的纪录

作用

促进了航海业发展，提高了军队实力

中国是世界上公认的最早发明指南针的国家。早在战国末年，《吕氏春秋》中就有了"慈（通磁）石召铁，或引之也"的记载。当时，人们把磁石磨成勺子的形状，放在刻有方位的盘子中，称为"司南"，这就是世界上最早的指南针。

到了北宋时期，科学家燕肃在总结前人经验的基础上，制作出指南车，车上放置举着一只手的木头人，食指用磁石制成。不管车子或木人如何转动，木人的食指始终指向南方。北宋时航海事业日益发达，劳动人民发明出更为便携精准的指南针，用于指引航向。这种指南针为悬挂式，"无风处悬之，则针常指南"。北宋朱彧在《萍州可谈》中记载掌舵者夜观星昼观日，阴天时"则观指南针"。出使高丽的徐兢也在著作中记载了"冥晦则用指南浮针以揆南北"的经历。南宋时，指南针已得到广泛应用，重要性到了"唯以指南针为则""毫厘之差，生死系矣"的地步。

指南车复原模型

《宋史·舆服志》对指南车的机械结构，做了比较具体的记述。其机械原理是利用齿轮的传动作用，通过变换齿轮系的组合，使车上木人保持既定方向。

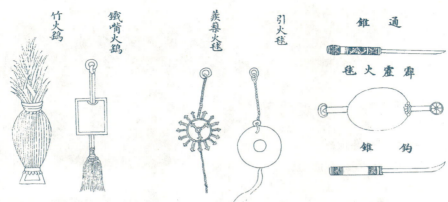

《武经总要》竹火鹞铁嘴火鹞　　《武经总要》火球图　　霹雳火球图

火药源于炼丹者炼丹的偶然产物。早在魏晋南北朝时期，劳动人民就已发现硫黄和硝石容易爆炸的特性。因硫黄和硝石是炼丹术中的重要药材，加之它们容易着火爆炸，就将其命名为火药，意为"着火的药"。隋末唐初之时，孙思邈在《备急千金要方》中，记载若将硫黄、硝石和炭化皂角子的混合物点燃，就会产生炽烈的火焰。

到了宋朝，火药被广泛应用于制作烟花、炮仗和火器。开宝二年（969年），兵部令使冯继升向朝廷进献火箭法，咸平五年（1000年），神卫水军队长唐福又向朝廷献上火箭、火球、火蒺藜等火药武器。元丰六年（1083年），宋军曾在发生在兰州的一次战斗中大量使用火药箭，数量达到25万支。两宋时期，外患屡起，战火频繁，为抗击敌军，宋朝将火药武器不断完善，造出"霹雳炮"和"震天雷"，在战场上发挥出巨大威力。《金史》曾形容震天雷一击之威："人与牛皮皆碎迸无迹，甲铁皆透。"靖康元年（1126年），金兵围攻北宋都城汴京时，丞相李纲就曾用霹雳炮打退金军的攻势。

南宋时期，火器又进化为"突火枪"，在竹筒中装着火药和子窠（火药弹），成为后世枪支的前身。到了13世纪，中国的火药技术传到阿拉伯，直到三四百年后，欧洲才开始使用火药。

北宋官修军事著作《武经总要》书影

///// 少年中国史

灿烂辉煌的宋瓷

两宋时期，随着烧瓷技术的日臻成熟，宋瓷博采诸朝之长，逐渐形成秀美风致、婉约含蓄的独特风格，在中国乃至世界美学史上都占据着无可替代的重要地位。

宋朝制瓷技艺大为进步，突破了唐朝"南青北白"的制瓷局面，瓷器品类繁多、器型多样，几乎囊括了日常生活中的绝大部分器皿，出现了定窑、汝窑、官窑、哥窑、钧窑五大名窑。从这些窑中烧出的贡瓷端庄典雅、雍容华贵，一派皇家气象。而民间，磁州（在今河北邯郸境内）、耀州（在今陕西铜州）、龙泉（在今浙江龙泉）窑口烧制的瓷器则要朴实许多，主要偏重经济耐用，适合百姓生活水准。其中，最名贵的当属建窑的黑瓷。

▲ 官窑青釉双耳炉

敞口，扁鼓腹，两对称立耳如鱼形，圈足。器底布有六个支钉痕。形制规范典雅，釉质肥厚，有玉质感。釉色月白，泛淡淡的青，釉面布满大小开片，纵横交织如网，层层叠叠，晶莹透亮，犹如冬天江河里的冰块碎裂，变化万千，饶有趣味。现藏于美国克利夫兰艺术博物馆。

▶ 定窑酱釉描金牡丹纹碗

敞口，斜弧壁，小圈足。碗内外通体施酱釉，酱釉呈色闪黄。碗内壁以金彩饰一枝牡丹纹，牡丹枝繁叶茂，花头硕大，一派雍容华贵的气度。这件描金碗是目前传世的定窑描金器中保存比较完好的一件，其余数件的金彩大多已经脱落。现藏于日本东京国立博物馆。

◀ 吉州窑剪纸贴梅雀纹碗

敞口微侈，斜直壁，浅圈足。通体施黑釉，内壁黄褐色斑点密集，犹如满天繁星，碗壁采用剪纸装饰工艺，一侧墨梅一株，凌雪怒放，一侧喜鹊一只，展翅鸣叫，御寒而来，外壁则以玳瑁斑纹为饰。此碗以两种工艺为一体，给人以古朴自然的韵味，独放异彩。现藏于美国波士顿美术博物馆。

▼ 宝丰清凉寺汝窑青釉莲花托盏

盏托是放置茶盏的托盘。瓷盏托始见于东晋，南北朝时开始流行，唐以后随着饮茶之风而盛行。此盏托为清凉寺的典型汝窑瓷代表，托圈呈盏状，直口，腹略弧，托圈下连托盘，呈五瓣莲花状，底部与圈足相通，高圈足外撇，圈足着底上分布有五个灰白色支钉痕。造型秀美，釉面蕴润，色如碧玉，开片细如蝉翼，静视之有高雅素净的风韵。现藏于英国大维德基金会。

▶ 耀州窑青釉刻花熏炉

此熏炉分为上下两部分：上部分呈盆状，复层套合一圆球形内置，上镂空，边塑10条蟠龙首，均大张其口；下部分为轮制，平宽沿，唇微下卷，腹部镂空钱纹，下附塑五足，均为人面兽爪形，其面部五官及表情清晰生动。通体施青釉，釉面有酥光。器身刻牡丹花叶纹，花纹繁密，线条流畅，为耀州窑的上乘之作。现藏于美国波士顿美术博物馆。

▶ 钧窑玫瑰紫菱花口水仙盆

广口，折沿，浅腹，弧形腹壁有十二条内凹线与菱口相对，平底下承三如意云头形足。盆内壁施天蓝釉，细小开片纹清晰可见；外壁窑变玫瑰紫，色彩绚丽，烂如晚霞，与薄胎处的姜黄色相衬托，更显华贵典雅。器型平稳端庄而又富于曲线变化，极显北宋皇家高贵华丽之气派，为北宋官钧的代表作。现藏于美国耶鲁大学艺术陈列馆。

> 少年中国史

▶ 两宋时期

……夜市直至三更尽,才五更又复开张。如要闹去处,通晓不绝。

——《东京梦华录·卷三·马行街铺席》

▌繁荣的两宋经济

宋朝建国后实行文人治国,虽有二积三冗的弊病,但长达300余年的和平统治及重农重商的种种改革,使宋朝经济达到空前繁荣,在历朝历代甚至世界范围内都名列前茅。

人口
1亿多

耕地
7.2亿亩

财政收入
100亿贯文(一两白银为一贯)

流通货币
黄金、白银、纸币

评价
两宋是中国历史上经济、文化、教育最繁荣的时期,达到了封建社会的巅峰

南宋时的耕织图《晒粮》

南北两宋,农商双荣

宋朝开国后,宋太祖实行"田制不立""不抑兼并"的土地制度,允许土地自由买卖,鼓励官员百姓致力农耕。于是,宋朝土地交易市场迅速发展壮大,商品经济也开始逐步复苏。紧接着,宋朝廷废除"坊市制""宵禁",允许坊市结合,鼓励百姓经商,商品经济以惊人的速度繁荣起来,工农业发展势头迅猛。

宋朝耕地最多时达到5亿多亩,年人均口粮近600斤,有效解决了温饱问题。温饱问题解决后,一些富农转而从商,带动了手工业兴旺发达。丝绸、棉麻等纺织品生产业逐步壮大,瓷器行业、采矿冶炼行业、酿酒业、造船业蒸蒸日上,加上造纸业、印刷业的兴起,大宋经济呈现出欣欣向荣的新气象,汴梁、临安两大都城成了最红火、最兴旺的商业圈。

东京汴梁在北宋时是全国最大的贸易集散地和商业聚集圈。汴河连接黄河,沟通江淮,作为交通贸易的枢纽地位自不用说,加之汴梁身为首

都，汇集了全国各地顶尖人才及珍异事物，顺理成章地成为北宋乃至当时世界的第一大都会和商贸中心。

南宋时，全国的商业中心南迁到临安。建都临安前，临安已是繁荣的商业大城，建都后，临安城更是人满为患，成为继汴京后第二个达到百万人口的城市。临安城中商铺林立、市肆遍布，城外集市云集，设置集市的地方甚至比一些小城镇还要发达。

赋税丰厚，国库满盈

商业发达后，赋税自然随之增长。在宋代，国家向商人征税，最基本的有过税和住税。过税是商品运输途中征收的2%税赋，每过一个关口就要征税一次。到了目的地后，又要交3%的住税。两种基本的商业税之外，沿海的对外贸易要收税，在北方和西北边境和辽、金、西夏等国做生意也要收税，商船在江河之中运送货物要收力胜钱，货物过渡有河渡钱，到了城里做起生意来又要收市利钱（相当于交易手续费），而商人不服役，因此还要交免行钱。

各种名目的税赋相加起来，数目相当可观，宋朝国库用"日进斗金"形容丝毫不为过，甚至仅免行钱一项，宋朝廷就能年收入上百万贯铜钱。

富贵双全，商人当官

在北宋的汴京，商人"资产百万至多，十万以上比比皆是"，宋商人的家底更为丰厚。天禧元年（1017年），山东遭遇灾荒，登州牟平（今山东烟台牟平）商人郑河赞助朝廷粮食5600石，被誉为大善人。大臣们纷纷劝宋真宗同意郑河入朝做官的请求，这样可以增加富人爱国的积极性，让有钱人多做善事。后来他的弟弟郑巽（xùn）无功名却成为补官。到了宋徽宗时期，居然开始明码标价卖官鬻爵，在种种赋税外，又增添一项充盈国库的收益。

经济繁盛，世界领先

据统计，北宋中期以后的年铸币量，已超过唐朝几十年间的铸币量总和，比清朝的康乾盛世多两倍有余。当代英国著名经济史学家麦迪森曾通过"购买力平价法"对宋代国民生产总值进行测算，得出结果后，他惊叹中国在10世纪时就已达到世界领先国家的经济水准。英国著名汉学家李约瑟博士也称宋朝为"最伟大的时期"。

发达的经济带来发达的对外贸易。宋朝时，起于秦汉时期的海上丝绸之路开始空前繁荣，将宋瓷、指南针、火药等发明带到海外各国，与南太平洋、中东、非洲、欧洲等地区超过50个国家都有贸易往来。同时，发达的国际贸易带动了宋朝航海业、造船业的发展，宋朝的医药、工艺、农技、文化等产业的发展也都达到巅峰，取得了举世瞩目的辉煌成就。

960年—1279年

- **1085年** / 司马光发起元祐更化
- **1094年** / 宋哲宗绍圣绍述
- **1127年** / 靖康之耻,建炎南渡,北宋灭亡,南宋起始
- **1130年** / 韩世忠、金兀术黄天荡之战
- **1142年** / 宋金绍兴和议,岳飞因"莫须有"罪名被处死
- **1175年** / 朱熹、陆九渊鹅湖之会,首开学术史上书院会讲先河
- **1206年** / 开禧北伐,宋朝失败;成吉思汗建立蒙古政权
- **1271年** / 忽必烈定国号为元
- **1273年** / 襄阳、樊城失守,被元军占领
- **1279年** / 崖山之战,皇帝、太后、宰执大臣纷纷跳海殉国,南宋灭亡

- **1077年** / 卡诺莎悔罪事件,神圣罗马帝国皇帝亨利四世向教皇屈服
- **1096年** / 第一次十字军东征开始
- **1099年** / 十字军建立耶路撒冷王国
- **1158年** / 波隆纳大学在欧洲成立
- **1180年** / 诺曼底人在南意大利建立两西西里王国
- **1192年** / 源赖朝建立日本史上第一个幕府政权镰仓幕府

中外大事年表对比

- 960年 / 宋太祖赵匡胤陈桥兵变建立宋朝
- 979年 / 宋太宗亲征北汉统一国境
- 986年 / 宋在岐沟关败于辽国，将军杨业绝食身死
- 1004年 / 宋辽澶渊之盟
- 1018年 / 宋真宗为巩固统治，自导自演天书降临闹剧
- 1038年 / 西夏李元昊自立为帝，建『大夏』国
- 1043年 / 宋仁宗、范仲淹发起庆历新政
- 1053年 / 狄青与侬智高大战昆仑关，狄青胜
- 1057年 / 包拯任开封府知府，因刚直不阿被百姓比作阎罗王
- 1069年 / 王安石变法

- 962年 / 日耳曼民族神圣罗马帝国建立
- 990年 / 非洲西部加纳发现黄金
- 997年 / 法国诺曼底农民起义
- 999年 / 墨西哥建立新王朝
- 1066年 / 法国诺曼底公爵征服英国

少年中国史
Chinese History for Teenagers

创作团队

【项目策划】 尚青云简

【文稿提供】 孔庆楠

【图片支持】 Fotoe.com Wikipedia 郝勤建 秋若云 堂潜龙